浙江省高职院校"十四五"重点立项建设教材

高等职业教育
数智化财经
— 系列教材 —

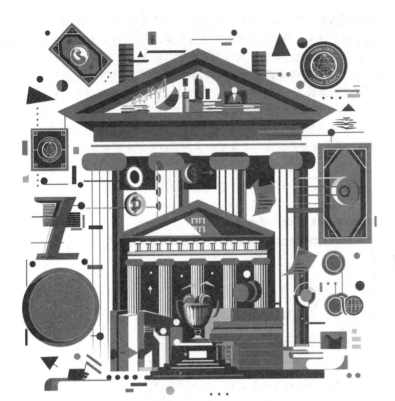

财务管理实务

洪韵华 主编
杨卫 唐静 胡晓锋 周敏 副主编

清华大学出版社
北京

内容简介

本书是2022年职业教育国家在线精品课程企业理财实务配套教材。本书充分吸收了职业教育国家在线精品课程的建设与改革成果，以全国会计专业技术资格考试大纲为参照，以企业财务管理活动为主线，以财务管理相关业务操作作为主体，突出财务管理岗位职业能力与职业素质的培养。本书筛选设计了十个学习情境，每个情境下设计若干任务。每个学习情境开篇设置"知识目标""能力目标""素养目标"及"情境认知"，每个任务中设计"任务导入""思政元素融入"，内容富有启发性和趣味性，体现数智信息时代课程思政改革最新成果；每个情境后设有"职业能力训练"和"思政德育课堂"，配备相应的训练内容，实现"理实一体、学做合一"，同时结合财务管理案例，凝练课程思政元素，将知识、能力和正确价值观的培养有机结合。

本书适用于职业院校及应用型本科院校财务会计类专业及经济管理相关专业的教学，并可作为社会从业人员的参考读物。

本书封面贴有清华大学出版社防伪标签，无标签者不得销售。
版权所有，侵权必究。举报：010-62782989，beiqinquan@tup.tsinghua.edu.cn。

图书在版编目(CIP)数据

财务管理实务 / 洪韵华主编. —北京：清华大学出版社，2024.3
高等职业教育数智化财经系列教材
ISBN 978-7-302-65501-5

Ⅰ.①财⋯　Ⅱ.①洪⋯　Ⅲ.①财务管理—高等职业教育—教材　Ⅳ.①F275

中国国家版本馆 CIP 数据核字(2024)第 044658 号

责任编辑：左卫霞
封面设计：傅瑞学
责任校对：李　梅
责任印制：杨　艳

出版发行：清华大学出版社
　　网　　址：https://www.tup.com.cn, https://www.wqxuetang.com
　　地　　址：北京清华大学学研大厦A座　　邮　编：100084
　　社 总 机：010-83470000　　　　　　　　邮　购：010-62786544
　　投稿与读者服务：010-62776969, c-service@tup.tsinghua.edu.cn
　　质量反馈：010-62772015, zhiliang@tup.tsinghua.edu.cn
　　课件下载：https://www.tup.com.cn, 010-83470410
印 装 者：三河市天利华印刷装订有限公司
经　　销：全国新华书店
开　　本：185mm×260mm　　印　张：14.5　　字　数：352千字
版　　次：2024年5月第1版　　　　　　　　印　次：2024年5月第1次印刷
定　　价：49.00元

产品编号：102279-01

前　言

党的二十大报告从战略全局对全面建设社会主义现代化国家作出战略部署,对办好人民满意的教育提出明确要求,并首次提出"加强教材建设和管理"。党的二十大报告为新时代新征程教材工作指明了前进方向、提供了根本遵循。本书全面贯彻落实党的二十大精神,牢记为党育人、为国育才的初心使命,结合企业财务实际工作和高职教学情况,融入思政元素,通过思政案例、财务知识和技能,培养学生树立正确的人生观和价值观,形成爱国、敬业、诚信、守法的职业操守,提高学生的创新思维、创业思维、法治思维等能力,培养担当民族复兴大任的新时代会计人。本书具有以下特点。

1. 以党的二十大精神为引领,凸显思政教育

党和国家历来高度重视财务工作,编者深入学习贯彻党的二十大精神,按照教育部《高等学校课程思政建设指导纲要》相关要求,以"立德树人"为根本目标,挖掘提炼专业知识体系中所蕴含的思想价值和精神内涵,选取监管案例、思政视频、权威报道等丰富素材,凝练课程思政元素,并潜移默化地嵌入德育理念,实现同频共振的协同效果。

2. 推进数字化应用,建设新形态教材

本书充分满足数智信息时代职业教育需求,推进数字资源、教育数据共建共享,助力教育服务供给模式升级。本书充分体现"做中学、学中做"的基本宗旨,以及"易学、易教、易用"的基本要求,建成集新形态教材和数字化教学资源于一体的课程式立体化教材,以适应广泛应用的线上线下混合教学,满足自主、个性化学习的职业教育新要求。本书为2022年职业教育国家在线精品课程"企业理财实务"配套教材,建有丰富的立体化教学资源,包括教学录像、演示文稿、教学课件、习题作业、例题、案例、视频等,读者可在线使用相应资源,扫描下页下方二维码即可在线学习该课程。此外,本书精选其中优质资源做成二维码在书中进行了关联标注。

3. 坚持能力本位,强化职业技能

本书基于企业工作系统化的原则,筛选设计了十个学习情境,将财务活动紧密串联。每个情境下均设置了"情境认知""任务导入""思政元素融入"等栏目,教材形式新颖,内容富有启发性和趣味性,有一定的广度和深度,为师生在教与学的过程中充分发挥主观能动性搭建平台,力求体现"以学生为主体,以教师为主导""教学做一体化"的职业教育教学改革新思路。

4. 助推产教融合,校企双元开发

本书每个项目都选取典型案例并做了深入浅出的分析,融入情境实训,以行为示范引导学生对理论知识的学习和掌握,突出了专业性、应用性和实践性,有利于学生固化知识、增强能力。同时要求学生为真实的企业进行财务管理策划,在实践中增强学生的团队意识等职业素养,并切实提升其职业技能。

本书由长期从事财务管理教学与科研的骨干教师和会计行业实务专家共同完成。本书由"企业理财实务"职业教育国家在线精品课程负责人、浙江机电职业技术学院洪韵华担任主编,拟定编写大纲及体例,对全书进行校对及统稿工作;由山西财贸职业技术学院杨卫、浙江机电职业技术学院唐静、浙江同济科技职业学院胡晓锋、武汉职业技术学院周敏担任副主编。具体编写分工如下:学习情境一~学习情境三由洪韵华编写,学习情境四和学习情境五由胡晓锋编写,学习情境六和学习情境七由杨卫编写,学习情境八由周敏编写,学习情境九和学习情景十由唐静编写,浙江文逸投资管理合伙企业副总裁董红果负责本书企业案例素材的搜集与审核,浙江机电职业技术学院包发根教授担任本书总审核。

本书在编写过程中,借鉴和参考了大量国内外的相关书籍和资料。在此,谨向所有相关作者表示诚挚的感谢。虽然我们对本书的撰写做了很多努力,但由于水平有限,书中难免存在不足之处,敬请各位读者朋友批评指正。

编　者

2023 年 12 月

职业教育国家在线精品课程
企业理财实务

课程简介

目　录

学习情境一　财务管理是什么——总论 ··· 1
　　任务一　财务管理概述 ·· 1
　　任务二　财务管理目标 ·· 5
　　任务三　财务管理环境 ··· 11
　　职业能力训练 ·· 16
　　思政德育课堂 ·· 18

学习情境二　两鸟在林，不如一鸟在手——货币的时间价值初探 ······ 20
　　任务一　货币的时间价值 ·· 20
　　任务二　年金的终值和现值 ··· 24
　　任务三　利率的计算 ·· 30
　　职业能力训练 ·· 33
　　思政德育课堂 ·· 35

学习情境三　风险报酬知多少——风险价值的计算 ························ 37
　　任务一　单项资产的风险和报酬 ······································· 37
　　任务二　证券组合的风险和报酬 ······································· 44
　　职业能力训练 ·· 47
　　思政德育课堂 ·· 49

学习情境四　我的钱从哪里来——筹资管理 ································ 50
　　任务一　筹资管理概述 ··· 51
　　任务二　资金需要量的预测 ··· 55
　　任务三　权益资金的筹集 ·· 61
　　任务四　负债资金的筹集 ·· 67
　　任务五　财务预算 ·· 78
　　职业能力训练 ·· 82
　　思政德育课堂 ·· 86

学习情境五　我要选哪种方式筹钱——资金结构决策 ···················· 88
　　任务一　资本成本的计算 ·· 89
　　任务二　杠杆利益 ·· 95
　　任务三　资金结构决策 ··· 99
　　职业能力训练 ··· 103

思政德育课堂 ………………………………………………………………… 106

学习情境六　我的钱怎么管——流动资产管理 ………………………………… 108
　　任务一　流动资产管理概述 …………………………………………………… 109
　　任务二　现金管理 ……………………………………………………………… 111
　　任务三　应收账款管理 ………………………………………………………… 116
　　任务四　存货管理 ……………………………………………………………… 122
　　职业能力训练 …………………………………………………………………… 127
　　思政德育课堂 …………………………………………………………………… 130

学习情境七　我的钱怎么花——项目投资管理 ………………………………… 132
　　任务一　项目投资现金流量 …………………………………………………… 132
　　任务二　项目投资评价指标 …………………………………………………… 138
　　任务三　项目投资决策指标应用 ……………………………………………… 146
　　职业能力训练 …………………………………………………………………… 155
　　思政德育课堂 …………………………………………………………………… 157

学习情境八　证券定价知多少——证券投资管理 ……………………………… 159
　　任务一　证券投资概述 ………………………………………………………… 159
　　任务二　证券投资决策 ………………………………………………………… 165
　　职业能力训练 …………………………………………………………………… 173
　　思政德育课堂 …………………………………………………………………… 175

学习情境九　有了利润怎么分——利润分配管理 ……………………………… 177
　　任务一　利润分配概述 ………………………………………………………… 177
　　任务二　股利政策 ……………………………………………………………… 182
　　职业能力训练 …………………………………………………………………… 191
　　思政德育课堂 …………………………………………………………………… 193

学习情境十　年底报表怎么看——财务分析 …………………………………… 196
　　任务一　财务分析方法 ………………………………………………………… 196
　　任务二　财务指标分析 ………………………………………………………… 203
　　任务三　财务综合分析 ………………………………………………………… 211
　　职业能力训练 …………………………………………………………………… 215
　　思政德育课堂 …………………………………………………………………… 217

附录 …………………………………………………………………………………… 218

参考文献 ……………………………………………………………………………… 226

学习情境一

财务管理是什么——总论

知识目标

初步学习财务管理的基础知识,包括财务管理的概念和特点、财务管理的整体目标和具体目标、财务管理的外部环境和内部环境。

能力目标

- 能够正确组织企业财务活动,协调企业的各种财务关系,熟悉企业财务管理环节。
- 能够合理选择企业财务管理的目标,协调相关利益群体的关系。
- 能够准确分析企业财务管理的环境。

素养目标

- 树立遵纪守法和创新理财的思想。
- 树立远大理想,培养大局意识。

情境认知

财务管理是商品经济条件下企业最基本的管理活动。特别是在现代市场经济中,企业生产经营规模不断扩大,经济关系日益复杂,竞争也日趋激烈,财务管理更成为企业生存和发展的重要环节。市场经济越发展,财务管理越重要。

任务一 财务管理概述

微课:财务管理实务概述

任务导入

林晓是刚从高职院校会计专业毕业的学生,她决定自主创业。根据所学的专业知识,结合实习经验,她决定开设一家密室逃脱店。林晓将面对店面选址、筹建期费用预算、场地承租装修、工商税务登记、员工招聘及如何经营等千头万绪的工作。

具体任务:林晓在筹备和经营店面过程中,发生了什么财务活动和财务关系?

一、财务管理的概念

财务管理是组织企业财务活动、处理财务关系的一项经济管理工作。因此,要了解什么是财务管理,必须先分析企业的财务活动和财务关系。

(一)企业财务活动

企业财务活动是以现金收支为主的企业资金收支活动的总称。

在商品经济条件下,商品具有两重性,是使用价值和价值的统一体。与此相联系,企业的再生产过程也具有两重性:一方面表现为使用价值的生产和交换过程,即劳动者利用劳动手段作用于劳动对象,生产出产品并进行交换;另一方面表现为价值的形成和实现过程,即劳动者将生产中所消耗的生产资料的价值转移到产品或服务中去,并且创造出新的价值,通过出售实物商品或提供服务,使转移价值和新创造的价值得以实现。使用价值的生产和交换过程是有形的,是商品的实物运动过程;价值的形成和实现过程则是无形的,是商品物资的价值运动过程。

在企业生产经营过程中,实物商品或服务不断地变化,它们的价值形态也不断地发生变化,由一种形态转化为另一种形态,周而复始,不断循环,形成了资金运动。所以,企业的生产经营过程,一方面表现为实物商品或服务的运动过程,另一方面表现为资金的运动过程。资金运动不仅以资金循环的形式存在,而且伴随生产经营过程的不断进行,资金运动也表现为一个周而复始的周转过程。资金运动是企业生产经营过程的价值方面,它以价值形式综合反映企业的生产经营过程。企业的资金运动,构成企业生产经营活动的一个独立方面,具有自己的运动规律,这就是企业的财务活动。企业财务活动可以分为以下四个方面。

1. 企业筹资引起的财务活动

商品经济条件下,企业要想从事经营,首先必须筹集一定数量的资金。企业通过发行股票和债券、吸收直接投资等方式筹集资金,表现为企业资金的流入。企业偿还借款,支付利息、股利以及付出各种筹资费用等,则表现为企业资金的流出。这种因企业资金筹集而产生的资金收支,便是由企业筹资而引起的财务活动。

2. 企业投资引起的财务活动

企业筹资是为了投资,以取得盈利,不断增加企业价值。投资有广义和狭义之分。广义的投资是指企业将筹集的资金投入使用的过程,包括对内投资(如企业内部购置流动资产、固定资产、无形资产等)和对外投资(如投资购买其他企业的股票、债券,与其他企业联营等)。狭义的投资仅指对外投资。无论企业购买内部所需的各种资产,还是购买各种证券,都需要支出资金。而当企业变卖其对内投资所形成的各种资产或收回其对外投资时,都可能产生资金的收入。这种因企业投资而产生的资金收支,便是由企业投资而引起的财务活动。

3. 企业经营引起的财务活动

企业在日常生产经营过程中,需要采购材料或商品,还要支付工资和其他营业费用等,以从事生产和销售活动。当企业把产品或服务售出后,便可取得收入,收回资金;如果企业现有资金不能满足企业经营的需要,还要采取短期借款方式来筹集所需资金,这些活动都会产生企业资金的收支。这种因企业营运活动而产生的资金收支,便是由企业经营而引起的财务活动。

4. 企业分配引起的财务活动

企业通过投资和资金的营运活动可以取得相应的收入,并实现资金的增值。企业取得的各种收入在补偿成本、缴纳税金后,还应依据有关法律对剩余收益进行分配。一般来讲,首先要弥补以前年度亏损,其次要提取公积金,最后要向投资者分配利润。这种因企业利润分配而产生的资金收支,便是由企业分配而引起的财务活动。

上述财务活动的四个方面,不是相互割裂、互不相关的,而是相互联系、相互依存的。正是上述既相互联系又有一定区别的四个方面,构成了完整的企业财务活动。相应地,企业财务活动的四个方面也就是企业财务管理的基本内容,即企业筹资管理、企业投资管理、营运资金管理、利润及其分配的管理。

(二) 企业财务关系

企业财务关系是指企业在组织财务活动过程中与各有关方面发生的经济关系。也就是说,企业在筹资活动、投资活动、经营活动和分配活动中与企业各方面有着广泛的财务关系,这些财务关系主要包括以下几个方面。

1. 企业同其投资者之间的财务关系

这主要是指企业的投资者向企业投入资金,企业向其投资者支付投资报酬所形成的经济关系。企业投资者主要有四类:国家、法人单位、个人和外商。企业的投资者要按照投资合同、协议、章程的约定履行出资义务,以及时形成企业的资本金。企业利用资本金进行经营,实现利润后,应按出资比例或合同、章程的规定,向其投资者分配利润。企业同其投资者之间的财务关系,体现着经营权和所有权的性质,是受资和投资的关系。

2. 企业同其被投资单位之间的财务关系

这主要是指企业以购买股票或直接投资的形式向其他企业投资所形成的经济关系。随着经济体制改革的深化和横向经济联合的开展,这种关系将会越来越广泛。企业向其他单位投资,应按约定履行出资义务,参与被投资单位的利润分配。企业同其被投资单位之间的关系,是体现所有权性质的投资与受资的关系。

3. 企业同其债权人之间的财务关系

这主要是指企业向债权人借入资金,并按合同规定支付利息和归还本金所形成的经济关系。企业的债权人主要有四类:债券持有人、贷款机构商业信用提供者、其他出借资金给企业的单位或个人。企业利用债权人的资金后,要按约定的利息率,及时向债权人支付利息,债务到期时,要合理调度资金,按时向债权人归还本金。企业同其债权人之间的财务关系,是债务与债权的关系。

4. 企业同其债务人之间的财务关系

这主要是指企业将其资金以购买债券、提供借款或商业信用等形式出借给其他单位所形成的经济关系。企业将资金借出后,有权要求其债务人按约定的条件支付利息和归还本金。企业同其债务人之间的关系,是债权与债务的关系。

5. 企业同其供货商、客户之间的财务关系

这主要是指企业购买供货商的商品或接受其服务，以及企业向客户销售商品或提供服务过程中所形成的经济关系。随着人际关系的日益复杂、竞争的日益激烈，这种关系将会越来越重要。企业同其供货商、客户之间的财务关系，是合作服务的关系。

6. 企业同政府之间的财务关系

这主要是指企业要按税法的规定依法纳税而与政府税务机关所形成的经济关系。政府作为社会管理者，为实现其职能，凭借政治权力无偿参与企业收益的分配，企业必须按照税法规定及时、足额地缴纳各种税金，这是企业对国家的贡献，也是应尽的社会义务。企业同政府之间的财务关系，是体现强制性和无偿性的税费缴收关系。

7. 企业内部各单位之间的财务关系

这主要是指企业内部各单位之间在生产经营各环节中相互提供产品或劳务所形成的经济关系。在实行内部经济核算制的条件下，企业供、产、销部门以及各单位之间，相互提供产品和劳务应进行计价结算。企业内部各单位之间的财务关系，是资金结算的利益关系。

8. 企业同职工之间的财务关系

这主要是指企业向职工支付劳动报酬过程中所形成的经济利益关系。职工为企业价值的创造付出了劳动，企业应用自身的产品销售收入，向职工支付工资、津贴、奖金等，按照职工提供的劳动数量和质量支付职工的劳动报酬。企业同职工之间的关系，是职工参与企业劳动成果的分配关系。

上述财务关系广泛存在于企业财务活动中，体现了企业财务活动的实质，从而构成了企业财务管理的另一项重要内容，即通过正确处理和协调企业与各有关方面的财务关系，努力实现企业与其他各种财务活动当事人之间经济利益的均衡。

二、财务管理的特点

企业财务管理是企业管理的一个组成部分，它与企业其他方面的管理工作互相联系、密切配合，具有其自身的特点。

1. 财务管理的本质是一项价值管理

企业的其他管理工作，如生产管理、销售管理等，主要是侧重于对使用价值和劳动的管理；而财务管理侧重于价值管理，通过资金、成本、利润等的管理，对价值的形成、实现和分配进行分析、控制和决策。价值管理是财务管理与企业其他管理工作最根本的区别。

2. 财务管理具有广泛性

在企业中，一切涉及资金的收支活动都与财务管理有关。财务管理的触角，常常伸向企业生产经营的各个角落：企业里每一个部门都会通过资金的使用与财务部门发生联系；每一个部门也都要在合理使用资金、节约资金支出等方面接受财务部门的指导，受到财务制度的约束，以此来保证企业经济效益的提高。因此，企业几乎所有的部门都与资金发生着收支联系，财务管理广泛存在于企业各个部门的各个方面。

3. 财务管理具有综合性

企业管理涉及生产经营活动的方方面面，在实行分工、分权的过程中形成了一系列各有侧重的专业管理：侧重于价值的财务管理、侧重于使用价值的生产管理、侧重于劳动要素的人事管理等。市场经济的发展，要求将企业的一切物质条件、经营过程和经营结果都以价值

的形式合理地加以规划和控制,以达到企业效益不断提高、企业价值不断增加的目的。因此,侧重于价值的财务管理虽然只是企业管理的一个方面,但它贯穿于企业活动的各个方面,是一项综合性管理工作。

4. 财务管理具有互动性

资金、成本和利润等财务指标以价值形式综合反映企业生产经营的物质条件、生产经营中的耗费和收回、生产经营成果形成及其分配等情况。通过这些财务指标的综合反映,可以及时掌握企业再生产活动的进展情况和资金利用情况、经营管理中存在的问题以及生产经营的经济效果。同样,财务部门根据企业的实际情况合理地组织财务管理工作,可以促进企业各方面管理水平的提高,最终必然影响生产经营的各个方面,形成良性循环。

思政元素融入

依法纳税,惠及民生

2023年2月21日,国家税务总局常州市税务局第二稽查局作出常税稽二罚〔2023〕5号处罚决定书。信用中国(江苏常州)官网载明:常州市军锐机械有限公司因偷税漏税,依据《中华人民共和国税收征收管理法》第六十三条第一款规定,被处罚16.5万元。

企业与税务机关存在依法纳税的财务关系,依法纳税是每个企业和公民应尽的法定义务,每个人都应该自觉遵纪守法,为祖国的建设贡献自己的力量。

扫描右侧二维码观看国家税务总局公益短片:税收,时刻在你身边。

链接:税收,时刻在你身边

任务二　财务管理目标

林晓的密室逃脱店开起来后生意兴隆,不同的密室逃脱主题广受年轻群体的欢迎。经营一段时间后,林晓对未来有些迷茫,企业究竟应以短期的赚钱为目标,还是应以尽快扩大规模为目标,还是其他呢?企业的财务目标又该如何确定?

具体任务:请为林晓出谋划策,确定财务目标。

微课:财务管理实务目标

根据系统论,正确的目标是系统良性循环的前提条件,企业财务管理的目标对企业财务管理系统的运行也具有同样的意义。

一、财务管理目标的概念及特点

财务管理的目标,又称理财目标,是企业财务活动所希望实现的结果。它是评价企业理财活动是否合理有效的基本标准,是企业财务管理工作的行为导向,是财务人员工作实践的出发点和归宿。财务管理目标制约着财务工作运行的基本特征和发展方向，是财务运行的一种驱动力。不同的财务管理目标，会产生不同的财务管理运行机制。所以，科学地设置财务管理目标，对优化理财行为、实现财务管理的良性循环，具有重要意义。

财务管理目标具有以下几个特点。

1. 财务管理目标具有相对稳定性

任何一种财务管理目标的出现，都是一定的政治、经济环境的产物。随着环境因素的变化，财务管理目标也可能发生变化。例如，西方财务管理目标就曾经历了"筹资数量最大化""利润最大化"和"股东财富最大化"等多种提法。在我国，对财务管理目标的认识也是不断深化的。凡是符合财务管理基本环境和财务活动基本规律的财务管理目标，就能为人们所公认，否则就被摒弃，但在一定时期或特定条件下，财务管理的目标是保持相对稳定的。

2. 财务管理目标具有多元性

所谓多元性，是指财务管理目标不是单一的，而是适应多因素变化的综合目标群。现代财务管理是一个系统，其目标也是一个多元的有机构成体系。在这个多元目标中，有一个处于支配地位、起主导作用的目标，称为主导目标；其他一些处于被支配地位、对主导目标的实现有配合作用的目标，称为辅助目标。例如，企业在努力实现"企业价值最大化"的主导目标的同时，还要努力实现履行社会责任、加速企业成长、提高企业偿债能力等一系列辅助目标。

3. 财务管理目标具有层次性

所谓层次性，是指财务管理目标是由不同层次的系列目标所组成的目标体系。财务管理目标之所以具有层次性，主要是由于财务管理的具体内容可以划分为若干层次。如企业财务管理的基本内容可以划分为筹资管理、投资管理、营运资金管理、利润及其分配的管理等方面，而每一个方面又可以再进行细分，如投资管理可以再分为研究投资环境、确定投资方式、作出投资决策等方面。财务管理目标的这种层次性和细分化，使财务管理目标成为一个由整体目标和具体目标两个层次构成的层次体系。

整体目标是指整个企业财务管理所要达到的目标，它决定着整个财务管理过程的发展方向，是企业财务活动的出发点和归宿。具体目标是指在整体目标的制约下，进行某一部分财务活动所要达到的目标，一般包括筹资管理目标、投资管理目标、营运资金管理目标和利润及其分配的管理目标等方面。

财务管理目标多元性中的所谓主导目标和财务目标层次性中的所谓整体目标，都是指整个企业财务管理工作所要达到的最终目的，是同一事物的不同提法。所以，这两个目标是同一的、一致的，对企业财务活动起着决定性的影响，可以统称为财务管理的基本目标。基本目标在财务管理体系中具有极其重要的地位，当人们谈到财务管理目标时，通常就是指的基本目标。

财务管理目标的稳定性、多元性和层次性是财务管理目标的基本特征，研究这三个特征对确定财务管理目标体系具有重要意义。

（1）财务管理目标的稳定性特征要求在财务管理工作中注意财务管理目标的适时性，要把不同时期的经济形势、外界环境的变化与财务管理的内在规律结合起来，适时提出并坚定不移地抓住企业财务管理的基本目标，防止忽左忽右、忽冷忽热。

（2）财务管理目标的多元性特征要求在财务管理工作中注意协调多个财务管理目标，既要了解各目标之间的统一性，又要了解各目标之间的差别性，以主导目标为中心，协调各目标之间的矛盾。

（3）财务管理目标的层次性特征要求在财务管理工作中注意财务管理目标的系统性，要把财务管理的共性与财务管理具体内容的个性结合起来，以整体目标为中心，做好各项具体工作。

总之，根据财务管理目标的基本特点，可以建立一种协调不同时间、不同系列、不同层次的财务目标体系，以完善企业财务理论，指导企业财务管理实践。

二、财务管理的整体目标

（一）含义和种类

财务管理的整体目标是企业全部财务活动需要实现的最终目标，它是企业开展一切财务活动的基础和归宿。财务管理的整体目标既要与企业生产和发展的目的保持一致，又要直接、集中反映财务管理的基本特征，体现财务活动的基本规律。根据现代财务管理理论和实践，最具有代表性的财务管理目标有以下几种。

1. 利润最大化目标

利润最大化目标认为，利润代表企业新创造的财富，利润越多，则说明企业的财富增加得越多，越接近企业的目标。

以利润最大化作为财务管理目标，有其合理的一面。企业追求利润最大化，就必须讲求经济核算、加强管理、改进技术、提高劳动生产率、降低产品成本等，这些措施都有利于资源的合理配置，有利于经济效益的提高。

但把利润最大化作为财务管理目标也存在以下主要缺陷：没有考虑利润实现的时间，没有考虑资金时间价值；没有反映利润与投入资本之间的关系，不利于不同规模的企业或同一企业不同期间之间的比较；没有考虑风险因素，高额利润往往要承担过大的风险；片面追求利润最大化可能导致企业短期行为，即只顾实现眼前的最大利润；没有考虑微观效益与宏观效益之间的关系。

应该说，将利润最大化作为企业财务管理的目标，只是对经济效益的浅层次认识，存在一定的片面性，因而不能将其视为财务管理的最优目标。

2. 每股收益最大化目标

每股收益是指归属于股东的净利润与发行在外的普通股股数的比值，它的大小反映了投资者投入资本获得回报的能力。每股收益最大化的目标认为，将企业实现的利润额与投入的资本或股本数进行对比，能够说明企业的盈利水平，可以在不同资本规模的企业或同一企业的不同期间之间进行对比，揭示其盈利水平的差异。

将每股收益最大化作为财务管理的目标，可以有效克服利润最大化目标不能反映企业利润与投入资本之间关系的缺陷，但该指标仍然没有考虑资金时间价值和风险因素，也不能避免企业的短期行为，可能会导致与企业的战略目标相背离，因而也不能将其视为财务管理的最优目标。

3. 企业价值最大化目标

企业价值就是企业的市场价值，是企业所能创造的预计未来现金流量的现值，反映了企业潜在的或预期的获利能力和成长能力。因为未来现金流量

微课：公司价值最大化

的预测包含了不确定性和风险因素,而现金流量的现值又是以资金时间价值为基础对现金流量进行折现计算得出的,所以未来现金流量的现值这一概念,包含了资金时间价值和风险价值两个方面的因素。

以企业价值最大化作为财务管理目标的优点主要包括:考虑了资金时间价值和风险价值,有利于统筹安排长短期规划、合理选择投资方案、有效筹措资金、合理制定股利政策等;反映了对企业资产增值保值的要求,从某种意义上说,股东财富越多,企业市场价值就越大;有利于社会资源的合理配置,社会资源通常流向企业价值最大化的企业或行业;有利于克服管理上的片面性和短期行为;有利于实现社会效益最大化。

当然,以企业价值最大化作为财务管理的目标也存在一些问题,主要表现在以下几个方面:为了控股或稳定购销关系,现代企业不少采用环形持股的方式,相互持股,法人股东对股票市价的敏感程度远不及个人股东,对股票价值的增加没有足够的兴趣;对于股票上市企业,股票价格的变动能在一定程度上揭示企业价值的变化,但是股价受多种因素的影响,具有极大的波动性,特别是在资本市场效率低下的情况下,股票价格很难真实地反映企业所有者权益的价值;对于非股票上市企业,只有对企业进行专门的评估才能真正确定其价值,而在评估企业资产时,由于受评估标准和评估方式的影响,这种估价不易做到客观和准确,也导致企业价值难以确定。

应当注意的是,现代企业是多边契约关系的总和。股东作为所有者在企业中承担着最大的权利、义务、风险和报酬,地位也理所当然的最高,但是债权人、职工、客户、供应商和政府也为企业承担了相当的风险。例如,20世纪50年代以前,企业的资产负债率一般较低,很少有超过50%的,但现代企业的资产负债率一般都较高,多数国家企业的平均资产负债率都超过60%,有的国家的企业还接近甚至超过80%(如日本、韩国、中国等),举债比例和规模的空前扩大,使债权人所承担的风险大幅增加。又如,在社会分工日益细化的今天,简单的体力劳动越来越少,复杂的脑力劳动越来越多,职工上岗之前必须有较好的学历教育和职业培训,一旦在一家企业失去工作,很难再找到类似的工作,必须经过再学习或再培训才能再就业,这使职工承担的风险大幅增加。再如,随着市场竞争和经济全球化的影响,企业与顾客以及企业与供应商之间不再是简单的买卖关系,更多情况下是长期的伙伴关系,处于一条供应链上并共同参与同其他供应链的竞争,创造多赢的局面。而政府,不论是作为国有企业的出资人还是监管机构,其风险也是与企业各方的风险相关联的。因此,企业在确定财务管理目标时,不能忽视上述相关利益群体的利益,忽视了任何一方,都可能会给企业带来危害,甚至是致命的伤害。

总之,企业价值最大化目标是在权衡企业相关者利益的约束下实现所有者或股东权益的最大化,它综合说明了企业获利的水平及其时间价值和风险,更能揭示市场认可的企业价值,通常被认为是目前较为合理的财务管理整体目标。

(二) 利益冲突的协调

将企业价值最大化目标作为企业财务管理最优目标的首要任务就是要协调相关利益群体的关系,化解他们之间的利益冲突。一般认为,协调的原则是力求企业相关利益者的利益分配均衡,即减少各相关利益群体之间的利益冲突所导致的企业总体收益和价值的下降,使利益分配在数量和时间上达到动态的协调平衡。

1. 所有者与经营者的矛盾与协调

企业价值最大化直接反映了企业所有者的利益,经营者由于一般不拥有占支配权地位的股权,只是企业所有者的代理人,因而企业价值最大化与其没有直接的利益关系。对所有者来说,他所放弃的利益也就是经营者所得到的利益。因此,所有者和经营者的主要矛盾就是所有者和股东希望以较小支出带来更高的企业价值或股东财富,而经营者则希望在提高企业价值和股东财富的同时,能得到更多的报酬收益。为了解决这一矛盾,应采取让经营者的报酬与绩效相联系的办法,并辅之以一定的监督措施,一般有以下三种方法。

（1）解聘,是一种通过所有者约束经营者的办法。所有者对经营者予以监督,若经营者未能使企业价值达到最大,就解聘经营者,经营者因害怕被解聘而被迫实现财务管理目标。

（2）接收,是一种通过市场约束经营者的办法。若经营者经营决策失误、经营不善,未能采取一切有效措施使企业价值提高,该公司就可能被其他公司强行接收或吞并,相应经营者也会因此而被解聘。经营者为了避免这种接收,必须采取一切措施提高股东财富和企业价值。

（3）激励,是将经营者的报酬与绩效挂钩,以使经营者自觉采取能满足企业价值最大化的措施。激励通常有两种基本方式:一是股票期权方式,即允许经营者以固定的价格购买一定数量的公司股票,当股票的市场价格高于固定价格时,经营者所得的报酬就越多,经营者为了获取更大的股票涨价好处,必然主动采取能提高股票价格的行动;二是绩效股形式,即公司运用每股收益、资产收益率等指标来评价经营者的业绩,视其业绩大小给予经营者数量不等的股票作为报酬,若公司的经营业绩未能达到预定目标,经营者也将部分丧失原先持有的绩效股。绩效股形式,使经营者不仅为了多得绩效股而不断采取措施提高公司的经营业绩,而且为了使每股市价最大化,也要采取各种措施使股票市价稳定上升,从而增加股东财富和企业价值。

2. 所有者与债权人的矛盾与协调

所有者的财务目标可能与债权人期望实现的目标发生矛盾。例如,所有者可能未经债权人同意而要求经营者投资于比债权人预计风险更高的项目,这会增大偿债的风险,债权人的负债价值也会实际降低。而高风险的项目一旦成功,额外的利润被所有者独享;但若失败,债权人却要与所有者共同负担失败造成的损失。对债权人来说,风险与收益是不对等的。又如,所有者或股东可能未征得现有债权人同意而要求经营者发行新债或举借新债,致使旧债券或老债券的价值降低(因为相应的偿债风险加大了)。

为协调所有者与债权人的上述矛盾,通常可采用以下两种方式:一是限制性借债,即在借款合同中加入某些限制性条款,如规定借款的用途、借款的担保条款和借款的信用条件等;二是收回借款或停止借款,即当债权人发现公司有侵蚀其债权价值的意图时收回债权和不给予公司增加放款,从而保护自身权益。

（三）财务管理目标的社会性

实现企业价值最大化只是财务管理目标的企业属性,财务管理目标还应具有社会属性,即致力于履行社会责任,维护企业形象,因为企业是社会的一部分。财务管理目标的企业属性和社会属性,既有一致的方面,也有矛盾的方面。一方面,企业追求自己目标的时候,会满足社会的需求,增加职工人数,解决社会就业问题;企业为了获利,必须提高劳动生产率,改进产品质量,改善服务质量,从而提高社会生产率和公众生活质量。这是财务管理目标的企业属性和社会属性相一致的方面。另一方面,企业为了获利,可能生产伪劣产品,不顾工人的健康和利益,造成环境污染,损害其他企业的利益等,这是财务管理目标的企业属性和社会属性相矛盾的方面。针对这种矛盾,政府颁布了一系列保护公众利益的法律,维护所有公民的正当权益。但法律不可能解决所有问题,况且目前我国的法制尚不够健全,企业有可能在合法的情况下从事不利于社会的事情。所以,企业还应受到商业道德的约束,接受政府有关部门的行政监督及社会公众的舆论监督,以保证财务管理目标的企业属性和社会属性的统一。

三、财务管理的具体目标

财务管理的具体目标是为实现财务管理整体目标而确定的企业各项具体财务活动所要达到的目的。

1. 筹资管理的目标

任何企业为了保证生产的正常进行或扩大再生产的需要,必须有一定数量的资金。企业的资金可以从多种渠道、用多种方式来筹集,而不同来源的资金,其可使用时间的长短、附加条款的限制和资金成本的大小都不相同。这就要求企业在筹资时,不仅需要从数量上满足生产经营的需要,而且要考虑各种筹资方式给企业带来的资本成本的高低和财务风险的大小,以便选择最佳筹资方式,实现财务管理的整体目标。可将企业筹资管理的目标概括为以较低的筹资成本和较小的筹资风险,获取同样多或较多的资金。

2. 投资管理的目标

企业筹来的资金应尽快用于生产经营,以获得盈利,但是任何投资决策都带有一定的风险性,所以投资时必须认真分析影响投资决策的各种因素,科学地进行可行性研究。对于新增的投资项目,一方面要考虑项目建成后给企业带来的投资报酬,另一方面也要考虑投资项目给企业可能带来的风险。企业应在风险与报酬之间进行权衡,不断提高企业价值,实现企业财务管理的整体目标。可将企业投资管理的目标概括为以较小的投资额与较低的投资风险,获取同样多或较多的投资报酬。

3. 营运资金管理的目标

企业的营运资金,是为满足企业日常营运活动的要求而垫支的资金。营运资金的周转与生产经营周期具有一致性。在一定时期内资金周转越快,就越是可以利用相同数量的资金,生产出更多的产品,取得更多的收入,获得更多的报酬。所以,加速资金周转是提高资金利用效果的重要措施。可将企业营运资金管理的目标概括为合理使用资金,加速资金周转,不断提高资金的利用效率。

4. 利润及分配管理的目标

企业进行生产经营活动时会发生一定的生产消耗,并取得一定的生产成果,获得利润。企业财务管理必须努力挖掘企业潜力,促使企业合理使用人力和物力,以尽可能少的耗费取得尽可能多的经营成果,增加企业盈利,提高企业价值。企业实现利润,应合理进行分配,因为这关系着国家、企业、企业所有者和企业职工的经济利益。分配时,一定要从全局出发,正确处理国家、企业、企业所有者和企业职工四者利益之间可能发生的矛盾,要统筹兼顾,合理安排,而不能只顾一头,有失偏颇。可将企业利润及分配管理的目标概括为采取各种措施,努力提高企业利润水平,合理分配企业利润。

总之,企业财务管理的整体目标制约着其具体目标,具体目标必须服从或受制于整体目标,具体目标如果偏离了基本目标,也就失去了其存在的意义。

 思政元素融入

不忘初心,砥砺前行

2022年10月,中国共产党第二十次全国代表大会在北京召开。大会的主题是:高举中国特色社会主义伟大旗帜,全面贯彻新时代中国特色社会主义思想,弘扬伟大建党精神,自信自强、守正创新,踔厉奋发、勇毅前行,为全面建设社会主义现代化国家、全面推进中华民族伟大复兴而团结奋斗。这是我们中华民族的伟大目标。

党的二十大报告提出:"推动经济实现质的有效提升和量的合理增长。"这充分体现了我们党推动高质量发展的坚定决心,为今后一个时期企业经济发展目标指明了方向。

链接:习近平同志在中国共产党第二十次全国代表大会上的报告

扫描右侧二维码学习习近平总书记在党的二十大上作的报告,学习中国共产党人勇于推动社会经济发展的精神,作为新时代的青年应树立人生理想,不忘初心,砥砺前行。

任务三　财务管理环境

林晓的密室逃脱店最近几年经营惨淡,2020年开始营业额相较于以往断崖式下跌,2023年年初开始回暖。

具体任务:请分析林晓企业的这种情况是由于财务环境中哪种因素引起的?具体原因是什么?

财务管理环境,又称理财环境,是指对企业财务活动和财务管理产生影响作用的企业内外各种条件的统称。

企业的财务活动是在一定的财务管理环境下进行的,财务管理环境的变化在很大程度上会制约企业的财务活动,如生产、技术、供销、市场、物价、金融、税收等因素,对企业财务活动都有重大的影响。必须认真分析研究各种财务管理环境的变动趋势,判明其对企业财务活动可能造成的影响,并据以采取相应的财务对策。

这里主要从企业内外两方面来介绍对企业财务管理影响较大的环境因素。

一、财务管理的外部环境

财务管理的外部环境是指企业外部影响财务活动的各种因素,涉及的范围很广,其中最重要的是经济环境、法律环境和金融环境。

（一）经济环境

财务管理的经济环境是指企业进行财务活动的宏观经济状况,主要包括经济发展状况、通货膨胀、利息率波动、政府的经济政策和竞争五个方面。

1. 经济发展状况

经济发展状况对财务管理的影响,主要表现为经济发展的速度、经济发展的波动对财务管理的影响两方面。

经济发展的速度对企业理财有重大影响。近几年,我国经济发展速度一直在6.6%左右,增长较快,企业为了跟上这种发展并保持在同行业中的地位,企业的发展速度就应与经济发展速度保持同步,即不能低于8%。因此,企业要相应增加厂房、机器、存货、工人、专业人员等,而这种增长,需要大规模地筹措资金,并在企业发展管理上倾注精力。

经济发展的波动,即有时繁荣有时衰退,对企业财务管理有极大影响。市场经济条件下,经济发展与运行往往呈现出一段时间的"过热"和一段时间的"调整",企业财务管理必须适应这种波动,并有足够的准备在这种波动中调整自己的生产经营。

2. 通货膨胀

通货膨胀不仅对消费者不利,也给企业理财带来很大困难。企业面对通货膨胀,为了实现预期的报酬率,必须加强收入和成本管理。同时,使用套期保值等办法减少损失,如提前购买设备和存货、买进现货卖出期货等。

3. 利息率波动

银行贷款利率的波动,以及与此相关的证券价格的波动,既给企业以机会,也是对企业的挑战。

例如,在为企业过剩资金选择投资方案时,利用这种波动机会可以获得营业以外的收益:购入长期债券后,由于市场利率下降,按固定利率计息的债券价格上涨,企业可以出售债券获得较预期更多的现金流入;反之,企业则会蒙受损失。

又如,在选择筹资来源时,也会出现类似情况:预期利率将持续上升时,以当前较低的利率发行长期债券,可以节省资本成本;反之,企业则要承担比市场利率更高的资本成本。

4. 政府的经济政策

我国政府具有较强的调控宏观经济的职能,政府制定的国民经济发展规划、国家产业政策、经济体制改革措施、政府行政法规等,都对企业的财务活动有重大影响。

国家对某些地区、行业、经济行为的优惠鼓励和倾斜构成政府政策的主要内容。从反面来看,政府政策也是对另外一些地区、行业和经济行为的限制。企业在进行财务决策时,应认真研究政府政策,按政策导向行事,才能扬长避短。

5. 竞争

竞争广泛存在于市场经济中,任何企业都不能回避。企业之间、各产品之间、现有产品和新产品之间的竞争,涉及设备、技术、人才、推销、管理等各个方面。竞争能促使企业用更好的方法来生产更好的产品,对经济发展起推动作用。但对企业而言,竞争既是机会,也是威胁。为了改善竞争地位,企业往往需要大规模投资,成功之后,企业能增加盈利,但若投资失败,则竞争地位会更为不利。

总之,竞争是"商业战争",体现了企业的综合实力和智慧,经济增长、通货膨胀、利率波动等带来的财务问题,以及企业的相应对策都会在竞争中体现出来。

(二) 法律环境

财务管理的法律环境是指企业和外部发生经济关系时所应遵守的各种法律、法规和规章。市场经济条件下,企业总是在一定的法律前提下从事各项业务活动。一方面,法律提出了企业从事各项业务活动必须遵守的规范或前提条件,从而对企业行为进行约束;另一方面,法律也为企业依法从事各项业务活动提供了保护。

在市场经济中,通常要建立一个完整的法律体系来维护市场秩序。从企业的角度来看,这个法律体系涉及企业的设立、运转、合并和分立及破产清理。其中,企业运转又分为对企业从事生产经营活动的法律规定和企业从事财务活动的法律规定。一般而言,企业设立、合并和分立是通过《中华人民共和国公司法》进行规范的;企业破产清理是通过《中华人民共和国企业破产法》进行规范的;企业生产经营活动主要通过《中华人民共和国产品质量法》《中华人民共和国消费者权益保护法》《中华人民共和国环境保护法》《反垄断法》等进行规范的。企业财务活动是通过《中华人民共和国税法》《中华人民共和国证券法》《中华人民共和国票据法》《银行法》《企业财务通则》等进行规范的。

另外,在企业设立、合并、分立及破产的有关法律规定中,其主要内容都直接与财务活动相联系。将这些内容与对财务活动运行过程进行规定的法律结合起来,就形成了一个完整的有关财务活动的法律体系,它对财务管理会产生直接的影响和制约作用,而有关企业生产经营活动的法律规定也会对财务管理产生间接的影响和制约作用。可将法律环境对财务管理的影响和制约概括为以下四个方面。

(1) 在企业筹资活动中,国家通过法律规定了筹资的最低规模和结构,规定了筹资的前提条件和基本程序。

(2) 在企业投资活动中,国家通过法律规定了投资的基本前提、投资的基本程序和应履行的手续。

(3) 在企业经营活动中,国家规定的各项法律也会引起财务安排的变动,或者说在财务活动中必须予以考虑。

(4) 在企业分配活动中,国家通过法律规定了企业分配的类型和结构、分配的方式和程序、分配过程中应履行的手续,以及分配的数量。

总之,财务管理的法律环境比较复杂,财务人员应熟悉相关法律规范,在守法的前提下完成财务管理职能,实现企业的财务管理目标。

(三) 金融环境

企业总是需要资金从事投资和经营活动,而资金的取得,除自有资金外,主要从金融机构和金融市场取得。金融政策的变化必然影响企业的筹资、投资和资金运营活动。所以,金融环境是企业最主要的环境因素。影响财务管理的金融环境因素主要有金融机构、金融工具、金融市场和利率。

1. 金融机构

社会资金从资金供应者手中转移到资金需求者手中,往往要通过金融机构。金融机构包括银行金融机构和其他金融机构。银行金融机构是指经营存款、放款、汇兑、储蓄等金融业务,承担信用中介的金融机构,其主要职能是充当信用中介、充当企业之间的支付中介、提供信用工具、充当投资手段和充当国民经济的宏观调控手段。我国银行机构主要包括中央银行、各种商业银行及政策性银行。其中,商业银行包括国有商业银行(如中国工商银行、中国农业银行、中国银行、中国建设银行等)和其他商业银行(如交通银行、广东发展银行、招商银行、光大银行等);政策性银行主要包括中国进出口银行、国家开发银行和中国农业发展银行三个。其他金融机构主要包括金融资产管理公司、信托投资公司、财务公司和金融租赁公司等。

2. 金融工具

金融工具是能够证明债权债务关系或所有权关系并据以进行货币资金交易的合法凭证,如各种票据、证券等,它对于交易双方所应承担的义务与享有的权利均具有法律效力。

金融工具一般具有期限性、流动性、风险性和收益性四个基本特征。期限性是指金融工具一般规定了偿还期,即规定债务人必须全部归还本金之前所经历的时间。流动性是指金融工具在必要时迅速转变为现金而不致遭受损失的能力。风险性是指购买金融工具的本金和预定收益遭受损失的可能性,一般包括信用风险和市场风险两个方面。收益性是指持有金融工具所能够带来的一定收益。

按期限不同可将金融工具分为货币市场工具和资本市场工具两类,前者主要有商业票据、国库券、可转让大额定期存单、回购协议等;后者主要是股票和债券等。不同金融工具用于不同的资金供求场合,具有不同的法律效力和流通功能。企业为不同金融工具而承担的风险和要付出的成本不同,必须选择适合自身情况的金融工具进行资金交易,以相对降低风险和成本。

3. 金融市场

金融市场是指资金供应者和资金需求者双方通过各种形式融通资金的场所,是政府进行金融宏观调控的对象。金融市场可以分成不同的类型,如图 1-1 所示。

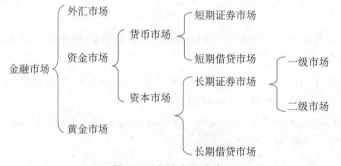

图 1-1 金融市场分类

市场主体、金融工具、交易价格和组织方式构成金融市场的四要素。其中,市场主体,即参与金融市场交易活动而形成买卖双方的各经济单位;金融工具,即借以进行金融交易的工具;交易价格,反映的是在一定时期内转让货币资金使用权的报酬;组织方式,即金融市场交易采用的方式。

金融市场的功能主要有五项:①转化储蓄为投资;②改善社会经济福利;③提供多种金融工具并加速流动,使中短期资金凝结为长期资金的功能;④提高金融体系竞争性和效率;⑤引导资金流向。

从总体上看,建立金融市场,有利于广泛地积聚社会资金,有利于促进地区间的资金协作,有利于开展资金融通方面的竞争、提高资金使用效益,有利于国家调控信贷规模和调节货币流通。从企业财务管理角度来看,金融市场作为资金融通的场所,是企业向社会筹集资金必不可少的条件。财务管理人员必须熟悉金融市场的各种类型和管理规则,有效地利用金融市场来筹措资金和进行资本投资等活动。

4. 利率

利率,也称利息率,是利息占本金的百分比指标,是衡量资金增值程度的数量指标。从资金的借贷关系来看,利率是一定时期内运用资金资源的交易价格。资金作为一种特殊的商品,以利率作为价格标准,实质上是资源通过利率实行的再分配。所以,利率在资金分配及企业财务决策中起着重要作用。

在金融市场上,利率是资金使用权的价格。一般而言,金融市场上资金的购买价格,可用公式表示为

$$\text{利率} = \text{纯粹利率} + \text{通货膨胀附加率} + \text{风险附加率} \tag{1-1}$$

式中,纯粹利率是指没有风险和通货膨胀情况下的平均利率,一般将无通货膨胀时的国库券的利率视为纯粹利率。通货膨胀附加率是指由于持续的通货膨胀会不断降低货币的实际购买力,为补偿其购买力损失而要求提高的利率,又称通货膨胀贴水。风险附加率是指投资者因冒风险而获得的超过时间价值率的那部分额外报酬率,又称风险报酬率或风险收益率。风险收益率又包括违约风险收益率、流动性风险收益率和期限风险收益率三种。违约风险收益率,是指为了弥补因债务人无法按时还本付息而带来的风险,由债权人要求提高的利率;流动性风险收益率,是指为了弥补因债务人资产流动性不好而带来的风险,由债权人要求提高的利率;期限风险收益率,是指为了弥补因偿债期长而带来的风险,由债权人要求提高的利率。

二、财务管理的内部环境

公司财务管理的内部环境是指公司内部影响财务活动的各种要素,存在于公司内部,是公司可以从总体上采取一定的措施加以控制和改变的因素。影响公司内部财务环境有各种因素,主要有销售环境、采购环境、生产环境等。

1. 销售环境

公司所处的销售环境对公司财务管理具有重要的影响:面对完全竞争市场的公司,因产品价格和销售量容易出现波动,风险较大,因而要慎重利用债务货币;面对完全垄断市场的公司,产品销售顺畅,价格波动不大,利润稳定,风险较小,货币占有量相对较少,可较多地利用债务货币;而面对不完全竞争市场和寡头垄断市场的公司,应在产品开发、推销、售后服务等方面投入较多的货币,尽快创出名牌产品。

2. 采购环境

采购环境是指公司在市场上采购物资时涉及采购数量和采购价格的有关条件。公司采购环境按物资供应是否充裕可分为稳定的采购环境和波动的采购环境。前者材料资源相对比较充足,运输条件比较正常,能保证公司生产经营的经常性需要。公司可以少储备物资,不过多占用货币。后者物资相对比较紧缺,运输不大正常,有时不能如期供货。为此公司要设置物资的储存设备,占用较多货币。采购环境还可按采购价格的变动趋势,分为价格可能上升的采购环境、价格平稳的采购环境和价格可能下降的采购环境。对价格可能上涨的物

资,公司应提前进货,投入较多的货币;而对价格可能下降的物资,则可在保证生产需要的情况下推迟采购,节约货币。

3. 生产环境

生产环境是指主要由人力资源、物质资源、技术资源所构成的生产条件和公司产品的寿命周期。就生产条件而言,公司可分为劳动密集型、技术密集型和资源开发型公司。劳动密集型公司所需工资费用较多,长期货币的占用则较少;技术密集型公司需要使用较多的先进设备,而所用人力较少,公司需要筹集较多的长期货币;至于资源开发型公司,则需要投入大量货币用于勘探、开采,货币回收期较长。

产品的寿命周期通常分为试产期、成长期、成熟期、衰退期四个阶段。无论是就整个公司而言,还是就个别产品而言,在不同寿命周期的阶段,收入多少、成本高低、收益大小、货币周转快慢,都有很大差异。公司进行财务决策,不仅要针对现实所处的阶段采取适当的措施,而且要瞻前顾后,有预见性地进行投资,使公司的生产经营不断更新换代,经常保持旺盛的生命力。

思政元素融入

建设现代中央银行制度

党的二十大报告提出"建设现代中央银行制度",为做好中央银行工作指明了方向。我国央行制定和执行货币政策,防范和化解金融风险,维护金融稳定,体现在政府制定的国民经济发展规划、国家产业政策、经济体制改革措施等方面。

政府制定的经济政策,属于企业的外部经济和金融环境,对企业的财务活动有重大影响。扫描右侧二维码学习宣传贯彻党的二十大精神:建设现代中央银行制度。了解国家经济金融政策,为服务和保障社会主义现代化强国建设尽一份力量。

链接:建设现代中央银行制度

 职业能力训练

一、单项选择题

1. 下列各项中体现债权与债务关系的是(   )。
   A. 企业与债权人之间的财务关系　　B. 企业与受资者之间的财务关系
   C. 企业与债务人之间的财务关系　　D. 企业与政府之间的财务关系
2. 每股收益最大化目标与利润最大化目标相比具有的优点是(   )。
   A. 考虑了资金时间价值
   B. 考虑了风险因素
   C. 可以用于同一企业不同时期的比较
   D. 不会导致企业的短期行为

3. 已知国库券利率为5%，纯利率为4%，则下列说法正确的是（　　）。
   A. 可以判断目前不存在通货膨胀
   B. 可以判断目前存在通货膨胀，但是不能判断通货膨胀附加率的大小
   C. 无法判断是否存在通货膨胀
   D. 可以判断目前存在通货膨胀，且通货膨胀附加率为1%
4. （　　）是根据财务活动的历史资料，考虑现实的要求和条件，对企业未来的财务活动和财务成果做出科学的预计和测算。
   A. 财务预测　　　B. 财务预算　　　C. 财务决策　　　D. 财务控制

二、多项选择题

1. 下列各项中属于狭义投资的是（　　）。
   A. 与其他企业联营　　　　　　　　B. 购买无形资产
   C. 购买国库券　　　　　　　　　　D. 购买零件
2. 投资者与企业之间通常发生（　　）财务关系。
   A. 投资者可以对企业进行一定程度的控制或施加影响
   B. 投资者可以参与企业净利润的分配
   C. 投资者对企业的剩余资产享有索取权
   D. 投资者对企业承担一定的经济法律责任
3. 影响企业财务管理的经济环境因素主要包括（　　）。
   A. 企业组织形式　　　　　　　　　B. 经济发展状况
   C. 竞争状况　　　　　　　　　　　D. 经济政策
4. 风险收益率包括（　　）。
   A. 通货膨胀补偿率　　　　　　　　B. 违约风险收益率
   C. 流动性风险收益率　　　　　　　D. 期限风险收益率
5. 企业价值最大化目标的优点包括（　　）。
   A. 考虑了投资的风险价值　　　　　B. 反映了资本保值增值的要求
   C. 有利于克服管理上的片面性　　　D. 有利于社会资源的合理配置
6. 下列各项中属于资金营运活动的是（　　）。
   A. 采购原材料　　　　　　　　　　B. 购买国库券
   C. 销售商品　　　　　　　　　　　D. 支付现金股利

三、判断题

1. 广义的分配是指对企业全部净利润的分配，而狭义的分配仅是指对于企业收入的分配。（　　）
2. 企业与受资者之间的财务关系体现债权性质的投资与受资关系。（　　）
3. 流动性风险收益率是指为了弥补债务人无法按时还本付息而带来的风险，由债权人要求提高的利率。（　　）
4. 国库券利率不包括通货膨胀附加率。（　　）
5. 财务分析可以改善财务预测、决策、预算和控制，改善企业的管理水平，提高企业经济效益，所以财务分析是财务管理的核心。（　　）

思政德育课堂

证监会开出2023年2号罚单！新研股份被罚300万元

2023年1月11日，证监会开出了2023年"2号罚单"，新研股份因财务造假，虚增收入超30亿元，被证监会处罚300万元。中国证监会行政处罚决定书（新研股份及相关责任人员）中部分说明如下。

链接：中国证监会行政处罚决定书

因新研股份收购明日宇航，2015年11月1日起，新研股份将明日宇航纳入合并范围。新研股份子公司明日宇航通过虚构业务和提前确认收入两种方式实施财务造假。2015—2019年，新研股份虚增营业收入3 346 503 750.10元，各年度具体情况如下：350 998 671.74元、815 165 601.85元、1 174 253 362.90元、884 761 756.83元、121 324 356.78元，分别占当期披露金额的25.05%、45.50%、63.34%、47.07%、9.71%。新研股份虚增利润总额1 311 201 540.66元，各年度具体情况如下：176 887 385.48元、397 687 745.08元、563 423 202.11元、313 169 839.75元、−139 966 631.76元，分别占当期披露金额的50.69%、136.67%、118.24%、90.66%、6.77%。

2019年年度报告存在虚假记载：

新研股份2019年年度报告披露营业收入1 249 997 905.02元、利润总额−2 068 730 452.39元。经查，新研股份子公司明日宇航提前确认收入121 324 356.78元，占当年营业收入的9.71%，虚增利润总额−139 966 631.76元，占当年利润总额的6.77%。扣除虚增的部分后，新研股份营业收入1 128 673 548.24元、利润总额−1 928 763 820.63元。

1. 多计坏账准备

（1）截至2019年12月31日，明日宇航因前述2015—2018年虚构销售业务虚增应收账款910 854 538.80元，多计坏账准备122 973 654.44元，少计利润总额122 973 654.44元。

（2）截至2019年12月31日，天津宇航因前述2017—2018年虚构销售业务虚增应收账款157 584 447.88元，多计坏账准备26 030 960.53元，少计利润总额26 030 960.53元。

2. 提前确认收入，虚增收入和利润

2019年度，明日宇航提前确认沈飞集团等8家公司收入，冲回重工龙江等3家公司提前确认收入后，合计121 324 356.78元，提前确认成本63 058 857.82元，虚增应收账款385 350 871.29元，多计坏账准备41 857 556.02元，虚增利润总额16 407 942.94元。

3. 虚增固定资产折旧

（1）2015年12月，明日宇航虚增固定资产8 767 290.60元。2019年，计提固定资产折旧832 892.61元，少计利润总额832 892.61元。

（2）2017年12月，明日宇航虚增固定资产5 965 957.51元。2019年，计提固定资产折旧566 765.96元，少计利润总额566 765.96元。

4. 虚增无形资产摊销

2017年12月，明日宇航虚增无形资产22 825 502.76元。2019年，虚增无形资产摊销2 282 550.24元，少计利润2 282 550.24元。

5. 多计提专项储备

2018年，明日宇航虚增收入（不含天津宇航）777 277 344.34元；2019年，多计提专项储备 3 687 750.92 元,少计利润 3 687 750.92 元。

根据当事人违法行为的事实、性质、情节与社会危害程度,依据《中华人民共和国证券法》第 197 条第二款的规定,我会决定:

(1) 责令新研股份改正其违法行为,对其给予警告,并处以 300 万元的罚款;

(2) 对韩某给予警告,并处以 300 万元的罚款;

(3) 对匡××给予警告,并处以 50 万元的罚款。

依据 2005 年《中华人民共和国证券法》第 193 条第一款的规定,我会决定:

(1) 对周××给予警告,并处以 25 万元的罚款;

(2) 对张×、胡×、刘××给予警告,并分别处以 20 万元的罚款;

(3) 对杨××给予警告,并处以 10 万元的罚款。

资料来源:http://www.csrc.gov.cn/csrc/c101928/c7073633/content.shtml.

案例意义: 从案例可以看出,以利润最大化作为企业财务管理的目标,会促使企业提高生产经营效率,提升股价,但也有可能会诱使企业做出虚构利润、危害投资者的行为。新研股份利润造假就是利润最大化诱使企业做出不良行为的一个典型的案例。公司管理层应该根据公司实际情况,确立适合公司的财务管理目标。

通过这个案例,同学们要思考人生准则:做人要诚实可靠、客观公正、实话实说,要时刻牢记诚实守信是中华民族的传统美德。

两鸟在林，不如一鸟在手——货币的时间价值初探

学习财务管理的基础观念：资金时间价值，具体包括资金时间价值的概念和计算。

能力目标

- 了解：单利终值和现值的计算，风险的概念。
- 掌握：资金时间价值的概念，复利终值和现值的计算，年金终值和现值的计算，利率的计算。

素养目标

- 培养合理消费和科学理财的思想。
- 树立远大理想，培养大局意识。

情境认知

为有效地组织财务管理工作，实现财务管理的目标，企业财务管理人员必须树立一些基本的财务管理观念。资金时间价值和风险价值，是现代财务管理的两个基础概念。无论是筹资管理、投资管理、营运资金管理，还是利润及其分配的管理，都必须考虑资金时间价值和风险价值问题。

任务一 货币的时间价值

达依尔是古印度的一位叫作舍罕王的国王的宰相，一次，舍罕王觉得自

微课：复利的威力

己王宫里所有的游戏都玩腻了,于是,他下令,如果谁能发明一种使自己开心的游戏,谁就将得到很多的赏赐。达依尔知道了这个消息,就将自己发明的国际象棋献给了舍罕王,舍罕王觉得这个游戏非常有趣,很高兴,决定重赏达依尔。舍罕王问达依尔:"你想要什么赏赐呢?尽管说吧。"

达依尔想了想指着国际象棋的棋盘说:"陛下,请你赏给我麦子吧!在棋盘上放麦子,每一小格内的麦粒都比前一格增加一倍。装完这64个格子就行。"国王听后觉得这个要求太容易了,所以答应了他。

具体任务:到底需要多少粒麦子呢?请试一试。

时间价值是客观存在的经济范围,任何企业的财务活动,都是在特定的时空中进行的。离开了时间价值因素,就无法正确计算不同时期的财务收支,也无法正确评价企业盈亏。资金时间价值原理正确揭示了不同时点上资金之间的换算关系,是财务决策的基本依据,有"理财第一原则"之称,可见其重要性。财务人员必须熟悉资金时间价值的概念和计算方法。

微课:货币的时间价值初探

一、资金时间价值的概念

资金时间价值是资金在周转使用中由于时间因素而形成的增值,也称货币时间价值。商品经济中有这样一种现象:现在的1元钱与1年后的1元钱的经济价值不等,现在的1元钱要比1年后的1元钱经济价值大一些,即使不存在通货膨胀,也会如此。例如,将10万元存入银行,假设存款利率为10%,1年后共可取出11万元。这10万元经过1年时间的投资增加了1万元,便是资金的时间价值。那么资金时间价值是怎样产生的呢?这是因为资金使用者把资金投入生产经营后,劳动者借以生产新的产品,创造新的价值,再将产品销售出去,获得利润,实现增值。资金周转的时间越长,所获得的利润越多,实现的增值额就越大。应该说,资金时间价值的实质就是资金周转使用后的增值额。

从量的规定性来看,资金时间价值被认为是没有风险和没有通货膨胀条件下的社会平均资金利润率,这是利润平均化规律作用的结果。由于资金时间价值的计算方法与利息的计算方法相同,人们常常会将资金时间价值与利息混为一谈。实际上,利率不仅包括时间价值,也包括风险价值和通货膨胀因素。只有在购买国库券时几乎没有风险,若此时通货膨胀率很低的话,可将国库券的利率视为资金时间价值。

一般来说,资金时间价值有两种表示形式:一种是绝对数形式;另一种是相对数形式。其中,绝对数形式就是一定量的资金在经历一定时间的周转使用后的增值额,如前面例子中增加的1万元。相对数形式就是以增值额除以存入资金而得到的百分比形式,如前面例子中10%的存款利率。

二、资金时间价值的计算:单复利的计算

根据资金具有时间价值的理论,不同时间的资金的价值不等,所以,不宜直接比较不同时间的资金收入,而需要先把它们换算到相同的时间基础上,然后才能进行大小比较和比率计算。由于资金随时间的增长过程与复利的计算过程在数学上相似,因此,在换算时广泛使用复利计算的各种方法。

(一) 资金时间价值计算的相关概念

资金时间价值的计算有四个基本要素：终值、现值、计息期和利息率。所谓终值，是现在一定量的资金折算到未来某一时点所对应的金额，又称未来值，通常记作 F。对于不同类型的时间价值的计算，终值可以是一个，如一次性收付款终值；也可以是若干个，如系列收付款对于决策时点而言都是不同时点的终值。所谓现值，是未来某一时点上的一定量资金折算到现在所对应的金额，通常记作 P。所谓计息期，是计算利息的期间数，通常记作 n。终值的大小与计息期同方向变动，而现值的大小则与计息期反方向变动。所谓利息率，是资金增值与投入资金的价值比，通常记作 i。终值的大小与利息率同方向变动，而现值的大小则与利息率反方向变动。

现值和终值是一定量资金在前后两个不同时点上对应的价值，其差额即为资金时间价值。现实生活中计算利息时所称本金、本利和的概念，即相当于资金时间价值理论中的现值和终值；利率可视为资金时间价值的一种具体表现；现值和终值对应的时点之间可以划分为 n 期，即相当于计息期。

(二) 一次性收付款项终值和现值的计算

一次性收付款项是指在某一特定时点上一次性收取（或支付），经过一段时间后再一次性支付（或收取）的款项。例如，年初存入银行 1 年期存款 1 万元，年利率为 10%，年末取出 11 000 元，即为一次性收付款项。

1. 单利终值和现值的计算

单利即只有本金才能获得利息、利息不能生成利息的一种计息方法。目前，我国银行存款利息的计算一般采用单利的方法，实行月息制。

单利终值的计算公式为

$$F = P(1 + i \cdot n) \tag{2-1}$$

【例 2-1】 小王将 5 万元存入银行，存期为 5 年，年利率为 10%，单利计息。要求：计算第 5 年末取出的本利和。

解： $F = P(1 + i \cdot n) = 5 \times (1 + 10\% \times 5) = 7.5$（万元）

单利现值的计算公式为

$$P = F - I = \frac{F}{1 + i \cdot n} \tag{2-2}$$

【例 2-2】 小张希望 5 年后获得 10 000 元本利和，银行利率为 5%。要求：计算张某现在需存入银行多少元？

解： $P = \dfrac{F}{1 + i \cdot n} = \dfrac{10\ 000}{1 + 5\% \times 5} = 8\ 000$（元）

可见，单利终值和现值互为逆运算。上面求现值的计算，也可称贴现值的计算，贴现使用的利率称贴现率。

2. 复利终值和现值的计算

复利是指不但本金要生成利息、利息也要生成利息的一种计息方法，俗称"利滚利"。这里所说的计息期，是指相邻两次计息的间隔，如年、月、日等，一般除非特别说明，都是指年。

复利终值是指一定量的本金按复利计算的若干年后的本利和。复利终值的计算公式为

$$F = P(1+i)^n = P(F/P, i, n) \tag{2-3}$$

式中,$(1+i)^n$ 为"复利终值系数"或"1 元复利终值系数",用符号 $(F/P, i, n)$ 表示,其数值可查阅 1 元复利终值表(附表 1)。

【例 2-3】 某人现在将 5 000 元存入银行,银行利率为 5%。要求:计算第一年和第二年的本利和。

解: 第一年的 $F = P \times (1+i)^1$
$= 5\,000 \times (F/P, 5\%, 1)$
$= 5\,000 \times 1.05$
$= 5\,250(元)$

第二年的 $F = P \times (1+i)^2$
$= 5\,000 \times (F/P, 5\%, 2)$
$= 5\,000 \times 1.102\,5$
$= 5\,512.5(元)$

复利现值是指在将来某一特定时间取得或支出一定数额的货币,按复利折算到现在的价值。复利现值的计算公式为

$$P = \frac{F}{(1+i)^n} = F(1+i)^{-n} = F(P/F, i, n) \tag{2-4}$$

式中,$(1+i)^{-n}$ 为"复利现值系数"或"1 元复利现值系数",用符号 $(P/F, i, n)$ 表示,其数值可查阅 1 元复利现值表(附表 2)。

可以看出,复利终值系数与复利现值系数互为倒数,复利终值和现值也互为逆运算。

【例 2-4】 某人希望 5 年后获得 10 000 元本利,银行利率为 5%。要求:计算此人现在应存入银行多少元?

解: $P = F \times (1+i)^{-n}$
$= F \times (P/F, 5\%, 5)$
$= 10\,000 \times 0.783\,5$
$= 7\,835(元)$

思政元素融入

货币的时间价值:推迟消费,科学理财

针对大学生消费理财观的调查显示,除去基本伙食费,男生每月消费支出排在前三项的是社交与娱乐、食品、形象消费;女生每月消费支出最主要的是食品,其次为形象消费、社交与娱乐。同时,来自公安部门的调查显示,大学生使用校园网贷的主要用途有旅游、休闲、购买奢侈品、高档化妆品、衣服鞋帽,购买高档数码电子产品等多个大类。不难看出,大学生们主要开销既不是用在学习上,也不是用在基本生活上。他们的钱,其实很大部分是用在休闲享受方面了。而一旦出现问题,如果畏于家长的批评,自己又无法及时填补金钱上的漏洞,门槛低的校园贷自然就会成为他们的依靠。

大学生应该树立财商意识,建立推迟消费、科学理财的理念。先学会节约,锻炼好掌钱能力,管理好自己的钱,把主要精力放在努力学习、为未来打拼方面,幸福的人生是从这种

"先苦后甜"的人生态度开始的。从这个意义上说，管好自己的钱，明白用钱生钱的道理，养成节约的习惯，推迟消费，科学理财，把握财富增长秘密，培养财务素养和职业精神，其实就是为自己的人生做好初步的经济规划，做长远的人生理想设计。更现实一点，学生们都能管好自己的"消费账"，校园贷的骗局也就无从上演了。

扫描右侧二维码阅读：引导大学生科学消费和理财刻不容缓。

链接：引导大学生科学消费和理财刻不容缓

任务二　年金的终值和现值

林晓夫妇向杭州银行申请了 700 000 元住房贷款，商业贷款的利率是 4.9%，还款期限是 20 年，等额本息还款。同时林晓想购买一辆奥迪 A4 轿车，需要 400 000 元，经销商可以提供 3 年汽车贷款，首付 120 000 元，贷款金额 280 000 元，3 年期的贷款利率为 11.28%。

微课：房贷车贷知多少

具体任务：请为林晓出谋划策，确定房贷和车贷每月要偿还多少。

年金是指在相同的时间间隔内收到或付出一系列相等金额的款项，属于等额定期的系列收支，通常记作 A。例如，折旧、利息、租金、保险费等通常就表现为年金的形式。按每次收付发生的时点不同，可将年金划分为普通年金、预付年金、递延年金和永续年金四种。

一、普通年金

普通年金是指每期期末有等额的收付款项的年金，又称后付年金。现实经济生活中，这种年金最常见，所以将其称为普通年金。本书后附录的年金的终值系数和现值系数也是按普通年金编制的。普通年金示意图如图 2-1 所示。

微课：年金终值和现值 1

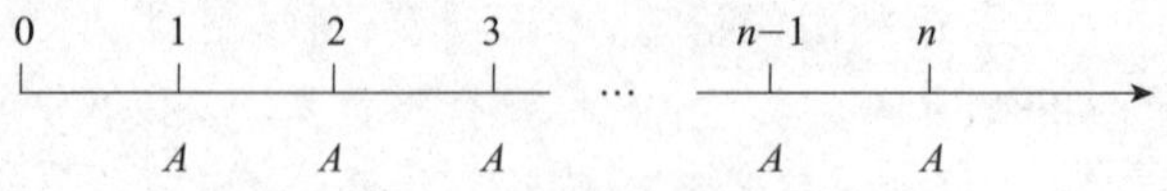

图 2-1　普通年金示意图

1. 普通年金终值的计算

已知各期普通年金（A），求 n 期年金按复利计算的第 n 期本利和（F_n）就是普通年金终值。例如，零存整取的银行储蓄形式，每期相同的存款额为年金，到期取出的本利和即为年金终值。普通年金在 n 期末终值如图 2-2 所示。

从图 2-2 可以看出，将上述各期金额的复利终值求和，就可以得到普通年金终值公式：

$$F = A + A(1+i)^1 + A(1+i)^2 + \cdots + A(1+i)^{n-1} - 1 \tag{2-5}$$

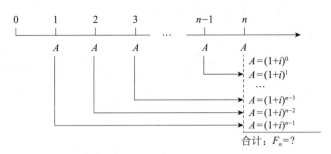

图 2-2　普通年金终值计算示意图

将式(2-5)两边同时乘以$(1+i)$,得

$$F(1+i)=A(1+i)^1+A(1+i)^2+A(1+i)^3\cdots+A(1+i)^n \quad (2\text{-}6)$$

将式(2-6)减去式(2-5)得

$$F_n=A\frac{(1+i)^n-1}{i}=A(F/A,i,n) \quad (2\text{-}7)$$

式中,$\frac{(1+i)^n-1}{i}$为"年金终值系数"或"1元年金终值系数",可用符号$(F/A,i,n)$表示,其数值可查阅1元年金终值表(附表3)直接取得。

【例 2-5】 A 公司每年年末在银行存入 8 000 元,计划 10 年后更新设备。要求:计算若银行存款利率为 5%,到第 10 年年末公司可以有多少钱更新设备?

解:这是一个普通年金终值问题,根据公式可得

$$F=8\ 000\times\frac{(1+5\%)^{10}-1}{5\%}=8\ 000\times(F/A,5\%,10)$$
$$=8\ 000\times 12.578=100\ 624(元)$$

式中,$(F/A,5\%,10)=12.578$ 查附表 3 求得。

可见,若 A 公司每年年末存入 8 000 元,10 年后可有 100 624 元货币用来更新设备。

2. 普通年金现值的计算

普通年金的现值是指一定时期内每期期末等额收付款项的复利现值之和,如图 2-3 所示。

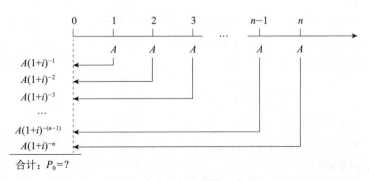

图 2-3　普通年金现值示意图

从图 2-3 可以看出,上述各年金额 A 的复利现值求和,就是普通年金现值公式:

$$P=A(1+i)^{-1}+A(1+i)^{-2}+A(1+i)^{-3}+\cdots+A(1+i)^{-n} \quad (2\text{-}8)$$

将式(2-8)两边同时乘以$(1+i)$,得

$$P(1+i) = A + A(1+i)^{-1} + A(1+i)^{-2} + \cdots + A(1+i)^{-(n-1)} \tag{2-9}$$

将式(2-9)减去式(2-8)得

$$P = A \times \frac{1-(1+i)^{-n}}{i} = A(P/A, i, n) \tag{2-10}$$

式中,$\frac{1-(1+i)^{-n}}{i}$ 为"年金现值系数"或"1元年金现值系数",可用符号$(P/A,i,n)$表示,其数值可查阅1元年金现值表(附表4)直接取得。

【例2-6】 某企业未来5年每年年末等额从银行取1万元,为职工发奖金,年利率3%。要求:计算现在应该存入多少金额以保证未来5年每年年末从银行等额提出1万元?

解: $P = A(P/A, i, n) = 1 \times (P/A, 3\%, 5) = 1 \times 4.5797 = 4.58(万元)$

3. 年偿债基金

已知未来某一时点清偿的债务或投资额(年金终值),求得的各年分期等额提取的存款准备金(年金)就是年偿债基金。设未来已知的债务或投资额是终值n,各年等额提取的准备金是未知的年金A,求年偿债基金实际就是年金终值的逆运算。年偿债基金示意图如图2-4所示。

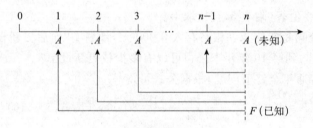

图2-4 年偿债基金示意图

年偿债基金公式由年金终值公式导出,其公式为

$$A = \frac{F}{\frac{(1+i)^n - 1}{i}} = \frac{F}{(F/A, i, n)} \tag{2-11}$$

式中,A为年偿债基金。

【例2-7】 A公司有一笔4年后到期的债券,到期值为500万元。要求:计算若银行存款利率为6%,为偿还该项债务,公司从本年起每年至少应向银行存入多少钱?

解:根据偿债基金公式,计算可得

$$A = \frac{500}{(F/A, 6\%, 4)} = \frac{500}{4.3746} = 114.30(万元)$$

式中,$(F/A, 6\%, 4) = 4.3746$ 查附表3求得。

由计算可知,公司每年应向银行存入114.30万元,才可保证在4年后偿还500万元的债务。

4. 年资本回收额

已知初始投资额或初始借入货币(现值),求得的各年等额回收初始投入资本或等额偿还初始借入的债务(年金)就是年资本回收额。初始投入的资本或初始借入的债务相当于年金现值P,一定期间内等额回收或偿还的金额就是未知的年金A。求年资本回收额实际就是年金现值的逆运算。年资本回收额示意图如图2-5所示。

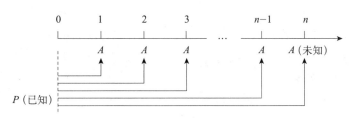

图 2-5 年资本回收额示意图

年资本回收额实际是年金现值公式的逆运算,其公式为

$$A=\frac{P}{\frac{1-(1+i)^{-n}}{i}}=\frac{P}{(P/A,i,n)} \qquad (2\text{-}12)$$

【例 2-8】 某公司以 12% 的年利率借债 100 万元投资于一项目,该项目有效期为 10 年。要求:计算每年至少应收回多少钱,才能在 10 年内收回投资?

解: $A=P/(P/A,12\%,10)=100\div 5.650\ 2=17.70(万元)$

二、预付年金

预付年金是指每期期初有等额的收付款项的年金,又称先付年金或即付年金。预付年金示意图如图 2-6 所示。

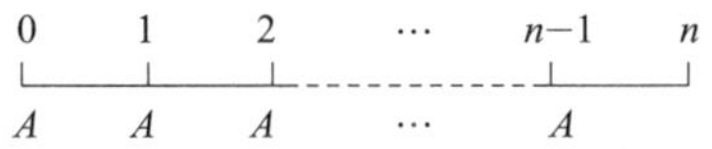

图 2-6 预付年金示意图

预付年金与普通年金的区别在于收付款的时点不同,普通年金在每期的期末收付款项,而预付年金在每期的期初收付款项,两者收付时间如图 2-7 所示。

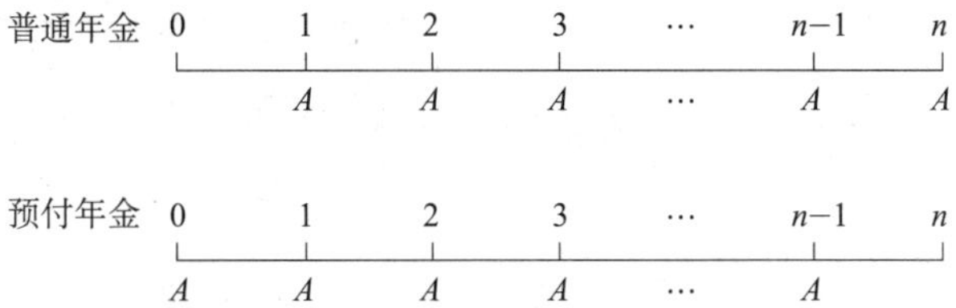

图 2-7 普通年金和预付年金的区别

从图 2-7 可见,n 期预付年金与 n 期普通年金的付款次数相同,但由于其付款时间不同,n 期预付年金终值比 n 期普通年金的终值多计算一期利息。如果计算年金现值,则预付年金要比普通年金少折现一年。因此,在普通年金的现值、终值的基础上,乘以 $(1+i)$ 便可计算出预付年金的现值与终值。

1. 预付年金终值的计算

预付年金的终值是指一定时期内每期期初等额收付款项的复利终值之和。

方法一 预付年金终值=普通年金终值×$(1+i)$ (2-13)

此外,还可根据 n 期预付年金与 $(n+1)$ 期普通年金的关系推导出另一预付年金终值的计算公式。n 期预付年金与 $(n+1)$ 期普通年金的计算期数相同,但比 $(n+1)$ 期普通年金少付一次款,即 A。

方法二 $\qquad F=A(F/A,i,n+1)-A=A[(F/A,i,n+1)-1]$ (2-14)

【例 2-9】 某人每年年初存入银行 1 000 元,银行存款年利率为 8%。要求:计算第 10 年年末的本利和应为多少?

解: $\quad F=A[(F/A,i,n+1)-1]=1\,000\times[(F/A,8\%,11)-1]$
$\qquad =1\,000\times(16.645-1)$
$\qquad =15\,645(元)$

2. 预付年金现值的计算

预付年金的现值是指一定时期内每期期初等额收付款项的复利现值之和。

方法一 $\qquad$ 预付年金现值=普通年金现值$\times(1+i)$ (2-15)

此外,还可根据 n 期预付年金与$(n-1)$期普通年金的关系推导出预付年金现值的计算公式。n 期预付年金与$(n-1)$期普通年金的计算期数相同,但比$(n-1)$期普通年金多付一次款,即 A。

方法二 $\qquad P=A(P/A,i,n-1)+A=A[(P/A,i,n-1)+1]$ (2-16)

【例 2-10】 某企业租用一设备,在 10 年中每年年初要支付租金 1 000 元,年利息率为 8%。要求:计算这些租金的现值是多少?

解: $\quad P=A[(F/A,i,n-1)+1]=1\,000\times[(F/A,8\%,9)+1]$
$\qquad =1\,000\times(6.246\,9+1)=7\,247(元)$

三、递延年金

递延年金是指在最初若干期(假设为 m 期,$m\geqslant 1$)没有收付款项的情况下,后面若干期(假设为 n 期)发生的系列等额收付款项,可用图 2-8 来表示。

微课:年金终值和现值 2

图 2-8 递延年金与普通年金的区别

由图 2-8 可知,递延年金的第一次年金收付没有发生在第一期,而是隔了 m 期(这 m 期就是递延期),在第 $m+1$ 期的期末才发生第一次收付,并且在以后的 n 期内,每期期末均发生等额的现金收支。与普通年金相比,尽管都是$(m+n)$期,但普通年金在$(m+n)$期内,每个期末都要发生收支,而递延年金在$(m+n)$期内,只在后 n 期发生收支,前 m 期无收支发生。

1. 递延年金终值的计算

递延年金终值是指递延年金各年现金流量在其最后一年末的复利终值总和。递延年金终值的计算方法与普通年金终值的计算方法相同,其终值大小与前面的递延期无关。

$$F=A(F/A,i,n)$$ (2-17)

【例 2-11】 某企业向银行借入一笔款项,银行贷款的年利息率为 8%,银行规定前 10 年不用还本付息,但从第 11 年至第 20 年每年年末偿还本息 1 000 元。要求:计算这笔款项的终值应为多少?

解: $F = A(F/A, 8\%, 10) = 1\,000 \times 14.487 = 14\,487(元)$

2. 递延年金现值的计算

根据递延年金的特点,递延年金现值有两种计算方法。

(1) 把递延年金视为 n 期的普通年金,求出年金在递延期期末 m 点的现值,再将 m 点的现值调整到第一期期初,即

$$P = A \times (P/A, i, n) \times (P/F, i, m) \tag{2-18}$$

(2) 先假设递延期也发生收支,即变成一个 $(m+n)$ 期的普通年金,求出 $(m+n)$ 期的年金现值,再扣除并未发生年金收支的 m 期递延期的年金现值,即可求得递延年金现值,即

$$P = A \times [(P/A, i, m+n) - (P/A, i, n)] \tag{2-19}$$

(3) 先把递延年金视为 n 期普通年金,求出年金在 n 期期末的终值;再将它作为现值贴现至 $m+n$ 期的第一期期初即可,即

$$P = A \times (F/A, i, n) \times (P/F, i, m+n) \tag{2-20}$$

【例 2-12】 某企业向银行借入一笔款项,银行贷款的年利息率为 8%,银行规定前 10 年不用还本付息,但从第 11 年至第 20 年每年年末偿还本息 1 000 元。要求:计算这笔款项的现值应为多少?

解:方法一
$$P = A \times (P/A, i, n) \times (P/F, i, m)$$
$$= 1\,000 \times (P/A, 8\%, 10) \times (P/F, 8\%, 10)$$
$$= 1\,000 \times 6.710\,1 \times 0.463\,2$$
$$= 3\,108.12(元)$$

方法二
$$P = A \times [(P/A, i, m+n) - (P/A, i, m)]$$
$$= 1\,000 \times [(P/A, 8\%, 20) - (P/A, 8\%, 10)]$$
$$= 1\,000 \times (9.818\,1 - 6.710\,1)$$
$$= 3\,108(元)$$

方法三
$$P = A \times (F/A, i, n) \times (P/F, i, m+n)$$
$$= 1\,000 \times (F/A, 8\%, 10) \times (P/F, 8\%, 20)$$
$$= 1\,000 \times 14.487 \times 0.214\,5$$
$$= 3\,107.46(元)$$

四、永续年金

永续年金是指无期限等额收付的特种年金,可视为期限趋于无穷的普通年金。永续年金在实际经济活动中很多,如优先股股利、永久债券的利息、永久性的奖励基金等。

由于永续年金持续期无限,没有终止时间,因此没有终值,只可以求其现值。永续年金可视为普通年金期限趋于无穷的特殊形式,其现值可以由普通年金现值公式的极限求得。其导出过程如下:

$$P = A \times \frac{1 - (1+i)^{-n}}{i}$$

当 $n\to\infty$ 时，$(1+i)^{-n}\to 0$ 所以永续年金现值公式为

$$P=\frac{A}{i}$$

(2-21)

式中，P 为永续年金现值；A 为每期收付金额；i 为利率(折现率)。

【例 2-13】 某机构拟设立一项永久性科研奖金，计划每年颁发 150 万元奖金给有成绩的科研人员。要求：计算若银行存款利率为 5%，现在应存入多少钱？

解：这是永续年金现值问题，计算可得

$$P=\frac{A}{i}=\frac{150}{5\%}=3\ 000(万元)$$

可见，现在向银行存入 3 000 万元，可以建立该项永久性科研奖金。

思政元素融入

养老金，老有所依

党的二十大报告中指出：健全社会保障体系，完善基本养老保险全国统筹制度，发展多层次、多支柱养老保险体系。中央明确要求，要立足我国基本国情，借鉴国际经验，努力构建以基本养老保险为基础、以企业年金和职业年金为补充、与个人储蓄性养老保险和商业养老保险相衔接的"三支柱"养老保险体系。其中基本养老保险采取"统账结合"的管理模式，要求参保单位和个人每月分别缴纳工资总额的 20% 和 8% 的比例，分别参加社会统筹调剂和存入职工个人账户中，缴费满 15 年并达到退休年龄者可以按月领取养老金，这就是年金的一种体现。

链接：《关于推动个人养老金发展的意见》

扫描右侧二维码阅读 2022 年 6 月印发的《关于推动个人养老金发展的意见》，这是个人储蓄型养老保险，也是年金的一种体现。

任务三　利率的计算

任务导入

孙嘉下岗获得 50 000 元现金补助，他决定趁现在还有劳动能力，先找工作糊口，将款项存起来。孙嘉预计，如果 20 年后这笔款项连本带利达到 250 000 元，那就可以解决自己的养老问题。

微课：利率的计算

具体任务：请分析银行存款的年利率为多少，孙嘉的预计才能变成现实？

一、复利计息方式下的利率计算

复利计息方式下，利率与终值(或现值)系数之间存在一定的数量关系，已知终值(或现值)系数，可以通过内插法计算对应的利率，具体的计算公式为

$$i = i_1 + \frac{B - B_1}{B_2 - B_1} \times (i_2 - i_1) \tag{2-22}$$

式中,i 为所求利率;B 为 i 对应的终值(或现值)系数;B_1、B_2 分别为终值(或现值)系数表中与 B 相邻的系数;i_1、i_2 分别为与 B_1、B_2 相对应的利率。

典型的复利计息方式下的利率计算一般有以下几种。

(1) 已知复利终值(或现值)系数 B 及期数 n,通过查"复利终值(或现值)系数表",找出与 B 相邻的两个系数及其对应的利率,再按内插法公式来计算利率。

【例 2-14】 某人向银行存款 10 000 元,期限 5 年。要求计算银行利率为多少时,5 年后能够得到 15 000 元?

解: $15\,000 = 10\,000 \times (F/P, i, 5)$

则 $(F/P, i, 5) = 1.5$

设终值系数 1.5 对应的利率为 X,查复利终值系数表,运用插值法可得

8%	1.469 3
X	1.5
9%	1.538 6

$$\frac{9\% - X}{9\% - 8\%} = \frac{1.538\,6 - 1.5}{1.538\,6 - 1.469\,3}$$

解得 $X = 8.44\%$。

(2) 已知年金终值(或现值)系数 B 及期数 n,通过查"年金终值(或现值)系数表",找出与 B 相邻的两个系数及其对应的利率,再按内插法公式来计算利率。

【例 2-15】 某投资项目原始投资额为 100 000 元,期限为 6 年,每年年末收回投资 20 000 元。要求:计算该项投资的回报率。

解: $20\,000 \times (P/A, i, 6) = 100\,000$

则 $(P/A, i, 6) = 5$

设 $(P/A, i, 6)$ 为 Y,查年金现值系数表,运用插值法可得

5%	5.075 7
Y	5
6%	4.917 3

$$\frac{5\% - Y}{6\% - 5\%} = \frac{5.075\,7 - 5}{4.917\,3 - 5.075\,7}$$

解得 $Y = 5.48\%$

(3) 永续年金的利率可通过公式 $i = \dfrac{A}{P}$ 求得。

【例 2-16】 某人存入 625 000 元拟作为永久性奖学金,每年计划颁发 50 000 元奖金。要求:计算年利率。

解: $i = \dfrac{50\,000}{625\,000} = 8\%$

当利率不低于 8% 时,才能把该笔款项作为永久性奖学金。

二、名义利率和实际利率

前面接触的利率都是指年利率,即每年复利一次。但实际上,复利的计息期不一定是

1年,还有可能是按短于1年的计息期来计算复利,如按季度、月份、日等。当利息在1年内的复利次数超过一次时,这样的年利率叫名义利率;而1年内只复利一次的年利率叫实际利率。

对于1年内复利多次的情况,一般可采用两种方法来计算资金时间价值。

方法一 将名义利率换算为实际利率,再按实际利率计算资金时间价值,具体的换算公式为

$$i = \left(1 + \frac{r}{m}\right)^m - 1 \tag{2-23}$$

式中,i 为实际利率;r 为名义利率;m 为1年内的复利次数。

【例2-17】 某人现存入银行10 000元,年利率5%,每季度复利一次。要求:计算2年后能取得多少元本利和?

解:
$$i = \left(1 + \frac{r}{m}\right)^m - 1$$
$$= \left(1 + \frac{5\%}{4}\right)^4 - 1$$
$$= 5.09\%$$
$$F = P \times (1+i)^n$$
$$= 10\,000 \times (1 + 5.09\%)^2$$
$$= 11\,044(元)$$

方法二 不计算实际利率,直接调整有关指标,即利率调整,期数调整为 $m \times n$,再求资金时间价值。

【例2-18】 如果现在向银行存入10 000元,年名义利率为12%,每季度计算一次利息。要求:计算5年后能取出多少钱。

解:
$$F = 10\,000 \times \left(F/P, \frac{12\%}{4}, 4 \times 5\right)$$
$$= 10\,000 \times (F/P, 3\%, 20)$$
$$= 10\,000 \times 1.806\,1$$
$$= 18\,061(元)$$

思政元素融入

校园贷的利率为什么这么高

法律规定年利率超过24%的贷款都是属于非法的,校园贷的利息有的超过30%,高利贷的利息一般是36%,学生一旦贷款,没有经济来源,很难偿还。那么,为什么学生还是容易陷入陷阱呢?

这里就要讲到名义利率和实际利率的问题,学生在借款合同上看到借款年利率往往很低(名义利率),但是没有仔细阅读合同中其他部分的陷阱,如"利息""手续费"提前扣除,规定的偿还利息是每天计息、每周计息或者每月计息,各种名目的"违约金""滞纳金"等,这样仔细计算下来,利滚利,借款的实际利率就远远地高于名义利率,超过了合法的借款利率。

扫描右侧二维码阅读:"校园贷",一个个挖好的陷阱。

链接:"校园贷"一个个挖好的陷阱

职业能力训练

一、单项选择题

1. 某人希望在 5 年末取得本利和 20 000 元,则在年利率为 2%,单利计息的方式下,此人现在应当存入银行( )元。
   A. 18 114   B. 18 181.82   C. 18 004   D. 18 000

2. 某人目前向银行存入 1 000 元,银行存款年利率为 2%,在复利计息的方式下,5 年后此人可以从银行取出( )元。
   A. 1 100   B. 1 104.1   C. 1 204   D. 1 106.1

3. 某人进行一项投资,预计 6 年后会获得收益 880 元,在年利率为 5% 的情况下,这笔收益的现值为( )元。
   A. 4 466.62   B. 656.66   C. 670.56   D. 4 455.66

4. 企业有一笔 5 年后到期的贷款,到期值是 15 000 元,假设存款年利率为 3%,则企业为偿还借款建立的偿债基金为( )元。
   A. 2 825.34   B. 3 275.32   C. 3 225.23   D. 2 845.34

5. 某人分期购买一辆汽车,每年年末支付 10 000 元,分 5 次付清,假设年利率为 5%,则该项分期付款相当于现在一次性支付( )元。
   A. 55 256   B. 43 259   C. 43 295   D. 55 265

6. 某企业进行一项投资,目前支付的投资额是 10 000 元,预计在未来 6 年内收回投资,在年利率是 6% 的情况下,为了使该项投资是合算的,那么企业每年至少应当收回( )元。
   A. 1 433.63   B. 1 443.63   C. 2 023.64   D. 2 033.64

7. 某一项年金前 4 年没有流入,后 5 年每年年初流入 1 000 元,则该项年金的递延期是( )年。
   A. 4   B. 3   C. 2   D. 1

8. 某人拟进行一项投资,希望进行该项投资后每半年都可以获得 1 000 元的收入,年收益率为 10%,则目前的投资额应是( )元。
   A. 10 000   B. 11 000   C. 20 000   D. 21 000

9. 某人在第一年、第二年、第三年年初分别存入 1 000 元,年利率 2%,单利计息的情况下,在第三年年末此人可以取出( )元。
   A. 3 120   B. 3 060.4   C. 3 121.6   D. 3 130

10. 已知利率为 10% 的一期、两期、三期的复利现值系数分别是 0.909 1、0.826 4、0.751 3,则可以判断利率为 10%、3 年期的年金现值系数为( )。
    A. 2.543 6   B. 2.486 8   C. 2.855   D. 2.434 2

11. 某人于第一年年初向银行借款 30 000 元,预计在未来每年年末偿还借款 6 000 元,连续 10 年还清,则该项贷款的年利率为( )。
    A. 20%   B. 14%   C. 16.13%   D. 15.13%

12. 某人拟进行一项投资,投资额为 1 000 元,该项投资每半年可以给投资者带来 20 元的收益,则该项投资的年实际报酬率为( )。

  A. 4%   B. 4.04%   C. 6%   D. 5%

二、多项选择题

1. 年金是指一定时期内每期等额收付的系列款项,下列各项中属于年金形式的是( )。

  A. 按照直线法计提的折旧   B. 等额分期付款

  C. 融资租赁的租金   D. 养老金

2. 某人决定在未来 5 年内每年年初存入银行 1 000 元(共存 5 次),年利率为 2%,则在第 5 年年末能一次性取出的款项额计算正确的是( )。

  A. $1\,000 \times (F/A,2\%,5)$

  B. $1\,000 \times (F/A,2\%,5) \times (1+2\%)$

  C. $1\,000 \times (F/A,2\%,5) \times (F/P,2\%,1)$

  D. $1\,000 \times [(F/A,2\%,6)-1]$

3. 某项年金前三年没有流入,从第四年开始每年年末流入 1 000 元共计 4 次,假设年利率为 8%,则该递延年金现值的计算公式正确的是( )。

  A. $1\,000 \times (P/A,8\%,4) \times (P/F,8\%,4)$

  B. $1\,000 \times [(P/A,8\%,8)-(P/A,8\%,4)]$

  C. $1\,000 \times [(P/A,8\%,7)-(P/A,8\%,3)]$

  D. $1\,000 \times (F/A,8\%,4) \times (P/F,8\%,7)$

4. 下列说法正确的是( )。

  A. 普通年金终值系数和偿债基金系数互为倒数

  B. 普通年金终值系数和普通年金现值系数互为倒数

  C. 复利终值系数和复利现值系数互为倒数

  D. 普通年金现值系数和资本回收系数互为倒数

三、判断题

1. 资金时间价值相当于没有风险情况下的社会平均资金利润率。( )

2. 每半年付息一次的债券利息是一种年金的形式。( )

3. 即付年金的现值系数是在普通年金的现值系数的基础上系数+1,期数-1 得到的。( )

4. 递延年金有终值,终值的大小与递延期是有关的,在其他条件相同的情况下,递延期越长,则递延年金的终值越大。( )

5. 已知 $(F/P,3\%,6)=1.194\,1$,则可以计算出 $(P/A,3\%,6)=3.47$。( )

6. 某人贷款 5 000 元,该项贷款的年利率是 6%,每半年计息一次,则 3 年后该项贷款的本利和为 5 955 元。( )

四、计算题

1. 某人决定分别在 2020 年、2021 年、2022 年和 2023 年的 1 月 1 日分别存入 5 000 元,按 10% 利率,每年复利一次。要求:计算 2023 年 12 月 31 日的余额是多少?

2. 某公司拟租赁一间厂房,期限是 10 年,假设年利率是 10%,出租方提出以下几种付款方案:

  (1) 立即付全部款项共计 20 万元;

(2) 从第 4 年开始每年年初付款 4 万元,至第 10 年年初结束;

(3) 第 1 到 8 年每年年末支付 3 万元,第 9 年年末支付 4 万元,第 10 年年末支付 5 万元。要求:通过计算回答该公司应选择哪一种付款方案比较合算?

3. 某公司拟进行一项投资。目前有甲、乙两种方案可供选择。如果投资于甲方案其原始投资额会比乙方案高 60 000 元,但每年可获得的收益比乙方案多 10 000 元。假设该公司要求的最低报酬率为 12%,方案的持续年限为 n 年,分析 n 处于不同取值范围时应当选择哪一种方案?

综合实力大幅跃升,居民收入水平较快增长
——党的十八大以来新时代十年经济社会发展成就

党的二十大报告提出党的十八大以来新时代十年的伟大变革,提出并贯彻新发展理念,着力推进高质量发展,推动构建新发展格局,实施供给侧结构性改革,制定一系列具有全局性意义的区域重大战略,我国经济实力实现历史性跃升。国内生产总值从 54 万亿元增长到 114 万亿元,我国经济总量占世界经济的比重达 18.5%,提高 7.2%,稳居世界第二位;人均国内生产总值从 39 800 元增加到 81 000 元。

链接:党的十八大以来经济社会发展成就系列报告之十三

同时我国居民收入水平较快增长,生活质量有显著提高,国家统计局 2022 年发布的党的十八大以来经济社会发展成就系列报告显示:

一、居民收入较快增长,收入结构不断改善

1. 居民收入保持较快增长,与经济增长基本同步

2021 年全国居民人均可支配收入 35 128 元,比 2012 年的 16 510 元增加 18 618 元,累计名义增长 112.8%,年均名义增长 8.8%,扣除价格因素,累计实际增长 78.0%,年均实际增长 6.6%。居民收入增长与经济增长基本同步,2013—2021 年居民人均可支配收入年均实际增速快于人均国内生产总值增速 0.5%。

链接:党的十八大以来经济社会发展成就系列报告之十九

2. 居民收入来源多元化,转移净收入和财产净收入占比上升

各地区各部门有效落实各项就业创业政策,不断加大民生保障力度,多管齐下拓宽居民增收渠道,持续优化营商环境,不断完善社会保障体系,进一步健全各类生产要素参与分配机制。全国居民转移净收入和财产净收入快速增长,占比不断提高。2021 年全国居民人均可支配收入中,人均转移净收入 6 531 元,比 2012 年增长 139.4%,年均增长 10.2%,占人均可支配收入的比重由 2012 年的 16.5% 提高到 2021 年的 18.6%。2021 年人均财产净收入 3 076 元,比 2012 年增长 149.8%,年均增长 10.7%,占人均可支配收入的比重由 2012 年的 7.5% 提高到 2021 年的 8.8%。居民工资性收入和经营净收入保持较快增长。2021 年人均工资性收入 19 629 元,比 2012 年增长 109.3%,年均增长 8.6%;人均经营净收入 5 893 元,比 2012 年增长 85.8%,年均增长 7.1%。

二、居民消费水平持续提高,消费结构不断优化升级

1. 消费水平持续提高,消费能力不断增强

2021 年全国居民人均消费支出 24 100 元,比 2012 年的 12 054 元增加 12 046 元,人均

消费支出累计名义增长99.9%,年均名义增长8.0%,扣除价格因素,累计实际增长67.4%,年均实际增长5.9%。分城乡看,城镇居民人均消费支出30 307元,比2012年累计名义增长77.2%,年均名义增长6.6%,扣除价格因素,累计实际增长47.9%,年均实际增长4.4%;农村居民人均消费支出15 916元,比2012年累计名义增长138.7%,年均名义增长10.2%,扣除价格因素,累计实际增长99.7%,年均实际增长8.0%。

2. 恩格尔系数逐步下降,生活品质不断提高

2021年全国居民人均食品烟酒支出7 178元,比2012年增长80.2%,年均增长6.8%。食品烟酒支出占消费支出的比重(恩格尔系数)从2012年的33.0%下降至2021年的29.8%,下降3.2%。分城乡看,城镇居民人均食品烟酒支出8 678元,比2012年增长58.6%,年均增长5.3%;城镇居民恩格尔系数从2012年的32.0%下降至2021年的28.6%,下降3.4%。农村居民人均食品烟酒支出5 200元,比2012年增长117.2%,年均增长9.0%;农村居民恩格尔系数从2012年的35.9%下降至2021年的32.7%,下降3.2%。居民恩格尔系数的下降,标志着居民生活水平的进一步提高。

3. 消费结构优化升级,发展型享受型消费日益提升

随着居民收入水平提高和消费领域不断拓展,居民消费结构持续优化升级,交通出行、子女教育、医疗服务等消费快速增长,服务性消费支出占比逐步提高。2021年全国居民人均交通通信支出3 156元,比2012年增长117.5%,年均增长9.0%,快于全国居民人均消费支出年均增速1.0%,占人均消费支出的比重为13.1%,比2012年上升1.1%。2021年全国居民人均教育文化娱乐支出2 599元,比2012年增长106.0%,年均增长8.4%,快于全国居民人均消费支出年均增速0.4%,占人均消费支出的比重为10.8%,比2012年上升0.3%。2021年全国居民人均医疗保健支出2 115元,比2012年增长152.3%,年均增长10.8%,快于全国居民人均消费支出年均增速2.8%,占人均消费支出的比重为8.8%,比2012年上升1.8%。2021年全国居民人均服务性消费支出占人均消费支出的比重为44.2%,比2013年提高4.5%。

资料来源:http://www.stats.gov.cn/sj/sjjd/202302/t20230202_1896690.html,http://www.stats.gov.cn/xxgk/jd/sjjd2020/202210/t20221011_1889192.html.

案例意义:2013—2021年,我国经济年均增长6.6%,经济增长率居世界主要经济体前列。2020年,面对新冠肺炎疫情严重冲击,我国经济增长2.2%,是主要经济体中唯一保持正增长的国家。2021年全国居民人均可支配收入35 128元,比2012年的16 510元增加18 618元,累计名义利率增长112.8%,年均名义利率增长8.8%,扣除价格因素,累计实际利率增长78.0%,年均实际利率增长6.6%。十年的经济和居民收入水平的增长体现了我国综合国力的大幅度提升,是货币的时间价值在国民经济中的具体体现。

学习情境三

风险报酬知多少——风险价值的计算

知识目标

学习财务管理的基础观念:风险价值,具体包括单项资产和资产组合的风险收益的概念和计算。

能力目标

- 了解:风险的概念,风险的类别。
- 掌握:单项资产和证券组合投资风险价值的计算,投资期望报酬率的计算。

素养目标

- 加强风险意识和风险控制能力。
- 树立遵纪守法和创新理财的思想,促进社会和谐。

情境认知

企业的财务管理工作,几乎都是在存在风险和不确定情况下进行的。离开了风险因素,就无法正确评价企业报酬的高低。风险价值原理,正确地揭示了风险和报酬之间的关系,是财务决策的基本依据,财务人员必须了解风险价值的概念及计算方法。

任务一 单项资产的风险和报酬

林晓临近退休的年纪,为了选择谁是最合适的家族企业继承人,决定对四个子女进行考核。他给每人 100 万元,以三年为考核期限,希望他们采取

微课:创投企业的风险和报酬

合法手段进行投资或经营,尽可能使这笔钱增值,三年后根据他们的投资业绩或经营业绩来确定继承人。老大得到100万元,将这笔钱存进银行后,就四处找寻最能够赚钱又没有风险的投资项目,但是在三年中始终没有找到他认为最合适的项目,因而从未动用过这100万元。老二则将得到的100万元立刻购买了银行理财产品,年收益率为4%,三年后获利12万元。老三将得到的100万元投资于某一项目,三年后亏损15万元。老四将得到的100万元进行抵押,再融资70万元,将170万元投资于某一投资项目,三年后获利75万元。

具体任务:请分析谁最有可能成为林晓的继承人,并评述四人各自是如何使用这100万元进行投资的,他们各自面临着哪些投资风险。

一、风险价值的概念

风险广泛存在于企业的财务活动中,且对企业实现其财务目标有重要影响,既然风险难以避免,投资者冒风险,就必须要求得到额外收益,否则就不值得去冒风险。投资者由于冒风险进行投资而获得的超过资金时间价值的额外收益就是投资的风险价值,也称风险报酬、风险收益等。

微课:单项资产的风险和报酬

风险是一个较难掌握的概念,其定义和计量也有很多争议。一般而言,风险是指在一定条件下和一定时期内可能发生的各种结果的变动程度。例如,在预计一个投资项目的报酬时,不可能十分精确,也没有百分之百的把握,因为有些事情的未来发展事先是不能确知的,如价格、销量、成本等都可能发生预想不到且无法控制的变化,这就是风险。

风险是事件本身的不确定性,具有客观性。例如,企业或个人投资于国库券的收益的不确定性都较小;但若投资股票,则收益的不确定性要大得多。当然,在什么时间、投资哪种股票、投资多少等,风险是不一样的。但一旦决定了投资的时间、对象、数量等,风险大小也就定了。也就是说,风险是"一定条件下的风险",特定投资的风险大小是客观的,而是否要冒风险及冒多大风险,又是可以选择的,是主观决定的。

风险的大小会随时间延续而变化,是"一定时期内的风险"。例如,人们对一个投资项目的成本的事先估计通常很不准确,但当项目越接近完工时,估计往往会越准确,即随时间延续,事件的不确定性在逐渐降低,当事件完成时,结果也就完全肯定了。因此,风险是"一定时期内的风险"。

风险虽具有不确定性,但严格说来,风险与不确定性不能完全等同。不确定性是指事先只知道采取某种行动可能形成的各种结果,但不知道它们的概率(即出现的可能性),或者两者都不知道,而只能做些粗略的估计。例如,企业开采矿藏,事先只能肯定地质勘探后出现有开采价值和无开采价值两种结果,但并不知道这两种结果的概率。风险是指事先可以知道所有可能的结果及每种结果的概率。例如,某公司将100万元投资于A股票,已知A股票在经济繁荣时能获得20%的收益;在经济状况一般时能获得10%的收益;在经济萧条时只能获得5%的收益。同时,根据各种资料分析得出:明年经济繁荣的概率为30%,经济状况一般的概率为40%,经济萧条的概率为30%。实践中,大多数决策都是在不确定的情况下做出的,很难对风险和不确定这两个概念加以区分:风险问题的概率往往不能准确知道;不确定性问题也可以估计其概率。所以在实务领域,把不确定性视同风险加以计量,以便进行定量分析。财务管理中的风险,可能指的是确切意义上的风险,也可能是不确定性,两者不作区分。

二、风险的类别

1. 按投资主体的不同,可将风险划分为系统风险和非系统风险

系统风险是指那些对所有企业产生影响的因素引起的风险,又称市场风险或不可分散风险,如战争、自然灾害、通货膨胀、经济衰退、利率调整等。这类风险涉及所有的投资对象,不能通过多元化投资来加以分散,即一旦发生这种风险,任何一个企业都无法幸免。

非系统风险是指发生于个别企业的特有事件造成的风险,又称公司特有风险或可分散风险,如罢工、新产品开发失败、没有争取到重要合同、诉讼失败、失去销售市场等。这类风险是随机发生的,可以通过多元化投资来加以分散,即发生于一家企业的风险可以被其他企业的有利事件所抵消。

2. 按形成原因的不同,可将公司特有风险再细分为经营风险和财务风险

经营风险是指生产经营的不确定性带来的风险,它是任何商业活动都有的,也称商业风险。企业生产经营的许多方面都会受到来自企业内外部诸多因素的影响,具有很大的不确定性。一般主要来自以下几个方面:①生产成本,原料的供应和价格、工人和机器的生产率、工人的工资和奖金等都是不确定因素,因而产生风险;②生产技术,设备事故、产品发生质量问题、新技术的出现等难以预见,因而产生风险;③市场销售,市场需求、市场价格、企业可能生产的数量等不确定,尤其是竞争使供产销不稳定,加大了风险;④其他,外部环境的变化,如天灾、经济不景气、通货膨胀、有协作关系的企业没有履约等,企业无法左右自己,因而产生风险。上述方面的经营风险使企业的收益变得不确定。

财务风险是指因举债而增加的风险,是筹资决策带来的风险,也称筹资风险。企业适度举债经营,会提高其自有资金的盈利能力;但借入资金需要还本付息,这又加大了企业的风险。若企业经营不善,会使财务状况恶化,丧失支付能力,出现无法定期还本付息甚至招致破产的危险。那么要不要举债经营呢?如果要,又该借入多少资金呢?这些取决于风险的大小、冒风险预期能获得的报酬的大小及企业是否愿意冒风险。

三、单项资产的风险和报酬的计算

单项资产的投资风险价值的计算,需要使用概率和统计方法,其过程较为复杂,下面结合实例分步加以说明。

(一) 概率分布

在完全相同的条件下,某一事件可能发生也可能不发生,可能出现这种结果也可能出现另外一种结果,这类事件称为随机事件。概率就是用来反映随机事件发生的可能性大小的数值,一般用 X 表示随机事件,X_i 表示随机事件的第 i 种结果,P_i 表示第 i 种结果出现的概率。一般随机事件的概率在 0 与 1 之间,即 $0 \leqslant P_i \leqslant 1$,$P_i$ 越大,表示该事件发生的可能性越大;反之,P_i 越小,表示该事件发生的可能性越小。所有可能的结果出现的概率之和一定为 1。因此,概率必须符合下列两个要求:① $0 \leqslant P_i \leqslant 1$;② $\sum_{i=1}^{n} P_i = 1$。

【例 3-1】 某公司投资生产了一种新产品,在不同市场情况下,各种可能收益及概率如

表 3-1 所示。要求:判断概率是否符合要求。

表 3-1 收益和概率

市场情况	年收益 X_i/万元	概率 P_i
繁荣	200	0.3
正常	100	0.5
疲软	50	0.2

解:从表 3-1 中可见,所有的 P_i 均在 0 和 1 之间,且 $P_1+P_2+P_3=0.3+0.5+0.2=1$。符合概率分布要求。

(二) 期望收益(率)

期望收益(率)是一个概率分布中所有可能的结果,以各自相应的概率为权数计算的加权平均值,是加权平均的中心值,通常用符号 $\overline{K}$ 表示。其计算公式为

$$\overline{K} = \sum_{i=1}^{n} K_i P_i \tag{3-1}$$

期望收益反映预计收益的平均化,在各种不确定性因素(本例中假定只有市场情况因素影响产品收益)影响下,它代表着投资者的合理预期。

【例 3-2】 某公司有 A、B 两种投资项目,两个投资项目的收益率及概率分布情况如表 3-2 所示。要求:计算两个项目的期望报酬率。

表 3-2 A 项目和 B 项目投资报酬率的概率分布

项目实施情况	该种情况出现的概率		投资报酬率	
	项目 A	项目 B	项目 A	项目 B
好	0.20	0.30	15%	20%
一般	0.60	0.40	10%	15%
差	0.20	0.30	0	−10%

解:根据公式分别计算项目 A 和项目 B 的期望投资报酬率为

项目 A 的期望收益率 $=0.2\times 15\%+0.6\times 10\%+0.2\times 0=9\%$

项目 B 的期望收益率 $=0.3\times 20\%+0.4\times 15\%+0.3\times(-10\%)=9\%$

从计算结果可以看出,两个项目的期望投资报酬率都是 9%。但是否可以就此认为两个项目是等同的呢?还需要了解概率分布的离散情况,即计算标准差和标准离差率。

(三) 离散程度

离散程度是用以衡量风险大小的统计指标。一般来说,离散程度越大,风险越大;离散程度越小,风险越小。反映随机变量离散程度的指标包括平均差、方差、标准离差、标准离差率和全距等。

1. 方差

方差是用来衡量概率分布中各种可能值对期望值的偏离程度,它反映风险的大小。计算公式为

$$\sigma^2 = \sum_{i=1}^{n} (K_i - \overline{K})^2 \times P_i \tag{3-2}$$

2. 标准离差

标准离差是各种可能的收益(率)偏离期望收益(率)的综合差异,是反映离散程度的一种量度,是方差的平方根。具体可按下列公式计算:

$$\sigma = \sqrt{\sum_{i=1}^{n}(K_i - \overline{K})^2 \times P_i} \qquad (3\text{-}3)$$

标准离差以绝对数衡量决策方案的风险,在期望值相同的情况下,标准离差越大,风险越大;反之,标准离差越小,则风险越小。

【例3-3】 以例3-2中的数据为例,分别计算A、B两个项目投资报酬率的方差和标准离差。

解: 项目A的方差 $\sigma^2 = \sum_{i=1}^{n}(K_i - \overline{K})^2 \times P_i$

$= 0.2 \times (0.15 - 0.09)^2 + 0.6 \times (0.1 - 0.09)^2 + 0.2 \times (0 - 0.09)^2$

$= 0.0024$

项目A的标准离差 $\sigma = \sqrt{\sum_{i=1}^{n}(K_i - \overline{K})^2 \times P_i} = \sqrt{0.0024} = 0.049$

项目B的方差 $\sigma^2 = \sum_{i=1}^{n}(K - \overline{K})^2 \times P_i$

$= 0.3 \times (0.2 - 0.09)^2 + 0.4 \times (0.15 - 0.09)^2 + 0.3 \times (-0.1 - 0.09)^2$

$= 0.0159$

项目B的标准离差 $\sigma = \sqrt{\sum_{i=1}^{n}(K_i - \overline{K})^2 \times P_i} = \sqrt{0.0159} = 0.126$

以上计算结果表明,项目B的风险要高于项目A的风险。

3. 标准离差率

标准离差虽是反映随机变量离散程度的一个指标,但它是一个绝对值,只能用来比较期望收益(率)相等情况下的风险。若期望收益(率)不等,就需用标准离差率来进行风险比较,因为标准离差率是一个相对量。

标准离差率是标准离差与期望收益(率)的比值,具体可按下列公式计算:

$$V = \frac{\delta}{\overline{K}} \times 100\% \qquad (3\text{-}4)$$

在期望值不同的情况下,标准离差率越大,风险越大;反之,标准离差率越小,风险越小。

【例3-4】 现仍按例3-2和例3-1中的有关数据为依据,分别计算项目A和项目B的标准离差率。

解: 　　　　项目A的标准离差率=0.049/0.09×100%=54.45%

项目B的标准离差率=0.126/0.09×100%=140%

当然,在此例中项目A和项目B的期望投资报酬率是相等的,可以直接根据标准离差来比较两个项目的风险水平。但如比较项目的期望收益率不同,则一定要计算标准离差率才能进行比较。

通过上述方法将决策方案的风险加以量化后,决策者便可据此做出决策。对于单个方案,决策者可根据其标准离差(率)的大小,并将其同设定的可接受的此项指标最高限值进行对比,看前者是否低于后者,然后做出取舍。对于多方案择优,决策者的行动准则应是选择低风险高收益的方案,即选择标准离差最低、期望收益最高的方案。然而高收益往往伴有高风险,低收益方案其风险程度往往也较低,究竟选择何种方案,就要权衡期望收益与风险,而且还要视决策者对风险的态度而定。对风险比较反感的人可能会选择期望收益较低同时风险也较低的方案,喜欢风险的人则可能选择风险虽高但同时收益也高的方案。

(四)风险报酬率

标准离差率虽然能正确评价投资风险程度的大小,但还无法将风险与收益结合起来进行分析。假设面临的决策不是评价与比较两个投资项目的风险水平,而是要决定是否对某一投资项目进行投资,此时就需要计算出该项目的风险报酬率。因此,还需要一个指标将对风险的评价转化为报酬率指标,这便是风险价值系数。

风险报酬率、风险价值系数和标准离差率之间的关系可用公式表示如下:

$$R_R = bV \tag{3-5}$$

式中,R_R 为风险报酬率;b 为风险价值系数;V 为标准离差率。

风险价值系数(b)的数学意义是指该项投资的风险报酬率占该项投资的标准离差率的比率。在实际工作中,风险报酬系数 b 的确定,通常有以下三种方法。

方法一:根据历史数据,对有关投资项目的历史报酬率进行分析,进而得出其风险报酬系数,此方法必须在历史资料较为充分的情况下才能采用。

方法二:由企业主管部门会同有关专家,根据经验和对未来情况的分析共同商定。此方法在具体运用时,决策者对风险的态度会直接影响所确定的风险报酬系数的高低。若企业敢于冒风险,往往会将风险报酬系数估计得偏低;若企业风险意识较强,较为稳健,往往会将风险报酬系数估计得较高些。

方法三:由国家有关部门或一些知名的大型咨询公司通过对历史数据和未来分析,公布不同行业、不同投资方向风险报酬系数,以供投资者参考。

【例 3-5】以例 3-4 的数据为依据,并假设风险价值系数为 10%。要求:计算两个项目的风险报酬率。

解: 项目 A 的风险报酬率 = 10% × 54.44% ≈ 5.44%
项目 B 的风险报酬率 = 10% × 140% = 14%

(五)投资报酬率

公司的财务活动和经营管理活动总是在有风险的状态下进行的,只不过风险有大有小。投资者冒着风险投资,是为了获得更多的报酬,冒的风险越大,要求的报酬就越高。风险和报酬之间存在密切的对应关系,高风险的项目必然有高报酬,低风险的项目必然是低报酬,因此,风险报酬是投资报酬的组成部分。

风险报酬是指投资者冒着风险进行投资而获得的超过货币时间价值的那部分额外收益,是对人们所遇到的风险的一种价值补偿,也称风险价值。它的表现形式可以是风险报酬额或风险报酬率。在实务中一般以风险报酬率来表示。

如果不考虑通货膨胀,投资者冒着风险进行投资所希望得到的投资报酬率(R)是无风险报酬率与风险报酬率之和,如图 3-1 所示。

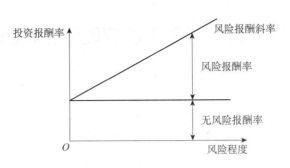

图 3-1　投资报酬率

投资报酬率＝无风险报酬率＋风险报酬率

$$R=R_F+R_R=R_F+bV \tag{3-6}$$

无风险报酬率（R_F）就是货币的时间价值，是在没有风险状态下的投资报酬率，是投资者投资某一项目，能够肯定得到的报酬，具有预期报酬的确定性，并且与投资时间的长短有关，在公司理财实务中一般可用政府债券利率或存款利率表示。

风险报酬率（R_R）是风险价值，是超过货币时间价值的额外报酬，具有预期报酬的不确定性，与风险程度和风险价值系数（风险报酬斜率）的大小有关，并成正比关系。

【例 3-6】 以例 3-5 的数据为依据，并假设无风险报酬率为 10％，风险价值系数为 10％。

要求：计算两个项目的投资报酬率。

解：　　　项目 A 的投资报酬率＝10％＋10％×54.44％＝15.44％

项目 B 的投资报酬率＝10％＋10％×140％＝24％

结果表明，方案 B 的投资报酬率高于方案 A，正验证了高风险要求高报酬，低风险只有低报酬。

思政元素融入

风险和收益并存，理好自己的财

大家都知道草船借箭的故事，因为诸葛亮多智，屡屡猜透周瑜的心思，为了除掉这个心腹大患，大都督周瑜决心"公道杀诸葛"——给诸葛亮委派了一个任务，10 天内需造 10 万支箭，意图逼死诸葛亮。

北宋时期，沈括在《梦溪笔谈》中提到，一个工匠一天可以造 25 支箭。想要造这 10 万支箭，需要 100 个工匠连续干 40 天，而 10 天只能做 25 000 支箭，可见慢慢造箭收益是非常低的。幸好"天文学家"诸葛亮算到三天后会有大雾临江，便跟周瑜还价到了 3 天，还立了军令状。

借箭的结果大家都知道了，但这个过程中伴随的风险大家想过吗？一旦没有起雾，诸葛亮是不是直接就失败了；一旦曹操直接派兵出战，诸葛亮和他的草兵们是不是就统归曹操麾下了？一旦曹操放火箭烧船，诸葛亮和鲁子敬就葬身鱼腹了。真的还不如在军营里乖乖造箭来得稳妥。

高风险往往伴随着高回报，对于诸葛亮而言，这些所谓的风险也许尽在掌握之中。对于广大学生而言，则要脚踏实地，谨慎投资，审慎理财。

任务二 证券组合的风险和报酬

林晓的公司发展得越来越好,每年营业收入蒸蒸日上,除去分给股东的收益和企业的留存收益外,林晓想把多余的资金进行证券投资,但是不知道投资哪些证券比较合适。

微课:资产组合的风险和报酬

具体任务:请为林晓出谋划策,确定合适的投资组合。

投资者在进行投资时,一般并不把其所有资金都投资于某一种证券,而是同时持有多种证券,这种同时投资于多种证券的投资就是证券的组合投资。投资组合理论认为,证券的投资组合能降低风险。银行、共同基金、保险公司和其他金融机构一般都持有多种有价证券,即使个人投资者,一般也持有证券组合,而不是投资某一家公司的股票或债券。因此,必须了解证券组合的投资风险价值。

一、证券组合的预期收益率确定

证券组合的预期收益率就是组成证券组合的各种证券的预期收益率的加权平均数,其权数等于各种证券在组合中所占的价值比例。

$$E(R_p) = \sum_{i=1}^{n} W_i \times E(R_i) \quad (3-7)$$

式中,$E(R_p)$ 为证券组合的预期收益率;$E(R_i)$ 为第 i 项证券的预期收益率;W_i 为第 i 项证券在整个组合中所占的价值比例。

二、证券组合风险的度量

证券组合理论认为,若干种证券组成的组合,其收益是这些证券收益的加权平均数,但是其风险并不是这些证券风险的加权平均数,证券组合能降低风险。

(一) 可分散风险

可分散风险,即某些因素对单个证券造成经济损失的可能性,又叫非系统性风险或公司特别风险。这种风险可通过证券持有的多样化来抵消,因为投资者投资于多种不同性质的证券,当某一种证券的收益下降时,其他性质不同的证券收益可能上升,从而有效地抵消风险。

1. 两项资产组合的风险

两项资产组合的收益率的方差满足以下关系式:

$$\sigma_p^2 = \omega_1^2 \sigma_1^2 + \omega_2^2 \sigma_2^2 + 2\omega_1 \omega_2 \rho_{12} \sigma_1 \sigma_2 \quad (3-8)$$

式中,σ_p 为资产组合的标准差,衡量组合风险;$\sigma_1 \sigma_2$ 为组合中两项资产的标准差;$\omega_1 \omega_2$ 为组合中两项资产所占的价值比例;ρ_{12} 为两项资产收益率的相关程度,即相关系数。理论上,相关系数介于区间 $[-1,1]$ 内。

当 $\rho_{12}=-1$ 时,说明两种资产完全负相关,其投资收益的变化正好成相反的关系,即一种资产的收益上升时，另一种资产的收益下降相同的比例；反之亦然。这样的两种资产组成的投资组合能将所有的可分散风险都抵消掉。

当 $\rho_{12}=0$ 时，说明两种资产没有任何依存关系，其各自的变化是相互独立的。

当 $\rho_{12}=1$ 时，说明两种资产完全正相关，其投资收益将一起等比例上升或下降，这样的两种资产组成的投资组合将不能抵消任何风险。

可见，当 ρ_{12} 的值越接近于 -1 时，越倾向于能抵消掉所有的可分散风险；而当 ρ_{12} 的值越接近 1 时，则越倾向于不能抵消任何风险。

在实际中，两项资产的收益率具有完全正相关和完全负相关的情况几乎是不可能的。绝大多数资产两两之间都具有不完全的相关关系，即相关系数小于 1 且大于 -1（多数情况下大于零）。因此，资产组合才可以分散风险，但不能完全消除风险。

2. 多项资产组合的风险

一般来讲，随着资产组合中资产个数的增加，资产组合的风险会逐渐降低，当资产的个数增加到一定程度时，资产组合的风险程度将趋于平稳，这时组合风险的降低将非常缓慢直到不再降低。

那些只反映资产本身特性，可通过增加组合中资产的数目而最终消除的风险被称为非系统风险。那些反映资产之间相互关系、共同运动、无法最终消除的风险被称为系统风险。

（二）不可分散风险

某些因素给市场上所有的证券都带来经济损失的可能性，又叫系统风险或市场风险。这种风险不能通过证券持有的多样化来抵消，因此，不可分散风险对所有的企业都有影响，但影响程度不同。

不可分散风险的程度，通常用 β 系数来计量。所谓 β 系数，即反映个别证券相对于市场上全部证券的平均收益的变动程度。β 系数有多种计算方法，实际计算过程非常复杂，所以一般不需投资者自己计算，而由一些投资服务机构定期计算并公布。

一般认为，作为整体的证券市场的 β 系数为 1。若某种证券的 β 系数大于 1，说明该证券的风险大于整个证券市场的风险；若某种证券的 β 系数等于 1，说明该证券的风险情况与整个证券市场的风险情况一致；若某种证券的 β 系数小于 1，说明该证券的风险小于整个证券市场的风险。

个别证券的 β 系数可以通过一些专门的机构定期提供，那么证券组合投资的 β 系数该如何计算呢？证券组合投资的 β 系数是单个证券 β 系数的加权平均，权数为各证券在证券组合中所占的比重。具体可按下列公式计算：

$$\beta_p = \sum_{i=1}^{n} x_i \beta_i \tag{3-9}$$

式中，β_p 为证券组合的 β 系数；x_i 为证券组合中第 i 种证券所占的比重；β_i 为第 i 种证券的 β 系数；n 为证券组合中证券的数量。

至此，可将上面的分析总结如下。

(1) 一种证券的风险由两部分组成，即可分散风险和不可分散风险。

(2) 可分散风险可通过证券组合来抵减，大部分投资者正是这样做的。不同证券之间可分散风险的分散程度，要视证券之间的相关程度而定。一般用相关系数 ρ_{12} 来表示证券之间的相关程度。

(3)证券的不可分散风险由市场变动而产生,它对所有的证券都有影响,不能通过证券组合而抵消。不可分散风险是通过 β 系数来测量的。

三、证券组合的投资风险价值

投资者进行证券组合投资与进行单项投资一样,都要求对承担的风险进行补偿,证券的风险越大,要求的补偿就越高。但与单项投资不同的是,证券组合投资要求补偿的风险只是不可分散风险;而不要求对可分散风险进行补偿。因为若可分散风险的补偿存在,善于科学地进行组合投资的投资者就只买这部分证券,并抬高其价格,其最后的期望收益率还是只反映不可分散的风险。所以,证券组合的风险报酬就是指投资者因承担不可分散风险而要求的、超过资金时间价值的那部分额外报酬。具体可按下列公式计算:

$$R_p = \beta_p(K_m - R_f) \qquad (3-10)$$

式中,R_p 为证券组合的风险报酬率;β_p 为证券组合的 β 系数;K_m 为市场报酬率,即由市场上所有证券组成的证券组合的报酬率;R_f 为无风险报酬率,一般用国库券的利息率来衡量。

【例 3-7】 某公司持有 3 种股票构成的证券组合,3 种股票的 β 系数分别为 1.6、1.0、0.8,它们在证券组合中所占的比重依次是 20%、40%、40%,已知市场报酬率为 12%,无风险报酬率为 10%。要求:计算该证券组合的风险报酬率。

解: $\beta_p = 20\% \times 1.6 + 40\% \times 1.0 + 40\% \times 0.8 = 1.04$

$R_p = 1.04 \times (12\% - 10\%) = 2.08\%$

当然计算出风险报酬率后,便可根据投资额和风险报酬率计算出风险报酬的具体数额。例如,若例 3-7 的投资额为 100 万元,则具体的风险报酬额为

$$1\,000\,000 \times 2.08\% = 20\,800(元)$$

从上述计算可以看出,通过调整各种证券在证券组合中的比重 x_i,即可改变证券组合的风险、风险报酬率和风险报酬额。

四、投资期望报酬率的计算

风险越大,要求的报酬率越高,这就是风险与报酬的基本关系。在自由竞争的市场上,不存在风险最低而报酬最高的投资机会,竞争的结果是高报酬必然要承担高风险,承担低风险获取的报酬也低。投资者进行投资要求的报酬,是与其投资承担的风险程度相匹配的必要报酬率。

投资期望报酬率 = 无风险收益率 + 风险收益率 (3-11)

即 $R = R_f + \beta(K_m - R_f)$ (3-12)

式中,无风险收益率是纯粹利率与通货膨胀补贴之和,通常用短期国债的收益率来近似地替代,而风险收益率表示因承担该项资产的风险而要求的额外补偿,其大小则视所承担风险的大小及投资者对风险的偏好程度而定,可用图 3-2 表示。

【例 3-8】 根据例 3-7 的资料,求该公司证券组合的投资期望报酬率。

解: $R = 10\% + 2.08\% = 12.08\%$

结果表明,只有该组合投资的报酬率预见能达到或超过 12.08% 时,该公司才会考虑投资于该证券组合,否则就应改变组合或停止投资。

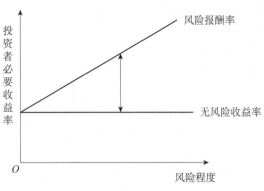

图 3-2　风险与收益的关系

> ### 思政元素融入
> **不把鸡蛋都放在一个篮子里**
> 　　东汉末年,天下格局分崩离析,各地诸侯互相角逐以后,终于诞生了三个实力比较强大的集团,也就是魏、蜀、吴三个国家。整个诸葛家族中的三个人分别投靠了三个不同的阵营。
> 　　诸葛亮在经过精挑细选之后选择了刘备。诸葛亮的哥哥诸葛谨选择加入东吴阵营,在阵营中一直都扮演绿叶的角色,这种角色虽然不能够像诸葛亮一样闻名天下,但是也能够保证自己一家老小衣食无忧。诸葛亮的堂弟诸葛诞,本身能力比较一般,因此选择加入曹操阵营,而在曹操的阵营里面也只是做了一个并不怎么起眼的小将领。
> 　　按照诸葛家族当初的投资方式,不能把所有的鸡蛋都放在一个篮子里,三个兄弟分别在三个不同的阵营当中,有保守派,有激进派,有稳健派,正好完美地诠释了这一点。当代大学生应该学以致用,多元化投资以有效分散风险和控制风险。

职业能力训练

一、单项选择题

1. 下列各项中(　　)会引起企业财务风险。
   A. 举债经营　　　　　　　　　B. 生产组织不合理
   C. 销售决策失误　　　　　　　D. 新材料出现

2. 甲项目收益率的期望值为10%,标准差为10%,乙项目收益率的期望值为15%,标准差为10%,则可以判断(　　)。
   A. 由于甲、乙项目的标准差相等,所以两个项目的风险相等
   B. 由于甲、乙项目的期望值不等,所以无法判断二者的风险大小
   C. 由于甲项目期望值小于乙项目,所以甲项目的风险小于乙项目
   D. 由于甲项目的标准离差率大于乙项目,所以甲项目风险大于乙项目

3. 一个公司股票的 β 为 1.5,无风险利率为 8%,市场上所有股票平均报酬率为 10%,则该公司股票的预期报酬率为( )。
    A. 11%   B. 12%   C. 15%   D. 10%

4. 关于 β 系数,下列说法正确的是( )。
    A. 资产组合的 β 系数是所有单项资产 β 系数之和
    B. 某项资产的 β 系数=该项资产的风险收益率/市场组合的风险收益率
    C. 某项资产的 β 系数=该项资产收益率与市场组合收益率的协方差/市场组合收益率的标准差
    D. 当 β 系数为 0 时,表明该资产没有风险

5. 下列公式不正确的是( )。
    A. 风险报酬率=风险价值系数×标准离差率
    B. 风险报酬率=风险价值系数×标准离差
    C. 投资总报酬率=无风险收益率+风险收益率
    D. 投资总报酬率=无风险收益率+风险价值系数×标准离差率

二、计算题

1. 某企业有甲、乙两个投资项目,计划投资额均为 1 000 万元,其收益率的概率分布如表 3-3 所示。

表 3-3 收益率的概率分布

市场状况	概率	甲项目	乙项目
好	0.3	20%	30%
一般	0.5	10%	10%
差	0.2	5%	−5%

要求:(1) 分别计算甲、乙两个项目收益率的期望值。
(2) 分别计算甲、乙两个项目收益率的标准差。
(3) 比较甲、乙两个投资项目风险的大小。
(4) 如果无风险收益率为 6%,甲项目的风险价值系数为 10%,计算甲项目投资的总收益率。

2. 某公司拟在现有的甲证券的基础上,从乙、丙两种证券中选择一种风险小的证券与甲证券组成一个证券组合,资金比例为 6∶4,有关的资料如表 3-4 所示。

表 3-4 甲、乙、丙三种证券的收益率的预测信息

可能的情况	甲证券在各种可能情况下的收益率	乙证券在各种可能情况下的收益率	丙证券在各种可能情况下的收益率
0.5	15%	20%	8%
0.3	10%	10%	14%
0.2	5%	−10%	12%

要求:(1) 应该选择哪一种证券?
(2) 假定资本资产定价模型成立,如果证券市场平均收益率 12%,无风险利率是 5%,计

算所选择的组合的预期收益率和 β 系数分别是多少？

红岭创投 P2P 非法集资案

在国内首家 P2P 平台拍拍贷投资遭遇坏账后，红岭创投作为红岭创投电子商务股份有限公司旗下的互联网金融服务平台自 2009 年 3 月正式上线运营，不同于以往的 P2P 平台，红岭创投开创了"平台垫付"——由平台来垫付坏账的模式，这种以刚性兑付为基础的垫付模式使 P2P 平台的本质由信息中介平台发展成为信用中介平台，这种模式在为红岭创投带来大量客户的同时，也为其埋下了投资风险。

链接：P2P 网贷老大哥遭审查起诉

一、案件经过

犯罪嫌疑人周世平伙同胡玉芳、项旭等人在 2009 年 3 月至 2021 年 9 月期间，利用"红岭创投""投资宝"网贷平台以及"红岭资本线下理财"项目，通过公开宣传，以保本付息、高额回报为诱饵，向社会不特定公众线上、线下非法集资，集资参与人累计 51.68 万名，非法集资 1 395 亿元，造成 11.96 万名集资参与人本金损失 163.88 亿元。

所吸收资金被用于还本付息，收购上市公司，买卖证券、期货，投资股权，对外借贷，部分资金被周世平用于购买房产、偿还个人债务等。

公开信息显示，"红岭创投"由周世平创立，2008 年下半年开始筹备，2009 年 3 月正式上线运营。周世平为红岭创投电子商务股份有限公司法定代表人，并担任董事长职务，同时，周世平还是"红岭资本"项目发行方红岭资本管理（北京）有限公司的法定代表人。

2021 年 7 月 22 日，深南股份公告公司控股股东、实控人周世平被警方采取刑事强制措施。

2021 年 9 月 25 日，深圳市公安局福田分局通报，对"红岭系"旗下"红岭创投"网贷平台、"投资宝"网贷平台、"红岭资本"线下理财项目立案侦查。

二、处罚结果

2021 年 11 月 24 日，深圳市公安局福田分局通报，经检察机关批准，警方对涉及"红岭创投""投资宝""红岭资本"案件的周某平、项某等 74 名犯罪嫌疑人，分别以涉嫌集资诈骗罪、非法吸收公众存款罪执行逮捕。

警方已在江苏、广东、湖南、浙江、安徽、四川、北京等省市查封一批房产，冻结一批关联公司股权、银行账户及关联上市公司股票。同时，经警方敦促，目前已有多名公司股东、高管、员工退缴违法所得，多名相关借款人归还借款本息。

资料来源：https://baijiahao.baidu.com/s?id=1730499009123995669&wfr=spider&for=pc.

案例意义：P2P 平台的投资回报率比正常储蓄利率要高出很多，所以吸引众多投资者，一些不法平台假借互联网金融名义设陷阱、搞骗局、从事非法集资活动。不诚信的 P2P 网贷平台不仅影响整个行业，也影响了金融创新的良性发展。早在 2013 年 11 月 25 日，在银监会牵头的九部委处置非法集资部际联席会议上，中国人民银行条法司相关人士对 P2P 平台业务风险明确指出三条红线，"应当明确平台的中介性质，明确平台本身不得提供担保，不得归集资金搞资金池，不得非法吸收公众存款，更不能实施集资诈骗"。金融创新应该鼓励，但风险防范亟须加强。时刻牢记"高收益，高风险""天上没有白掉的馅饼"。

学习情境四

我的钱从哪里来——筹资管理

知识目标

学习筹资管理的基本理念,包括资金需求量的预测方法;短期银行借款实际利率的计算;长期银行借款筹资;债券发行价格的计算、商业信用成本的计算与商业信用决策;租赁筹资和股票筹资;各种筹资方式的优缺点。

能力目标

- 具备运用资金需求量预测方法进行资金需求量预测的能力。
- 了解我国对权益资金筹集和负债资金筹集的相关法律规定。
- 具备运用资金需求量预测方法进行资金需求量预测的能力。
- 掌握权益资金和负债资金的形式及优缺点。

素养目标

- 培养经世济民的职业素质和正确的消费观,保持良好的征信记录,树立风险防范意识。
- 珍惜当下,放眼未来,不盲目攀比,不贪图享受,树立正确的金钱观和价值观。

情境认知

筹资活动是企业生存与发展的基本前提,没有资金,企业将难以生存,也不可能发展。从企业资金运动的过程及财务活动的内容看,筹资管理是企业财务管理工作的起点,关系到企业生产经营活动的正常开展和企业经营成果的获取,所以企业应科学合理地进行筹资活动。

任务一　筹资管理概述

某电力股份有限公司为上市公司。2021年12月31日,公司的资产总额为20亿元,负债总额为10亿元,所有者权益为10亿元,其中,股本为1亿元(每股面值1元),2021年实现净利润2 000万元。公司实行当年净利润全部分配的股利政策。现该公司有以下三种筹资方案可供选择。

微课:筹资管理概述

方案一:向银行借款。公司向银行借款4亿元,期限为5年,年利率为6%,每年年末支付利息,到期一次还本。项目投产后至还款前,公司每年净利润将达到2 600万元。

方案二:发行可转换公司债券。公司按照面值发行3年期可转换公司债券4亿元,每张面值100元,共计400万张,票面利率为1%,每年年末支付利息。项目投产后至转股前,公司每年利润将达到4 600万元。可转换公司债券转股价为20元。预计公司可转换债券在2025年1月将全部转换为股权,因此,公司在3年后会增加股份2 000万股。转股后,每年利润将因利息费用减少而增加400万元。

方案三:发行公司股票。公司增发股票4 000万股,每股发行价为10元。项目投产后,公司每年净利润将达到5 000万元。

为便于分析,假设以下情况:不考虑税收因素以及提取法定公积金的因素;不考虑银行借款手续费、可转换公司债券及股票发行费用;2022年年初,融资方案已实施且资金到位,项目建设从2022年1月1日起实施并于年末完工,2023年1月1日正式投入生产。

具体任务:请分别分析项目投产后4年间(2023—2026年)三种融资方案对公司资产负债率和每股收益的影响。另外,从公司股东获得良好回报的角度,判断哪一种融资方案最佳。

一、筹资的概念

企业筹资是指企业作为筹资主体,根据其生产经营、对外投资和调整资本结构等需要,通过一定的筹资渠道,采取适当的筹资方式,经济有效地获取所需资金的一种行为。

(一)筹资的动机与目的

筹资是为了企业经营的维持和发展,为企业的经营活动提供资金保障。企业在持续的生存与发展中,其具体的筹资活动通常受特定的筹资动机与目的所驱使。企业筹资的具体动机与目的是多种多样的,如满足企业设立的需要、满足生产经营的需要、对外投资、满足资本结构调整的需要。但具体归纳起来有创立性筹资动机、支付性筹资动机、扩张性筹资动机、调整性筹资动机等。

1. 创立性筹资动机

企业在设立时,为取得资本金并形成开展经营活动的基本条件而产生的筹资动机,称为创立性筹资动机。《中华人民共和国合伙企业法》《中华人民共和国公司法》等都对企业设立时的最低注册资本限额进行了规定。这就需要筹措注册资本和资本公积等股权资金,股权资金不足部分需要筹集银行借款等债务资金。

2. 支付性筹资动机

企业为了满足经营业务活动的正常波动所形成的支付需要而产生的筹资动机称为支付性筹资动机。主要表现为季节性、临时性的交易支付需要,如原材料购买的大额支付、员工工资集中发放、银行借款的提前偿还以及股东股利的发放等。

3. 扩张性筹资动机

企业因扩大生产经营规模或增加对外投资而产生的追加筹资动机称为扩张性筹资动机。这种动机通常产生于处于成长时期、具有良好发展前景的企业。例如企业产品供不应求需要增加市场供应;开发生产适销对路的新产品;扩大有利的对外投资规模;开拓有发展前途的对外投资领域等往往都需要追加筹资。扩张性筹资动机所产生的直接结果是企业资产总额和资本总额的增加。

4. 调整性筹资动机

企业因调整现有资本结构的需要而产生的筹资动机称为调整性筹资动机。一个企业在不同时期由于筹资方式的不同组合会形成不尽相同的资本结构。随着相关情况发生变化,现有的资本结构可能不再合理,需要相应地予以调整,使之趋于合理。资本结构调整的目的在于降低资本成本、控制财务风险和提升企业价值。

(二) 筹资的要求

1. 合法筹集资金

企业要遵循国家法律法规,合法筹集资金。企业的筹资活动,无论是直接筹资还是间接筹资,最终都是向社会筹措资金,都是在满足自身资金需求的同时影响着投资者的经济利益,影响着社会的经济秩序。企业在筹集和使用资金的过程中必须遵循国家相关的法律法规,依法履行法律法规和合同约定的责任和义务,维护各方的合法权益。

2. 资金取得及时

企业应根据资金需求的具体情况,适时取得资金,使筹集与使用资金在时间上衔接合适,既要避免因筹集资金过早形成的资金闲置,又要防止因资金取得时间滞后造成损失。

3. 筹资方式经济

企业具体的筹资方式有很多种,不同筹资方式和渠道取得的资金,其筹集和使用资金付出的代价是不同的。企业对于筹资渠道和筹资方式的选择应当综合考虑资本成本、资金结构筹资难易程度等因素,选择经济、可行的筹资方式和筹资渠道,力求在满足资金需求的同时,尽可能降低资本成本。

4. 筹资规模适当

筹资规模适当是指企业应根据生产经营和发展的实际需要,合理安排资金筹集。企业筹集资金前,要对筹资规模做出合理的预测,应当保证筹资规模与资金需求量匹配,既要避免因资金不足,造成损失,又要防止筹资过多,造成资金闲置。

5. 资金结构合理

资金结构是企业在多种筹资方式下筹集资金形成的,各种筹资方式不同的组合比例决定着资本结构及其变化。企业筹资方式总体而言可以分为权益资金和债务资金,不同的筹资方式会给企业带来不同的后果。企业利用债务资金可以发挥财务杠杆效应，但同时要承担偿还本金和固定财务费用带来的财务风险。企业必须综合考虑权益资金和债务资金的关系，权衡资本成本和财务风险之间的关系，确定最佳的资金结构。

二、筹资的分类

(1) 按照所筹资金使用期限的长短，可将企业筹资划分为短期资金的筹集和长期资金的筹资。短期资金是指使用期限在1年以内或一个营业周期以内的资金。短期资金的筹集是企业在生产经营过程中由于短期性的资金周转需要而引起的，主要投资于现金、应收账款、存货等，一般在短期内即可收回。短期资金主要采用商业信用、短期银行借款、短期融资券、应收账款转让等方式来筹集。

长期资金是指使用期限在1年以上或一个营业周期以上的资金。长期资金的筹集是企业长期、持续、稳定地进行生产经营的前提和保证，主要投资于新产品的开发和推广生产规模的扩大、厂房和设备的更新等，一般需要几年甚至十几年才能收回。长期资金通常采用吸收直接投资、发行股票、发行债券、长期借款、融资租赁和利用留存收益等方式来筹集。

(2) 按照资金来源渠道的不同，可将企业筹资划分为权益资金的筹资和负债资金的筹资。权益资金的筹集是指企业通过发行股票、吸收直接投资、内部积累等方式筹集资金。权益资金的筹集又称自有资金的筹集。企业采用吸收自有资金的方式筹来的资金，属于企业的所有者权益。一般不用还本，财务风险小，但因出资者期望得到的必要报酬率较高，且要在税后支付股利，所以付出的资本成本相对较高。

负债资金的筹集是指企业通过发行债券、向银行借款、融资租赁等方式筹集资金。负债资金的筹集又称借入资金的筹集。企业采用借入资金的方式筹来的资金，属于企业的负债，到期要归还本金和支付利息，一般需要承担较大的风险，但因出资者期望得到的报酬率较低，且在税前支付利息，所以付出的资本成本相对较低。

(3) 按照资金是否通过金融机构来取得，可将企业筹资划分为直接筹资和间接筹资。直接筹资是指企业不以金融机构为媒介，直接从社会取得资金的方式。直接筹资方式可以筹集权益资金，也可以筹集债务资金，主要方式有发行股票、发行债券、吸收直接投资等。相对而言，直接筹资手续较复杂，筹资费用相对较高，但能够直接利用社会资金，筹资市场大，有利于提高企业的知名度。

间接筹资是指企业利用银行和其他金融机构筹集资金的行为。间接筹资方式形成的主要是债务资金。银行借款、融资租赁是间接筹资的基本方式，主要用于满足企业正常经营活动中的资金需求。间接筹资手续相对简单，筹资费用较低，但筹资金额有限，往往会受到金融环境的影响和制约。

三、筹资的渠道与方式

（一）筹资的渠道

1. 银行信贷资金

银行信贷资金是银行对企业提供各种贷款，是我国目前各类企业最重要的资金来源。我国银行有商业性银行和政策性银行两种。商业性银行是以营利为目的、从事信贷资金投放的金融机构。政策性银行是为特定企业提供政策性贷款,不以营利为目的的专业性金融机构。

2. 非银行金融机构资金

非银行金融机构主要有信托投资公司、保险公司、租赁公司、证券公司、企业集团所属的财务公司等。它们提供的各种服务中也包括信贷资金投放。

3. 企业自留资金

企业的内部资金主要有计提的各项公积金、折旧和未分配的留存收益。这些资金无须筹集,可直接由企业内部提供,为企业节约了筹资费用。

4. 其他企业资金

企业在生产经营过程中,往往形成部分暂时闲置的资金,并为一定目的而进行相互投资。另外,企业间的购销业务通过商业信用方式来完成,从而形成企业间的债权债务关系,企业间相互投资和商业信用的存在,使其他企业资金也成为企业资金的重要来源。

5. 国家财政资金

国家财政资金是国家对企业的直接投资,是国有企业最主要的资金来源渠道,特别是国有独资企业,基本全部由国家投资形成。现有国有企业的资金来源中,有一部分是由国家财政以直接拨款的方式形成的,还有些是国家对企业的税前还贷或减免各种税款形成的。

6. 职工和居民个人资金

企业职工和居民个人的结余货币,作为游离于银行及非银行金融机构之外的个人资金,可用于对企业进行投资,形成民间资金来源渠道,从而为企业所用。

(二) 筹资的方式

筹资方式是指筹措资金时所采用的具体形式。企业筹资管理的重要内容是如何基于客观存在的筹资渠道,选择合理的筹资方式进行筹资。企业在选择筹资方式时,应当考虑有利于企业选择适宜的筹资方式并有效地进行筹资组合,降低筹资成本,提高筹资效益。我国企业目前筹资方式主要有以下几种:吸收直接投资,发行股票,利用留存收益,向银行借款,利用商业信用,发行公司债券,融资租赁。

企业常用筹资渠道与筹资方式的对应关系如表 4-1 所示。

表 4-1 企业常用筹资渠道与筹资方式的对应关系

筹资渠道	筹资方式						
	吸收直接投资	发行股票	金融机构贷款	发行公司债券	融资租赁	商业信用	企业内部累计
国家财政资金	√	√					
银行信贷资金			√				
非银行金融机构资金	√	√	√	√	√		
其他法人单位资金	√	√		√		√	
民间资金	√	√		√			
企业自留资金	√						√
境外资金	√	√	√	√	√	√	

思政元素融入

提高直接融资比重应向改革要动力

党的二十大报告提出，"健全资本市场功能，提高直接融资比重"，为优化融资结构、增强金融服务实体经济能力进一步指明了方向。

发展直接融资是资本市场的重要使命。党的十八大以来，为提高直接融资比重，党中央、国务院出台了一系列政策措施。在经济迈向高质量发展的现阶段，产业结构调整优化、发展方式绿色转型等诸多任务齐驱并进，直接融资特别是股权融资风险共担、利益共享的特点，能够加快创新资本形成，促进科技、资本和产业高水平循环。可以说，推动高质量发展对直接融资提出了更高要求。

当前，提高直接融资比重，既有广阔空间，也有不小难度。

说空间广阔，是因为我国拥有超大规模的市场体量和完整的产业体系，拥有4亿多人的中等收入群体和超过2亿人的A股投资者队伍，资本要素需求加快扩大，居民财富管理意识日益增长，外资吸引力不断增强，提高直接融资比重正面临着难得的历史机遇。

说有难度，是因为我国间接融资长期居于主导地位，发展惯性强。同时，资本市场发展还不够充分，中介机构专业服务能力、长期投资和价值投资文化、市场诚信约束机制等方面还存在短板。总体来看，当前我国直接融资比重仍然偏低，未能完全适应经济高质量发展的需要。

近年来，我国资本市场改革持续向纵深推进，推出科创板、改革创业板、设立北交所，注册制改革稳步向前，债券市场制度规则持续完善，对外开放不断深化，直接融资呈现加快发展态势。截至2021年年末，直接融资存量规模达到98.8万亿元，约占社会融资规模存量的31.5%。

链接：提高直接融资比重应向改革要动力

成效看得见，挑战也依然艰巨。推动直接融资比重再上新台阶，还需向改革要动力，在完善制度上持续发力。

扫描右侧二维码阅读：提高直接融资比重应向改革要动力。

任务二　资金需要量的预测

某生产公司2022年12月31日的简要资产负债表如表4-2所示。已知，该公司2022年销售收入为10 000万元，公司还有剩余生产能力（即增加收入无须追加固定资产方面的投资）。销售净利率为10%，利润留存率为40%。

具体任务：2023年销售额预计增长20%，那么公司需要从外界筹集多少资金？

表 4-2　某公司简要资产负债表

2022 年 12 月 31 日　　　　　　　　　　　　　　　　　　　单位:万元

资产	金额	负债与权益	金额
货币资金	500	短期借款	2 500
应收账款	1 500	应付账款	1 000
		预提费用	500
存货	3 000	应付债券	1 000
		实收资本	2 000
固定资产	3 000	留存收益	1 000
合　计	8 000	合　计	8 000

一、销售百分比法

1. 销售百分比法的概念与原理

销售百分比法是假设某些资产和某些负债与销售额存在稳定的百分比关系,根据这个假设来预测企业外部资金需求量的方法。企业的销售规模扩大时,有些流动资产也要相应地增加,例如,企业销售量增大时,企业的应收账款和存货会随之增加;当存货等增加时,某些流动负债,如应付账款、应付票据等也会增加。根据资产=负债+所有者权益,当企业的资产增加时,负债和所有者权益之和要有等量的增加。若增加的资产大于增加的负债和所有者权益,差额资金需求从企业外部取得,这就是销售百分比法预测外部资金需求量的基本原理。

微课:销售百分比法

2. 基本操作步骤

第一步:找出随销售额变动而变动的资产和负债。

当销售额变化时,随销售额同比例变化的资产称为敏感资产,如库存现金、应收账款、存货等项目;随销售额同比例变化的负债称为敏感负债,如应付账款、应付票据等项目。

第二步:确定敏感资产(假设用 A 表示)和敏感负债(假设用 B 表示)与销售额(假设用 S 表示)的比例关系,并假设这个比例是稳定不变的。

如果企业资金运营的效率是稳定不变的,则敏感资产和敏感负债项目会随着销售额的变动而呈正比例变动,保持稳定的百分比关系。

第三步:确定销售额的增加,敏感资产和敏感负债的增加。

根据企业对未来销售额的预测(假设预测期销售收入用 S 表示),确定销售额的增加量($\Delta S = S_1 - S_2$),根据第二步确定的比例关系,进一步确定当销售额增加时,增加的敏感资产$\left(\dfrac{A}{S_1} \times \Delta S\right)$和增加的敏感负债$\left(\dfrac{B}{S_1} \times \Delta S\right)$。

第四步:根据企业利润分配的政策,确定留存收益的增加额。

留存收益增加额=销售净利率(P 表示)×预测期销售额(S_2 表示)×留存收益率(E 表示)

第五步:确定企业外部资金需求量。

企业外部资金需求量=增加的资产-增加的负债-增加的留存收益

$$\dfrac{A}{S_1} \times \Delta S - \dfrac{B}{S_1} \times \Delta S - P \times E \times S_2 \tag{4-1}$$

【例 4-1】 某公司 2022 年 12 月 31 日经整理后的资产负债表如表 4-3 所示。该公司 2022 年销售收入为 800 万元,2023 年在不增加固定资产的情况下销售收入预测数为 1 000 万元。假设公司预计销售净利润为 100 万元,股利支付率为 80%。要求:计算外部融资需求。

表 4-3 简易资产负债表　　　　　　　　　　　　　　　单位:万元

资　产	金额	负债及所有者权益	金额
现金	20	短期借款	10
应收账款	30	应付账款	20
		应付费用	20
存货	150	长期借款	100
		实收资本	300
固定资产净值	300	资本公积	20
		留存收益	30
合　计	500	合　计	500

解:① 区分敏感项目和非敏感项目。资产、负债中与销售额有固定比率关系的项目称为敏感项目。敏感项目包括现金、应收账款、存货、应付账款、应付费用。

② 确定销售百分比。

现金÷销售收入＝20÷800×100％＝2.5％
应收账款÷销售收入＝30÷800×100％＝3.75％
存货÷销售收入＝150÷800×100％＝18.75％
应付账款÷销售收入＝20÷800×100％＝2.5％
应付费用÷销售收入＝20÷800×100％＝2.5％

融资需求表如表 4-4 所示。

表 4-4 融资需求表　　　　　　　　　　　　　　　单位:万元

资产	上年实际	销售百分比	本年计划(销售1 000 万元)	负债及所有者权益	上年实际	销售百分比	本年计划(销售1 000 万元)
现金(包括银行存款)	20	2.5％	25	短期借款	10	N	10
				应付账款	20	2.5％	25
				应付费用	20	2.5％	25
				长期借款	100	N	100
应收账款	30	3.75％	37.5	负债合计	150		160
存货	150	18.75％	187.5	实收资本	300	N	300
				资本公积	20	N	20
				留存收益	30	N	30

续表

资产	上年实际	销售百分比	本年计划(销售1 000万元)	负债及所有者权益	上年实际	销售百分比	本年计划(销售1 000万元)
固定资产净值	300	N	300	所有者权益合计	350		350
合　计	500	25%	550	合计	500	5%	510

说明：表中 N 代表不相关。

③ 确定需要增加的资金。

从表 4-4 可以看出,还有 20%(25%－5%)的资金需求。

$$需追加资金=(1\,000-800)\times(25\%-5\%)=40(万元)$$
$$预计留存收益增加额=预计销售利润\times(1-股利支付率)$$
$$=100\times(1-80\%)=20(万元)$$

④ 计算外部融资需求。

$$外部融资需求额=需追加资金-预计留存收益增加额=40-20=20(万元)$$

为简便起见,可直接运用以下预测公式：

$$对外筹资需要量 = \Delta S \times \left(\sum a - \sum r\right) - \Delta E \tag{4-2}$$

式中,ΔS 为预测年度销售增加额；$\sum a$ 为基年敏感资产与销售收入百分比；$\sum r$ 为基年敏感负债与销售收入百分比；ΔE 为预测年度内部留存额。

如上例,融资需求=$(1\,000-800)\times(25\%-5\%)-100\times(1-80\%)=20$(万元)

3. 销售百分比预测方法的优缺点

优点：能为企业提供短期预计的财务报表,以适应进行外部融资的需要。

缺点：它是以预测年度敏感项目与销售收入的比例及非敏感项目与基年保持不变为前提的,如果有关比例发生了变化,那么据以进行预测,就会对企业产生不利的影响。

二、资金习性预测法

1. 资金习性的概念和模型

资金习性预测法是根据资金习性预测企业未来资金需要量的方法。资金习性是指资金的变动与产销量的依存关系。按照资金习性,可将资金划分为不变资金、变动资金和半变动资金。不变资金是指在一定的产销量范围内,不受产销量变动的影响而保持固定不变的那部分资金,即产销量在一定范围内变动,这部分资金保持不变。不变资金一般包括厂房及机器设备等固定资产占用的资金、原材料的保险储备、必要的成品储备、为维持营业而占用的最低数额的现金等。变动资金是指随产销量的变动而同比例变动的那部分资金,一般包括直接构成产品实体的原材料、外购件等占用的资金。此外,在最低储备以外的现金、存货、应收账款等也具有变动资金的性质。半变动资金是指虽然受产销量变动的影响,但不与其成同比例变动的资金,如一些辅助材料占用的资金等。半变动资金可采用一定的方法区分为不变资金和变动资金两部分。进行资金习性分析后,将企业的总资金划分为不变资金和变动资金两大类,从数量上掌握了资金同产销量

微课：资金习性预测法

之间的规律性,然后通过建立数学模型来进行企业资金需要量的预测。

设产销量为自变量 x,资金占用量为因变量 y,它们之间的关系为

$$y = a + bx \tag{4-3}$$

式中,a 为不变资金;b 为单位产销量所需的变动资金,其数值可采用高低点法或回归分析法求得。

2. 高低点法下 a,b 的计算

$$b = \frac{\text{最高收入期资金占用量} - \text{最低收入期资金占用量}}{\text{最高销售量} - \text{最低销售量}}$$

$a = \text{最高收入期资金占用量} - b \times \text{最高销售量}$

或　　　　　$= \text{最低收入期资金占用量} - b \times \text{最低销售量}$

【例 4-2】 某企业 2018—2022 年销售量和资金需要量的资料如表 4-5 所示,预计 2023 年的产销量为 8 万台。要求:计算 2023 年的资金需要量。

表 4-5　某企业销售量和资金需要量

年度	销售量(x)/万台	资金需要量(y)/万元
2018	6	500
2019	5.5	475
2020	5	450
2021	6.5	520
2022	7	550

解: $b = \dfrac{\text{最高收入期资金占用量} - \text{最低收入期资金占用量}}{\text{最高销售量} - \text{最低销售量}}$

$= \dfrac{550 - 450}{7 - 5}$

$= 50(\text{万元}/\text{万台})$

$a = \text{最高收入期资金占用量} - b \times \text{最高销售量} = 550 - 50 \times 7 = 200(\text{万元})$

$y = a + bx = 200 + 50x$,当 $x = 8$ 万台时,$y = 200 + 50 \times 8 = 600(\text{万元})$,即预测该企业 2023 年的资金需要量为 600 万元。

3. 回归分析法下 a,b 的计算

回归分析法是根据企业过去若干期业务量和资金占用的历史资料,运用最小平方法原理计算出单位销售额变动资金(b)和不变资金(a),并据以预测计划期间企业资金需要量的一种方法。具体的计算公式如下:

$$b = \frac{n\sum xy - \sum x \sum y}{n\sum x^2 - \left(\sum x\right)^2}$$

$$a = \frac{\sum y - b\sum x}{n} \tag{4-4}$$

【例 4-3】 某企业 2018—2022 年产销量和资金占用量如表 4-6 所示,预计 2023 年的产销量为 90 万件。要求:计算 2023 年的资金需要量。

表 4-6　某企业产销量和资金占用量

年度	产销量(x)/万件	资金占用量(y)/万元
2018	15	210
2019	25	220
2020	40	250
2021	35	240
2022	35	280

解：根据题意，列出某企业回归分析法计算表，见表 4-7。

表 4-7　某企业回归分析法计算表

年份	产销量(x)/万件	资金占用量(y)/万元	xy	x^2
2018	15	200	3 000	225
2019	25	220	5 500	625
2020	40	250	10 000	1 600
2021	35	240	8 400	1 225
2022	55	280	15 400	3 025
$n=5$	$\sum x=170$	$\sum y=1\,190$	$\sum xy=42\,300$	$\sum x^2=6\,700$

根据表 4-7，可得

$$b=\frac{n\sum xy-\sum x\sum y}{n\sum x^2-\left(\sum x\right)^2}=\frac{5\times 42\,300-170\times 1\,190}{5\times 6\,700-170^2}=2(万元/万件)$$

$$a=\frac{\sum y-b\sum x}{n}=\frac{1\,190-2\times 170}{5}=170(万元)$$

则 $y=a+bx=170+2x$，当 $x=90$ 万件时，$y=170+2\times 90=350$（万元），即预测该企业 2023 年的资金需要量为 350 万元。

思政元素融入

服务有温度，助力小微企业"爬坡过坎"

党的二十大报告对支持中小微企业发展、支持"专精特新"企业发展做出了重大部署，为中小企业发展指明了方向。江苏农行重点围绕聚焦主业的"专营专注"型小微企业、深耕细分领域的"专精特新"企业，常态化建立"普惠金融服务站"，推进项目线上化运作，引"金融活水"精准滴灌小微企业。得知某电子科技公司因为疫情影响导致货款回款速度慢，企业流动资金不足。鉴于该企业缺少抵押物、高管信用状况良好、业务发展前景较好的情况，江苏农行南京江北新区分行第一时间为其办理了 500 万元"浦惠贷"信用贷款，并于 1 月 1 日顺利放款，不仅缓解了企业流动资金短缺的情况，也大大降低了企业的融资成本。而另一家主营汽车零部件出口的机械制造公司，受疫情影响，企业备货资金有一定缺口。江苏农行客户经理迅速上门，在 1 月 1 日为该企业发放"苏贸贷"项下首笔出口信保融资业务 30 万元，用实际行动破除中小企业融资掣肘，护航外贸企业乘风破浪。

链接：奋力书写金融服务实体经济新篇章

扫描右侧二维码阅读：落实党的二十大精神，奋力书写金融服务实体经济新篇章。

任务三　权益资金的筹集

甲公司是一家经营电子产品的上市公司。公司目前发行在外的普通股为10 000万股，每股价格为10元。公司现在急需筹集资金16 000万元，用于投资液晶显示屏项目。关于该投资项目的相关事项公司组织了专项讨论会，各参会人员的发言要点如下。

总经理：咱们公司一直以来都是经营电子产品，本次计划投资的液晶显示屏项目属于在公司原有业务领域基础上进入新领域的第一步，对于公司的未来发展至关重要，应当引起足够的重视。

市场部经理：投资液晶显示屏项目要对外部的环境进行分析，衡量进入该领域的风险。调研人员发现，政府对这类项目是持鼓励态度的，对符合条件的企业会给予一些政策支持。但是现有市场中已经存在一些同类企业，不过都还处在起步阶段。

财务部经理：进行融资战略选择要遵循一定的原则，根据公司目前的资本结构，该项目的融资16 000万元可以采取以下两种融资方案。

方案一：以目前股数10 000万股为基数，每10股配2股，配股价格为8元/股。

方案二：按照目前市价定向增发股票1 600万股。

具体任务：假设不考虑其他因素，根据财务部经理的发言要点，指出通常情况下公司进行定向增发的目的有哪些。

一、吸收直接投资

（一）吸收直接投资的含义

吸收直接投资是指企业以合同、协议等形式，吸收国家、其他企业、个人和外商等主体直接投入的资金，形成企业权益资金的一种筹资方式。吸收直接投资是非股份制企业筹集权益资本的基本方式，采用吸收直接投资方式的企业，资本不分为等额股份，无须公开发行股票。吸收直接投资的实际出资额，注册资本部分形成实收资本；超过注册资本的部分属于资本溢价，形成资本公积。不以股票为媒介，出资者即所有者，按出资比例承担利润损失。

微课：吸收直接投资

（二）吸收直接投资的种类

1. 吸收国家投资

国家投资是指有权代表国家投资的政府或相关机构，以国有资产投入公司，这种情况下形成的资本叫作国有资本。吸收国家投资一般具有以下特点：在国有公司中广泛存在；产权是归属于国家的；资金的运用和处置受国家约束较大。

2. 吸收法人投资

法人投资是指法人单位以其依法可支配的资产投入公司，形成的资本叫法人资本。吸收法人投资一般具有以下特点：一个法人单位投资到另一个法人单位；以参与公司利润分配或控制为目的；出资的形式较为多样。

3. 合资经营

合资经营是指两个或两个以上的不同国家的投资者共同出资创办企业，并且共同经营、风险共担、利益共享的一种直接投资方式。我国的中外合资企业也称股权式合营企业，是外国的公司、企业、其他经济组织或个人与中国的公司或企业等共同投资设立的企业。中外合资企业一般具有以下特点：在中国境内，按中国法律规定取得法人资格，为中国法人，受中国相关法律法规的约束；在注册资本中，外方合营者的出资比例一般不低于25%；合营经营期限一般项目为10年到30年，最长项目为50年，经国务院特批的可以是50年以上；合营企业的注册资本和资本总额之间应依法保持适当的比例关系。

4. 吸收社会公众投资

社会公众投资是指社会个人或本公司职员以个人合法财产投入公司，这种情况下的资本称为个人资本。吸收社会公众投资一般具有以下特点：投资人员较多；每人投资的数额相对较少；以参与公司利润分配为目的。

（三）吸收直接投资的出资方式

1. 现金投资

现金投资是吸收直接投资最重要的出资方式。企业有了现金，就可以获取所需物资、支付各种费用，具有较大的灵活性。因此，企业要争取投资者尽可能采用现金方式出资。

2. 实物投资

实物投资是指以房屋、建筑物、设备等固定资产和原材料、商品等流动资产所进行的投资。实物投资应符合以下条件：满足企业生产经营、科研开发等的需要；技术性能良好；作价公平合理；实物不能涉及抵押、担保、诉讼冻结。

3. 无形资产投资

无形资产投资是指以商标权、专利权、非专利技术、知识产权、土地使用权等所进行的投资。企业在吸收无形资产投资时应持谨慎态度，避免吸收短期内会贬值的无形资产，避免吸收对本企业利益不大及不适宜的无形资产，还应注意符合法定比例。

（四）吸收直接投资的程序

（1）确定吸收直接投资的资金数额，企业吸收的直接投资属于所有者权益，其份额达到一定规定时，就会对企业的经营控制权产生影响，对此，企业必须高度重视。因此，对于吸收直接投资的资金数额，一方面要考虑投资需要；另一方面应考虑对投资者投资份额的控制。

（2）确定吸收直接投资的具体形式，企业各种资产的变现能力是不同的，要提高资产的营运能力，就必须使资产达到最佳配置，如流动资产与固定资产的搭配、现金资产与非现金资产的搭配等。

（3）签署合同或协议等文件，吸收直接投资的合同或协议应明确双方的权利与义务，具体包括投资人的出资额、出资形式、资产交付期限、资产违约责任、投资收回、收益分配或损失分摊、控制权分割、资产管理等内容，最关键的是实物资产、无形资产投资的作价问题，因为吸收直接投资中，投资的报酬、风险的承担都是以确定的出资额为依据的。双方应按公平合理的原则协商定价，如争议较大，可聘请有关资产评估机构来评定。

（4）取得资金来源，吸收直接投资中，被投资企业应督促投资者按时缴付出资，以便及时办理有关资产验证、注册登记等手续。

(五）吸收直接投资的优缺点

1. 吸收直接投资的优点

（1）能够尽快形成生产能力。吸收直接投资不仅可以取得一部分货币资金,还能够直接获得所需要的先进设备和技术,尽快形成企业生产经营的能力。

（2）容易进行信息沟通。吸收直接投资的投资者比较单一,股权没有社会化、分散化,投资者甚至直接担任公司管理层职务,公司与投资者易于沟通。

（3）资本成本较高。相对于股票筹资方式来说,吸收直接投资的资本成本较高。当企业经营较好,盈利较多时,投资者往往要求将大部分盈余作为红利分配,因为向投资者支付的报酬是按其出资数额和企业实现利润的比率来计算的。不过,吸收投资的手续相对比较简便,筹资费用较低。

2. 吸收直接投资的缺点

（1）公司控制权集中,不利于公司治理采用吸收直接投资方式筹资,投资者一般都要求获得与投资数额相适应的经营管理权,因此就会形成投资额较大的投资者拥有较大的控制权,容易损害其他投资者的利益。

（2）不易进行产权交易,吸收投入资本由于没有证券为媒介,不利于产权交易,难以进行产权转让。

二、发行普通股

普通股是股份有限公司发行的无特别权利的股份,也是最基本的、标准的股份。它代表了股东对股份制公司的所有权。发行普通股是股份有限公司筹集权益资金的主要方式。

微课：发行普通股

（一）股票的种类

（1）按照股票票面是否记名,分为记名股票和无记名股票。

向发起人、国家授权投资的机构、法人发行的股票,应为记名股票。

（2）按照股票票面是否有金额,分为有面值股票和无面值股票。

目前《中华人民共和国公司法》不承认无面值股票,规定股票应记载票面的面额,并且其发行价不得低于票面金额。

（3）按照发行对象和上市地区,分为 A 股、B 股、H 股、N 股和 S 股。

A 股是指人民币普通股票,由我国境内公司发行,供境内机构、组织和个人以人民币认购和交易的股票。B 股是指人民币特种股票,是面向境外投资者发行的以人民币为面值,以外币认购和买卖的股票,沪市以美元计价,深市以港元计价。H 股是向我国的港澳台地区及境外投资者发行的股票,在香港上市。N 股是在纽约上市的股票。

（4）按照股东享有的权利和义务不同,分为普通股和优先股。

普通股是公司最基本的股票,是公司发行的代表着股东享有平等的权利、义务,不加特别限制的,股利不确定的股票。股份有限公司通常情况下只发行普通股。优先股是公司发行的相对于普通股具有一定优先权的股票,其优先权利主要表现在股利分配优先权和索取剩余财产优先权上。

（二）普通股和优先股之间的区别

普通股和优先股之间的区别主要如表 4-8 所示。

表 4-8　普通股和优先股之间的区别

普 通 股	优 先 股
对公司有经营管理权	对公司无经营管理权
收益随企业盈利水平变动	收益较为固定
普通股股利的分配在优先股之后	优先股股利的分配在普通股之前
剩余财产分配权分配顺序在后	剩余财产分配权分配顺序在前
有清偿责任风险	没有清偿责任风险

（三）股票发行

1. 发行股票的资格与条件

公司公开发行新股，应当符合下列条件：具备健全且运行良好的组织机构；有持续盈利能力，财务状况良好；最近三年财务会计文件无虚假记载；证券监督管理机构规定的其他条件。按照《中华人民共和国公司法》的有关规定，股份有限公司发行股票，应符合以下规定条件。

（1）每股金额相等。同次发行的股票，每股的发行条件和价格应当相同。

（2）股票发行价格可以按票面金额发行，也可以超过票面金额发行，但不得低于票面金额发行。

（3）股票应当载明：公司名称、公司登记日期、股票种类、票面金额及代表的股份数、股票编号等主要事项。

（4）向发起人、国家授权投资的机构、法人发行的股票，应当为记名股票；对社会公众发行的股票，可以为记名股票，也可以为无记名股票。

（5）公司发行记名股票的，应当置备股东名册，记载股东的姓名或者名称、住所、各股东所持股份、各股东所持股票编号、各股东取得其股份的日期；发行无记名股票的，公司应当记载其股票数量、编号及发行日期。

（6）公司发行新股，必须具备下列条件：前一次发行的股份已募足并间隔一年以上；公司在最近三年内连续盈利，并可向股东支付股利；公司三年内财务会计文件上无虚假记载；公司预期利润率可达同期银行利率。

（7）公司发行新股，应由股东大会做出有关下列事项的决议：新股种类及数额；新股发行价格；新股发行的起止日期；向原有股东发行新股的种类及数额。

2. 股票发行方式

一般将股票的发行方式概括为公开间接发行和不公开直接发行。

（1）公开间接发行是指通过中介机构，公开向社会公众发行股票。例如，我国股份有限公司采用募集方式向社会公开发行新股时，必须由证券经营机构承销的做法，就属于股票的公开间接发行。公开间接发行具有发行范围广、发行对象多，易于足额募集资本；股票的变现性强，流通性好；有助于提高发行公司的知名度并扩大其影响力等优点。但也具有手续繁杂、发行成本较高等不足。

（2）不公开直接发行是指不公开对外发行股票，只向少数特定的对象直接发行，因而不需经中介机构承销。例如,我国股份有限公司采用发起设立方式和以不向社会公开募集的方式发行新股的做法,就属于不公开直接发行。不公开直接发行具有弹性较大、发行成本较低等优点。但也具有发行范围较小、股票变现性较差等不足。

3. 股票销售方式

(1) 自销方式。股票发行的自销方式是指发行公司自己直接将股票销售给认购者。这种销售方式可由发行公司直接控制发行过程,实现发行意图,并可以节省发行费用;但往往筹资时间长,发行公司要承担全部发行风险,并要求发行公司有较高的知名度、信誉和实力。

(2) 委托承销方式。股票发行的委托承销方式是指发行公司将股票销售业务委托给证券经营机构代理。这种销售方式是发行股票所普遍采用的。《中华人民共和国证券法》规定,发行人向不特定对象公开发行的证券,法律、行政法规规定应当由证券公司承销的,发行人应当同证券公司签订承销协议。证券承销业务采取代销或包销方式。证券代销是指证券公司代发行人发售证券,在承销期结束时,将未售出的证券全部退还给发行人的承销方式。证券包销是指证券公司将发行人的证券按照协议全部购入或在承销期结束时将售后剩余证券全部自行购入的承销方式。证券的代销、包销期限最长不得超过90日。股票发行采用代销方式,代销期限届满,向投资者出售的股票数量未达到拟公开发行股票数量70%的为发行失败,发行人应当按照发行价并加算银行同期存款利息将款项返还股票认购人。股票发行的包销方式是指证券经营机构一次性购进全部的股份,然后以较高的价格出售给社会上的认购者。公司风险低,收益低。代销方式证券经营机构代替发行公司出售股票,由此获得一定的佣金。公司风险高,收益高。

4. 股票发行价格

股票发行价格是指股票发行时所使用的价格,也就是投资者认购股票时所支付的价格。股票发行价格通常由发行公司根据股票面值、股市行情和其他有关因素决定。以募集方式设立的公司首次发行的股票价格,由发起人决定;公司增资发行新股的股票价格,由股东大会作出决议。股票的发行价格可以和股票的面额一致,也可以不一致(多数情况下不一致)。股票的发行价格一般有以下三种。

(1) 等价,就是以股票的票面额为发行价格,也称平价发行。这种发行价格一般在初次发行或在股东内部分摊增资的情况下采用。等价发行的股票容易推销,但无从取得股票溢价收入。

(2) 时价,就是以本公司股票在流通市场上买卖的实际价格为基准确定的股票发行价格。确定时价的原因是股票在第二次发行时已经增值,收益率已经发生变化。选用时价发行的股票,考虑了股票的现行市场价值,对投资者有较大的吸引力。

(3) 中间价,就是以时价和等价的中间值确定的股票发行价格。按时价或中间价发行,股票发行价格会高于或低于其面值。前者称溢价发行,后者称折价发行。如属溢价发行,发行公司所获得的溢价款列入资本公积。

(四) 股票上市

股票上市是指股份有限公司公开发行的股票经批准在证券交易所进行挂牌交易。经批准在交易所上市交易的股票称为上市股票。按照国际通行做法,非公开募集发行的股票或未向证券交易所申请上市的非上市证券,应在证券交易所外的店头市场(over the counter market,OTC市场)上流通转让。只有公开募集发行并经批准上市的股票才能进入证券交易所流通转让。《中华人民共和国公司法》规定,股东转让其股份,应当在依法设立的证券交易场所进行或按照国务院规定的其他方式进行。

1. 股票上市的条件

(1) 股票经国务院证券管理部门批准已向社会公开发行,不允许公司在设立时直接申请股票上市。

(2) 公司股本总额不少于人民币 5 000 万元。

(3) 开业时间在三年以上,最近三年连续盈利;属国有企业依法改建而设立股份有限公司,或在公司法实施后新组建成立,其主要发起人为国有大中型企业的股份有限公司,可连续计算。

(4) 持有股票面值人民币 1 000 元以上的股东不少于 1 000 人,向社会公开发行的股份达公司股份总数的 25% 以上,公司股本总额超过人民币 4 亿元的,其向社会公开发行股份的比例为 15% 以上。

(5) 公司在最近三年内无重大违法行为,财务会计报告无虚假记载。

(6) 国务院规定的其他条件。具备上述条件的股份有限公司经申请,由国务院或国务院授权的证券管理部门核准,其股票方可上市。

2. 股票上市的影响

有利影响:①有助于公司改善财务状况;②利用股票收购其他公司;③利用股票市场客观评价公司;④利用股票激励员工;⑤提高公司知名度,吸引更多顾客。

不利影响:①公司上市需要承担较高的费用;②上市后失去隐私权;③股价会歪曲公司的实际经营状况;④股权分散,容易造成管理上的困难。

(五) 普通股筹资的优缺点

1. 普通股筹资的优点

(1) 发行普通股筹措的资本具有永久性,无到期日,无须归还。

(2) 发行普通股筹资没有固定的股利负担。

(3) 发行普通股筹集的资本是公司最基本的资金来源,可作为其他方式筹资的基础,尤其可为债权人提供保障,增加公司的举债能力。

2. 普通股筹资的缺点

(1) 相应普通股的资本成本较高。从投资者的角度讲,投资于普通股风险较高,相应地要求有较高的投资报酬率。对筹资公司来讲,普通股股利从税后利润中支付,不具有抵税作用,普通股的发行费用也较高。

(2) 以普通股筹资增加新股东,可能会分散公司的控制权。此外,新股东分享公司未发行新股前积累的盈余,会降低普通股的每股净收益,从而可能引发股价的下跌。

 思政元素融入

聚焦高质量发展核心任务,深化资本市场改革

党的二十大报告关注薄弱环节微观主体的发展,强调优化和改善企业发展环境。党的二十大报告指出"优化民营企业发展环境,依法保护民营企业产权和企业家权益,促进民营经济发展壮大"。强调民营经济的重要地位,有助于加深社会对民营经济重要性的认识,保护民营企业从业者的合法权益,提高民营经济发展质量。此外,党的二十大报告也着重提及支持中小微企业发展,坚持保市场主体、保就业等政策方针不动摇,继续深化改革支持中小微企业发展,激发中小微企业的发展潜力和经济内生动力。值得关注的是,党的二十大报告明确要"推进高水平的对外开放",面对百年变局,更要继续融入全球体系,扩大双向交流,实现新旧动能转换和产业转型升级,为经济高质量发展创造条件。

为扶持中小企业融资发展,应从融资端和投资端双向发力。一方面,在融资端为中小企业融资提供场所和工具。建议发展高收益债一级市场,完善中小企业融资准入要求,并紧跟政策红利助力专精特新中小企业债券融资,充分运用资产证券化工具通过应收账款、知识产权等证券化盘活中小企业资产;同时,借力股权融资渠道,完善新三板及区域股权融资机制,为成长中的中小企业提供支持。另一方面,在投资端培育不同风险偏好的多层次投资者,吸引更多风险承担意愿及能力较高的投资者入市,并重视把握中小企业融资与风险之间的平衡,强化投资者合法权益保障并依规落实,实现对投资者的充分保护。

扫描右侧二维码阅读:聚焦高质量发展核心任务,深化资本市场改革,从党的二十大报告看资本市场发展。

链接:从党的二十大报告看资本市场发展

任务四　负债资金的筹集

任务导入

ABC 股份有限公司是一家高科技民营企业,其开发和生产的纳米材料市场潜力巨大,有着非常光明的发展前景。公司目前正处于创业阶段,急需资金支持。但由于公司规模较小,且目前(初创阶段)的盈利水平和现金净流量较低等诸多条件的限制,公司难以通过向公众发行股票的方式来筹集资金。ABC 公司采取的筹资方案是,定向(非公开)向若干战略投资者发行价值 800 万元、利率为 10% 的抵押公司债券。债券投资者认为,如果任由 ABC 公司的股东和管理者以公司的资产作为保证来借入新的债务,显然将使原有债权人暴露在更大的风险之下。出于保持或增加其索偿权的安全性考虑,经与 ABC 公司协商后,双方共同在债务契约中写入若干条保护性条款,其中规定允许公司只有在满足下列条件的前提下才能发行其他公司债券:①税前利息保障倍数大于 4;②抵押资产的净折余价值保持在抵押债券价值的 2 倍以上;③负债与权益比率不高于 0.5。从公司财务报表得知,ABC 公司现有税后净收益 240 万元,权益资金 4 000 万元,资产折余价值 3 000 万元(已被用于抵押)。公司所得税税率为 40%。假定一项新发行债券收入的 50% 用于增加被抵押资产,到下一年为止公司不支付偿债基金。

具体任务:在抵押债券契约中规定的三种条件下,ABC 公司可分别再发行多少利率为 10% 的债券?

一、银行借款

(一) 银行借款的种类

(1) 按借款期限长短,分为短期借款、中期借款和长期借款。短期借款是

微课:银行借款

指借款期限在一年以内(含一年)的借款;中期借款是指借款在一年以上五年以下(含五年)的借款;长期借款是指借款期限在五年以上的借款。

(2) 按借款担保条件,分为信用借款、担保借款。信用借款是指借款人以个人的信誉或信用为依据而取得的贷款。企业取得信用借款无须抵押,对银行而言风险较高,银行一般要收取较高的利息,往往附加一定的限制条件。担保借款是指借款人提供担保取得的贷款。担保借款又可以分为保证借款、抵押借款和质押借款三种基本类型。保证借款是指按照《中华人民共和国担保法》规定的保证方式,以第三方作为保证人承诺在借款人不能偿还借款时,按约定承担一定保证责任或连带责任而取得的贷款。抵押借款是指按照《中华人民共和国担保法》规定的抵押方式,以借款人或第三方的财产作为抵押物而取得的贷款。质押借款是指按照《中华人民共和国担保法》规定的质押方式,以借款人或第三方的动产或财产权利作为质押物而取得的贷款。

(3) 按提供贷款的机构,分为政策性银行贷款和商业性银行贷款。政策性银行贷款是指企业向执行国家政策性贷款业务的银行申请的贷款。例如,中国进出口信贷银行主要是为大中型设备的进出口提供信贷;国家开发银行主要为承建国家重点项目的企业提供资金帮助。商业银行贷款是指向中国建设银行、中国工商银行等商业银行申请贷款,以满足企业生产经营的需要。另外,企业还可以从信托公司、财务公司、保险公司等非银行金融机构取得贷款,但这些机构要求的利率一般较高,对借款企业的信用和担保情况等要求较高。

(二) 银行借款的信用条件

1. 信贷额度

信贷额度是指借款人与银行签订协议,规定的借入款项的最高限额。如借款人超过信贷额度(贷款限额)继续借款,银行将停止办理。此外,如果企业信誉恶化,银行也有权停止借款。对信贷额度,银行不承担法律责任,没有强制义务。

2. 周转信贷协定

周转信贷协定是指银行具有法律义务地承诺提供不超过某一最高限额的贷款协定。在协定的有效期内,银行必须满足企业在任何时候提出的借款要求。企业享用周转信贷协定,必须对贷款限额的未使用部分向银行支付一笔承诺费,银行对周转信贷协定负有法律义务。

【例 4-4】 某企业与银行周转信贷协定为 1 000 万元,承诺费率为 0.5%,借款企业年度内使用了 800 万元,余额为 200 万元。要求:计算借款企业应向银行支付承诺费的金额。

解: 承诺费 = 200 × 0.5% = 1(万元)

3. 补偿性余额

补偿性余额是指银行要求借款人在银行中保留按借款限额或实际借用额的一定百分比(通常为 10%~20%)计算的最低存款余额。企业在使用资金的过程中,通过资金在存款账户的进出,始终保持一定的补偿性余额在银行存款账户上。这实际上增加了借款企业的利息,提高了借款的实际利率,加重了企业的财务负担。

【例 4-5】 某企业按年利率 6% 向银行借款 1 000 万元,银行要求保留 20% 的补偿性余额,企业实际可动用的借款只有 800 万元。要求:计算该借款的实际利率。

解: $$实际利率 = \frac{1\,000 \times 6\%}{1\,000 \times (1-20\%)} = 7.5\%$$

4. 借款抵押

借款抵押是指除信用借款以外,银行向财务风险大、信誉不好的企业发放贷款,往往需要抵押,即企业以抵押品作为贷款的担保,以减少银行蒙受损失的风险。借款的抵押品通常是借款企业的应收账款、存货、股票、债券及房屋等。银行接受抵押品后,将根据抵押品的账面价值决定贷款金额,一般为抵押品账面价值的30%~50%。企业接受抵押贷款后,其抵押财产的使用及将来的借款能力会受到限制。

5. 偿还条件

无论何种贷款,一般都会规定还款的期限。根据我国金融制度的规定,贷款到期后仍无力偿还的,视为逾期贷款,银行要照章加收逾期罚息。贷款的偿还分为到期一次还清和在贷款期内定期等额偿还两种方式,企业一般不希望采取后一种方式,因为这样会提高贷款的实际利率。

6. 一次性借款

一次性借款是指以实际交易为贷款条件,当企业发生经营性临时资金需求时,可以向银行贷款以求解决,银行以企业的实际交易为贷款基础,单独立项、单独审批,最后做出决定并确定贷款的相应条件和信用保证。对这种一次性借款,银行要对借款人的信用状况、经营情况进行个别评价,以确定贷款的利率、期限和数量。

除上述所说的信用条件外,银行有时还要求企业为获得借款而做出其他承诺,如及时提供财务报表、保持适当的资产流动性等。如企业违背承诺,银行可要求企业立即偿还全部贷款。

(三) 银行借款的成本

1. 收款法下借款成本

这是在借款到期时向银行支付利息的方法。采用这种方法,借款的名义利率等于其实际利率。

2. 贴现法下借款成本

贴现法是银行向企业发放贷款时,先从本金中扣除利息部分,到期时借款企业再偿还全部本金的一种计息方法。贴现法下,其实际利率的计算公式为

$$实际利率 = \frac{利息}{贷款金额 - 利息} \tag{4-5}$$

【例4-6】 某企业从银行取得借款100万元,期限1年,借款名义利率为10%,采用贴现法付息。要求:计算实际利率是多少?

解:

$$实际利率 = \frac{100 \times 10\%}{100 - 10} = 11.11\%$$

3. 加息法下借款成本

在分期等额偿还贷款的情况下,银行要将根据名义利率计算的利息加到贷款本金上,计算出贷款的本息和,要求企业在贷款期内分期偿还本息之和的金额。由于贷款本金分期均衡偿还,借款企业实际上只平均使用了贷款本金的一半,却支付了全额利息。这样,企业所负担的实际利率约为名义利率的两倍。

(四) 银行借款筹资的优缺点

1. 银行借款筹资的优点

(1) 筹资速度快,手续简便。向银行借款,通常只需银行审批,而无须其他行政管理部

门或社会中介机构的参与,只要具备条件,即可在较短的时间内,花较少的费用取得。

(2) 资本成本较低。银行借款属于借入资本,利息可在税前扣除,且银行借款的利率一般低于债券的利率,加之借款是在企业与银行之间直接协商确定,不存在交易成本,因此其资本成本相对较低。

(3) 弹性较大。由于只要双方同意即可修改借款合同的内容,因此,当企业在借款期内发生财务困难或其他影响偿债能力的事项而不能按期还本付息时,可通过与银行协商修改借款合同以缓解财务困难,扩大筹资弹性。

2. 银行借款筹资的缺点

(1) 筹资风险较大。企业向银行借款,必须按期还本付息,在企业经营不利、财务困难的情况下,可能会产生不能偿付的风险,使企业陷入困境,甚至导致破产。

(2) 限制条款较多。如前所述,银行借款通常附加许多限制条件,特别是长期银行借款,如定期报送相关报表、不得改变借款用途等,这些条款都可能会影响企业未来的经营活动。

(3) 筹资数量有限。银行虽财力雄厚,但出于各方面的考虑,银行不可能将资金过分集中地投资于某一家企业,若与股票、债券等筹资方式相比,银行借款的资金量通常要少得多。

二、发行债券

(一) 债券的基本要素

(1) 债券的面值。债券面值包括两个基本内容:币种和票面金额。币种可以是本国货币,也可以是外国货币,这取决于债券发行的地区及对象。票面金额是债券到期时偿还本金的金额。票面金额印在债券上,固定不变,到期必须足额偿还。

微课:发行债券

(2) 债券的利率。债券上一般都注明年利率,利率有固定的,也有浮动的。面值与利率相乘即为年利息。

(3) 债券的期限。债券从发行之日起至到期日之间的时间称为债券的期限。

(4) 偿还方式。债券的偿还方式有分期付息、到期还本及到期一次还本付息两种。

(5) 发行价格。债券的发行价格有三种:一是按债券面值等价发行,等价发行又叫面值发行;二是按低于债券面值折价发行;三是按高于债券面值溢价发行。

(二) 债券的分类

(1) 按照偿还方式,可分为定期还本债券和分期还本债券。定期还本债券是指规定在将来某到期日一次偿还本息的债券。分期还本债券是指企业发行债券在约定期限内分次偿还本息的债券。

(2) 按有无抵押担保,可分为抵押债券、信用债券。抵押债券是以企业特定财产为抵押担保的债券。其中特定资产是指动产、不动产或其他企业股票。如果到期,发行企业无力偿还本息,持有人或作为其他代表的信托人有权将抵押品变现,以作为补偿。信用债券是以借款企业信用为依托而发行的债券,由于这种债券无抵押品来保证,债券持有者需要承担一定风险。因此信用债券的利率往往要高于抵押债券的利率。

(3) 按是否记名,可分为记名债券和不记名债券。记名债券是指企业发行债券时,债券购买者的姓名和地址在发行债券企业登记的一种债券。偿付本息时,按名册付款。不记名债券,即带有付息票的债券。企业发行这种债券时,无须登记购买者的名字,持有人凭息票领取到期利息,凭到期债券收回本金。

(4) 按计息标准,可分为固定利率债券和浮动利率债券。固定利率债券的利率在发行时即已确定并载于债券票面。浮动利率债券的利率在发行债券之初是不固定的,在发行期内以某一基准利率(如银行存款利率、政府债券利率)的变动方向进行调整。

(5) 按是否可转换成普通股,可分为可转换债券和不可转换债券。可转换债券是指债券持有人按规定的条件将债券转换为股票。而不可转换债券,是指债券持有者不能把持有的债券转换为股票。

(三) 债券的发行

1. 发行条件

根据《中华人民共和国公司法》的规定,股份有限公司、国有独资公司和两个以上投资主体投资的国有公司或者两个以上的国有投资主体投资设立的有限责任公司,具有发行债券的资格。根据《中华人民共和国证券法》的规定,公开发行公司债券,应当符合下列条件:①股份有限公司的净资产不低于人民币 3 000 万元,有限责任公司的净资产不低于人民币 6 000 万元;②累计债券余额不超过公司净资产的 40%;③最近 3 年平均可分配利润足以支付公司债券 1 年的利息;④筹集的资金投向符合国家产业政策;⑤债券的利率不超过国务院限定的利率水平;⑥国务院规定的其他条件。

公开发行公司债券筹集的资金,必须用于核准的用途,不得用于弥补亏损和非生产性支出。根据《中华人民共和国证券法》的规定,公司申请公司债券上市交易,应当符合下列条件:①公司债券的期限为 1 年以上;②公司债券实际发行额不少于人民币 5 000 万元;③公司申请债券上市时符合法定的公司债券发行条件。

2. 发行方式

债券的发行方式有委托发行和自行发行两种。委托发行是指企业委托银行或其他金融机构承销全部债券,并按总面额的一定比例支付手续费。自行发行是指债券发行企业不经过金融机构直接把债券配售给投资单位或个人。

3. 发行价格

债券的发行价格是债券发行时使用的价格,即投资者购买债券时所支付的价格。它的高低取决于以下四个因素:债券面值、债券利率、市场利率、债券期限。

债券发行价格的计算公式如下:

$$发行价格 = 债券各期利息的现值 + 债券面值的现值$$

用字母表示如下:

$$P = I \times (P/A, K, N) + F \times (P/F, K, N) \qquad (4-6)$$

式中,P 为债券的发行价格;I 为债券的各期利息;F 为债券面值;K 为债券发行时的市场利率或投资人要求的必要报酬率;N 为债券的期限。

公司债券的发行价格通常有三种:平价、溢价和折价。

【例 4-7】 某公司发行面值 1 000 元的债券,债券票面利率为 10%,期限 5 年,每年付息一次,到期还本。要求:计算当市场利率分别是 10%、12%、8%时的债券发行价格?

解:(1) 发行时市场利率为 10%,债券发行价格可计算如下。

$$P = 1\,000 \times 10\% \times (P/A, 10\%, 5) + F \times (P/F, 10\%, 5)$$
$$= 100 \times 3.790\,8 + 1\,000 \times 0.620\,9$$
$$= 1\,000(元)$$

这就是说,该公司到期还本的现值和每年支付利息的现值合计为 1 000 元,所以债券出售应得 1 000 元。

(2) 发行时市场利率为 12%,债券发行价格计算如下。
$$P = 1\,000 \times 10\% \times (P/A, 12\%, 5) + F \times (P/F, 12\%, 5)$$
$$= 100 \times 3.604\,8 + 1\,000 \times 0.567\,4$$
$$= 927.9(元)$$

这就是说,按市场现行利率 12% 计算,该公司到期还本的现值和每年支付利息的现值合计为 927.9 元,所以债券发行价格应降为 927.9 元。

(3) 发行时市场利率为 8%,债券发行价格计算如下。
$$P = 1\,000 \times 10\% \times (P/A, 8\%, 5) + F \times (P/F, 8\%, 5)$$
$$= 100 \times 3.992\,7 + 1\,000 \times 0.680\,6$$
$$= 1\,079.9(元)$$

这就是说,按市场现行利率 8% 计算,该公司到期还本的现值和每年支付利息的现值合计为 1 079.9 元,所以债券发行价格应升为 1 079.9 元。

4. 发行程序

(1) 做出发行债券的决议。公司在实际发行债券之前,必须做出发行债券的决议,以具体决定公司债券的发行总额、票面金额、发行价格、募集办法、债券利率、偿还日期及方式等内容。根据《中华人民共和国公司法》的规定,股份有限公司、有限责任公司发行公司债券,由董事会制订方案,股东会做出决议;国有独资公司发行公司债券,由国家授权投资的机构或国家授权的部门做出决定。在国外,公司发行债券一般需经董事会通过决议,由 2/3 以上董事出席,且超过出席董事的半数通过。

(2) 提出发行债券的申请。按照国际惯例,公司发行债券需向主管部门提交申请,未经批准,公司不得发行债券。我国规定,公司申请发行债券由国务院证券管理部门批准,同时应提交以下文件资料:公司登记证明、公司章程、公司债券募集办法、资产评估报告和验资报告。

(3) 公司债券的募集办法。发行公司债券的申请得到批准后,发行公司应向社会公告债券的募集办法。我国规定,公司债券的募集办法中应载明以下主要事项:公司名称、本次发行债券的总额和债券面额、债券利率、还本付息的期限与方式、债券发行的起止日期、公司净资产额、已发行而尚未到期的公司债券总额、公司债券的承销机构等。

(4) 发行公司债券。公司债券的发行方式一般有私募发行和公募发行两种。私募发行是指由发行公司将债券直接发售给投资者。这种方式因受限制,极少采用。公募发行是指发行公司通过承销团向社会发售债券。这种方式下,发行公司要与承销团签订承销合同。承销团一般由数家证券公司或投资银行组成。承销团的承销方式有代销和包销两种。所谓代销,是由承销团代为推销债券,在约定期限内未售出的余额将退还发行公司,承销团不承担发行风险。所谓包销,是由承销团先购入发行公司拟发行的全部债券,然后出售给社会上的投资者,若在约定期限内未能全部售出,余额要由承销团负责认购。公募发行是世界各国通常采用的公司债券发行方式,美国甚至强制要求某些债券,如电力、制造业公司债券,必须采用公募发行方式。我国有关法律法规也有公募发行债券的要求。

(5) 交付债券。收缴债券款,登记债券存根簿。发行公司公开发行公司债券,由证券承销机构发售时,投资者直接向承销机构付款购买,承销机构代理收取债券款,交付债券;然后,发行公司向承销机构收缴债券款并结算预付的债券款。

《中华人民共和国公司法》规定,公司发行的债券,必须在债券上载明公司的名称、债券面额、债券利率、偿还期限等事项,并由董事长签名,公司盖章。

公司发行的债券,还必须在公司债券存根簿中登记。对于记名债券,应载明以下事项:债券持有人的姓名(或名称)及住所;债券持有人取得债券的日期及债券的编号;债券总额、债券票面金额、债券利率、债券还本付息的期限及方式;债券的发行日期等,对于无记名债券,应载明债券总额、利率、偿还期限与方式,发行日期及债券编号等事项。

(四) 债券筹资的优缺点

1. 债券筹资的优点

(1) 资本成本较低。发行债券筹来的资金属于借入资金,利息可在所得税前支付,这样发行公司可以享受抵税的好处。债券的发行费用较低,一般低于发行股票的费用,因此资本成本较低。

(2) 有利于保障所有者权益。债券持有人无权参与企业的经营管理,也无权分享企业利润,因而不会改变所有者对企业的控制权,也不会损失所有者原有的收益。

(3) 发挥财务杠杆作用。无论发行公司的盈利多少,债券持有人一般仅收取固定的利息,而更多的收益可分配给股东,或留归公司,从而增加股东和公司的财富。

(4) 有利于调整资本结构。当企业发行可转换债券或可提前赎回债券时,可增强企业的财务弹性,便于企业调整资金结构。

2. 债券筹资的缺点

(1) 筹资风险较高。债券有固定的到期日,并需定期支付利息,发行公司必须承担按期还本付息的义务。即使在公司经营不景气时,也必须向债券持有人还本付息,这会给企业带来更大的财务困难,甚至导致企业破产。

(2) 限制条件较多。发行债券的限制条件通常要比银行借款、融资租赁等筹资方式的多且严格,这可能会影响企业的正常发展和以后的筹资能力。

(3) 筹资数量有限。公司利用债券筹资有一定的限度,因为当公司的负债比率超过一定程度时,债券的成本会迅速上升,有时甚至会使债券无法发行。为此,多数国家都对债券筹资的限额作了规定,《中华人民共和国证券法》就规定,发行公司流通在外的债券累计总额不得超过公司净资产的40%。

三、融资租赁

(一) 融资租赁的含义和特点

1. 融资租赁的含义

融资租赁是指通过签订租赁合同的形式,出租方(出让资产的一方)将资产的使用权在一定期限内转让给承租方(使用资产的一方)使用,并取得租金

微课:融资租赁和商业信用

的一种交易行为。承租方通过租赁获得所需资产的使用权,完成了筹集资金的行为。

2. 融资租赁的特点

(1) 筹资限制条件少。企业不管是发行股票、债券和长期借款筹资,都受到较多的限制,例如股票和债券的发行资格条件的审查非常严格,取得长期借款要对企业信用情况、抵押物状况等进行限制。相比而言,融资租赁限制条件较少。

(2) 无须大量资金就能迅速获得资产。融资租赁使企业在资金短缺的情况下引进设备成为可能,特别是对中小企业、新创企业而言,融资租赁是重要的融资途径。大型企业的价值较高的设备等固定资产,往往也会通过融资租赁的形式取得,如商业航空公司的飞机、大型轮船等。

(3) 财务风险小,财务优势明显。与购买资产一次性支出大额资金相比,融资租赁的租金支付是在未来分期支付的,财务风险相对较小。企业可以使用租赁资产本身产生的收益来支付租金,财务优势明显。

(4) 能延长资金融通的期限(相对于贷款)。企业为购置设备而贷款的借款期限一般比该资产的使用寿命要短很多,但融资租赁的融资期限接近资产的全部使用寿命期,且融资租赁的融资金额依据租赁资产的价款确定,无融资金额的限制。

(5) 资本成本负担较高。融资租赁最大的缺点是租金较高,租金总额通常要比租赁资产的价值高出约30%,资本成本较高。与其他债务筹资方式相比,尽管融资租赁的租金是分期支付,避免了企业一次支付巨额款项的压力,但是高额的固定租金仍然是较重的财务负担。

(二) 融资租赁的形式

(1) 直接租赁。直接租赁是融资租赁的主要形式。首先由承租方向出租方提出租赁要求,出租方按照承租方要求购买设备,然后出租给承租方。直接租赁的出租人主要是制造厂商、租赁公司。直接租赁是融资租赁中最为普遍的一种,是融资租赁的典型形式。

(2) 售后租回。售后租回是指承租方先将自己的资产出售给出租方,由于急需资金等原因,出售后又从出租方处租回资产使用。售后租回的交易中,资产的所有权发生改变。这种租赁方式即使承租人通过出售资产获得一笔资金,以改善其财务状况,满足企业对资金的需要,又使承租人通过回租而保留了企业对该项资产的使用权。

(3) 杠杆租赁。杠杆租赁又称第三者权益租赁,它是涉及承租人、出租人和借款人三方关系人的融资租赁业务。由出租人(租赁公司或商业银行)本身拿出部分资金(一般是租赁资产20%~40%),其余不足部分(60%~80%)向贷款人筹集,购买承租人所要租用的资产,并交由承租人使用;而承租人使用租赁资产后,应定期支付租赁费用。在杠杆租赁方式下,出租人具有三重身份,即资产所有权人、出租人、债务人。出租人既向承租人收取租金,又向借款人偿还本息,其间的差额就是出租人的杠杆收益。

(三) 融资租赁租金的确定

1. 租金的构成

融资租赁每期租金的多少,取决于以下几项因素:①设备原价及预计残值,包括设备买价、运输费、安装调试费、保险费等,以及该设备租赁期满后,出售可得的市价;②利息,指租赁公司为承租企业购置设备垫付资金所应支付的利息;③租赁手续费指租赁公司承办租设备所发生的业务费用和必要的利润。

2. 租金的支付方式

租金的支付方式有以下几种:①按支付间隔期长短,分为年付、半年付、季付和月付等方式;②按在期初和期末支付,分为先付和后付;③按每次支付额,分为等额支付和不等额支付。实务中,承租企业与租赁公司商定的租金支付方式,大多为后付等额年金。

3. 租金的计算

如果租金为每期期末支付,则根据后付年金现值的计算公式,可以推导出每期租金的公式为

$$A=P/(P/A,i,n) \qquad (4-7)$$

式中,P 为等额租金的现值,或租赁资产的租金总额;$(P/A,i,n)$ 为年金现值系数,i 为租赁费率,n 为租赁期间租金的支付次数。

【例 4-8】 某企业以融资租赁方式租入设备,设备的原始价值为 100 万元,租期 10 年,预计租赁期满时的残值为 3 万元,年利率按 8% 计算,租赁手续费为设备价款的 2%,每年年末支付租金。要求:计算该设备每年应支付的租金。

解:应付租金总额=设备价款+租赁期间的利息+租赁手续费-预计残值
$$=100+[100\times(1+8\%)^{10}]-100+100\times2\%-3=214.9(万元)$$

按复利计算每期的应付租金:$214.9/(P/A,8\%,10)=214.9/6.7101=32.03(万元)$

(四) 融资租赁筹资的优缺点

1. 融资租赁筹资的优点

(1) 可迅速获得所需资产。融资租赁是一种融资与融物相结合的方式,企业不必购买资产,在融资的同时即可获得资产的使用权,因此这种筹资方式有利于企业及时引进先进设备,加速技术改造,使企业尽快形成生产能力,有利于快速占领市场,打开销路。

(2) 可回避限制性条款的约束。借债筹资时,企业一般会受到债权人施加的诸多限制性条款的约束。而企业以融资租赁方式筹资时,尽管租赁合同中也可能涉及对租赁设备使用方面的某些限制,但一般而言,出租人很少对企业的借债额度及发放股利的水平等方面施加限制,因此,会使企业在及时调整其财务策略和生产经营活动方面保持较大的灵活性。

(3) 租息费用有抵税作用。融资租赁的租金包括本金和租息费用(租金利息和租赁手续费)两部分,租息费用可在所得税前列支,使承租企业能抵减税负,享受税负上的利益。

2. 融资租赁筹资的缺点

(1) 资金成本较高。出租人在向承租企业收取租金时,不仅要求能对租赁资产的购置成本和借款利息以及必要的营业费用进行补偿,而且要在考虑所承担的风险因素的基础上获得一定的利润。因此,承租人为融资租入的资产所支付的租金总额的现值往往要高于借款购置设备并分期偿还的本息的现值。

(2) 增大财务负担。以融资租赁方式筹资会使企业的负债增加。承租企业必须按租赁合同的约定履行定期支付租金的义务,当企业因财务陷入困境而无力支付租金时,会同不能偿还借款一样对企业产生极为不利的影响。

四、商业信用

（一）商业信用的表现形式

（1）应付账款。应付账款是指买卖双方发生商品交易时，买方收到商品后并未立即付款，而是延期到一定时间后再付款，从而形成应付账款。应付账款是一种最典型、最常见的商业信用形式。

（2）商业汇票。商业汇票是指企业之间根据购销合同，对延期付款的商品进行交易时开出的表明债权债务关系的票据。卖方要求买方开出正式的商业汇票，由买方承诺在未来一定时期偿还货款。对于买方而言，应付票据是一种短期融资方式。

（3）预收款项。预收款项是指卖方先收取买方一部分货款，但货物要延迟一定时间后再交付，从而形成预收账款。企业通常对市场上紧俏的商品采用预收款项的方式销售。另外，对于某些生产周期长、单价较高的商品，如飞机、船舶等，通常也采用分次预收货款的方式。

（二）应付账款

应付账款是企业购买货物暂未付款而欠对方的账项，是一种卖方信用。销售方通过销售可以吸引客户，增加销售收入，减少库存积压。赊购方则可以通过延期付款获得相当于货款金额的短期资金。如果赊购业务能保持一定的规模，则企业可以获得一定数量的、比较稳定的资金来源。

1. 应付账款的成本

通过应付账款的形式获得的资金可能是免费的，也可能是有代价的，这取决于销售方的信用条件。如果无论企业提前付款还是按信用期付款均没有现金折扣，则通过应付账款形式获得的资金为免费使用资金；如果销货方规定企业在折扣期内付款即可获得一定比率的现金折扣，则企业放弃现金折扣获得资金延期使用权是有代价的。一般而言，放弃现金折扣的成本可用如下公式求得：

$$放弃现金折扣的资本成本 = \frac{折扣百分比}{1-折扣百分比} \times \frac{360}{信用期-折扣期} \times 100\% \qquad (4-8)$$

【例 4-9】 某企业在 20×3 年 10 月 8 日销售商品 100 件，增值税专用发票上注明的价款为 10 000 元，增值税税额为 1 700 元。企业为了及早收回货款，在合同中规定的现金折扣条件为 2/10,1/20,n/30（假定计算现金折扣时不考虑增值税）。买方 20×3 年 10 月 24 日付清货款。要求：计算企业实际收款金额。

解： 该企业实际收款金额 = 10 000×(1−1%)+1 700 = 11 600（元）

2. 利用现金折扣的决策

在附有信用条件的情况下，因为获得不同信用要付出不同的代价，买方企业便要在利用哪种信用之间做出决策。一般说来：如果能以低于放弃折扣的隐含利息成本（实质上是一种机会成本）的利率借入资金，便应在现金折扣期内用借入的资金支付货款，享受现金折扣；如果折扣期内将应付账款用于短期投资，所得的投资收益高于放弃折扣的隐含利息成本，则应放弃折扣而去追求更高的收益；如果企业因缺乏资金而欲展延付款期，则需在降低了的放弃折扣成本与展延付款带来的损失之间做出选择；如果面对两家以上提供不同信用条件的卖方,应通过衡量放弃折扣成本的大小选择信用成本最小的一家。

(三) 商业信用筹资的特点

(1) 筹资成本低。利用企业间的商业信用筹资,无筹资费用,无利息支付,因此资本成本较低。若销货方提供了现金折扣,并且购货方享受了现金折扣,此时购货方实际支付的价款低于发票金额且无机会成本。

(2) 限制条件少。企业的筹资方式,无论是发行股票、发行债券,还是银行借款,或多或少都有条件限制,其中发行股票和债券的限制条件往往很多。相对而言,商业信用的限制条件较少。

(3) 筹资弹性大。商业信用相对于其他筹资方式,一定范围内的资金额限制少,可以根据生产经营变化及时调整筹资额度,且商业信用发生在商品买卖交易时,属于一种自然的融资,无须做正规的筹资安排。

(4) 筹资时间短。商业信用的信用期一般较短,若购买方在现金折扣期内还款,则时间会更短。如果卖方提供了现金折扣,购买方应尽量争取享受现金折扣;若放弃现金折扣,要付出较高的机会成本。

思政元素融入

完善市场主体的信用监管机制

市场经济本质上是信用经济,市场经济越发展,越要求诚实守信。作为市场经济的细胞和主体,各类企业等市场主体的信用状况直接制约着社会主义市场经济的发展和整个社会信用体系的建设。党的二十大报告提出,要完善包括社会信用等在内的市场经济基础制度,优化营商环境;要弘扬诚信文化,健全诚信建设长效机制。在新时代背景下,要更好地治理市场主体的违法、违约等失信现象,必须以党的二十大精神为指引,进一步完善市场主体的信用监管机制。

首先,这是构建以信用为基础的新型市场监管体制的内在要求。加强对企业、公司等的信用监管,是行政机关对市场主体监管的创举。在由人情组成的"熟人社会"迈向由契约构成的"陌生人社会"的过渡阶段,尽管大多数市场主体信用状况良好,但也有不良商家逃避法定或约定义务,市场主体信用缺失现象屡见不鲜,市场创新活力缺失,这内在地需要行政机关通过信用监管进行矫正。进入新时代,只有完善市场主体的信用监管,实现市场监管领域失信联合惩戒,才能提升市场监管的精度,有效实现事前监管与事中、事后信用监管的无缝对接。

其次,这是健全以法治为引领的社会信用制度体系的现实需求。加强市场主体的信用监管,注重总结市场监管领域信用监管的法治规律,既是完善社会信用立法体系的必然要求,也是健全社会诚信执法体系的现实需要。一方面,需要在加强政策引导作用的同时,更加注重发挥法治引领的功能,注重作为整个社会信用重点与基础的市场主体信用监管的立法,加大社会信用法律制度的供给力度;另一方面,需要建立健全行政机关对市场主体实施的诸如惩戒措施清单制度等关键信用监管机制,并通过失信联合奖惩的实施,让失信者受限、守信者受益。

最后,这是提高以企业为基本主体的整体信用水平的客观需要。企业信用是市场经济得以高质量发展的前提和基础,市场主体信用是整个社会信用的重点和关键。提升企业的信用监管法治水平,有助于破解社会信用"弃如敝屣"的尴尬局面,提高市场主体的失信成本,使之不敢失信、不愿失信、不能失信,最大限度地防止失信行为。可以说,通过完善以企业为基本主体的信用监管机制,不仅能够提高市场主体自身的诚信意识,弘扬中华传统美德,而且具有巨大的传导效应,能够引导社会各界诚实守信,提升我国整体信用水平。

扫描右侧二维码阅读:完善市场主体的信用监管机制。

链接:完善市场主体的信用监管机制

任务五 财务预算

某企业2023年产品结构:产品1的销售额为1.2亿元,产品2的销售额为1.8亿元,共计3亿元。企业2024年计划:产品1的销售额为2亿元,产品2的销售额为4亿元,共计6亿元。

在企业要求各部门提交2024年的年度预算时,企业新提拔的采购部经理小王提交了预算表,见表4-9。

表4-9 某企业预算表　　　　　　　　　　　　　　　　　　　　单位:万元

年份	产品1	产品2	新增设备预算	非生产性业务需求				非生产性资本需求		
				工资	差旅费	培训费	其他费用	办公设备	维修费用	其他费用
2023	50 000	7 000	200	30	20 000	10 000	20 000	10 000	10	12
2024	100 000	14 000	300	30	28 640	12 670	28 350	18 640	10	12

小王本以为自己第一次做的预算方案能够顺利通过审批,没想到在企业的预算讨论会议上,自己成了第一个被要求做更改的人。

小王的预算方案到底存在哪些问题?

(1)在做采购预算时,没有参照企业的经营计划。企业2023年产品1的销售额为1.2亿元,产品2的销售额为1.8亿元,共计3亿元。2024年计划产品1的销售额为2亿元,产品2的销售额为4亿元,共计6亿元。表面上看,销售额增加了一倍,相应的原材料的采购预算也应该增加一倍。但是仔细分析可以发现,产品1和产品2并不是各按一倍增长的,因此相对应的各类原材料采购预算,也就不应该简单地按一倍进行增长。而小王的预算方案中,并没有依据实际的增长关系来做预算,而是全部按增长一倍计算。这样做出来的方案明显是错误的。

(2)预算不准确。做预算时要确保预算的准确性,不是精确性,因此预算中不应出现过于精确的数值。一般来说,精确到百位或千位比较适宜。而小王的表中出现了差旅费28 640万元一类的精确数值,这类数值不应该出现在预算中。

具体任务:应该怎样来调整这个采购预算方案呢?

一、财务预算的含义

俗话说:"凡事预则立,不预则废。"预算是企业在预测、决策的基础上,以数量和金额的形式反映企业未来一定时期内经营、投资、财务等活动的具体计划,是以实现目标而对各种资源和企业活动的详细安排。

财务预算,又称企业总预算,是企业预算的一种,是一系列专门反映企业未来一定预算期内预计财务状况、经营成果以及现金收支等价值指标的各种预算的总称。具体包括现金预算、预计利润表、预计资产负债表和预计现金流量表等内容。

二、财务预算的作用

(1) 财务预算使决策目标具体化、系统化和定量化。在现代企业财务管理中,财务预算全面、综合地协调、规划企业内各部门、各层次的经济关系与职能,使之统一服从于未来经营总体目标的要求;同时,财务预算工作又定量、系统地明确规定企业有关生产经营人员各自职责及相应的奋斗目标,做到人人事先心中有数。

(2) 财务预算是监督、控制企业日常经济活动的依据。通过分析预算执行的实际情况与效果,可以对经济活动的实施过程进行有效的监督。尤其是当实际的各项指标偏离了预算标准时,可以提醒管理者及时揭示产生的差异、分析原因,采取措施进行纠正,从而保证企业经营活动有效地开展下去。

(3) 财务预算有助于考评部门工作绩效。通过财务预算,可以建立评价企业财务状况的标准。经过分解落实的财务预算目标能与部门、责任人的业绩考评结合起来,成为奖勤罚懒、评估优劣的准绳,从而达到考评部门工作绩效与促进企业经营目标实现的目的。

(4) 财务预算是总预算。财务预算是总预算,又是作为全面预算体系中最后环节的预算,它可以从价值方面总括地反映经营期特种决策预算与业务预算的结果,使预算执行一目了然。其余预算均是财务预算的辅助预算。

三、融资方式偏好案例分析

微课:大咖们的融资方式偏好

甲汽车制造公司是一个多种经济成分并存,具有法人资格的大型企业集团。公司现有 5 个生产厂家,还有物资、销售、进出口、汽车配件 4 个专业公司,一个轻型汽车研究所和一所汽车工学院。公司现在急需 1 亿元的资金用于轿车技术改造项目。因此,总经理赵广斌于 2021 年 5 月 10 日召开由生产副总经理张望、财务副总经理王朝、销售副总经理林立、某信轩投资公司金融专家周民、某经济研究中心经济学家武教授、某大学财务学者郑教授组成的专家研讨会,讨论该公司筹资问题。下面摘要他们的发言和有关资料。

总经理赵广斌首先发言:"公司轿车技术改造项目经专家、学者的反复论证已被国家于 2020 年正式批准立项。这个项目的投资额预计为 4 亿元,生产能力为 4 万辆。项目改造完成后,公司的两个系列产品的各项性能可达到国际同类产品的先进水平。现在项目正在积极实施中,但目前资金不足,准备在 2021 年 7 月前筹措 1 亿元资金,请大家发表自己的意见,谈谈如何筹措这笔资金。"

负责生产的副总经理张望说:"目前筹集的 1 亿元资金,主要是用于投资少、效益高的技术改进项目。这些项目在两年内均能完成建设并正式投产,到时将大大提高公司的生产能力和产品质量,估计这笔投资在改造投产后三年内可完全收回。所以应发行五年期的债券筹集资金。财务副总经理王朝提出了不同意见,他说:"目前公司全部资金总额为 10 亿元,其中自有资金 4 亿元,借入资金 6 亿元,自有资金比率为 40%。负债比率为 60%,这种负债比率在我国处于中等水平,与世界发达国家,如美国、英国等相比,负债比率已经比较高了,如果再利用债券筹集 1 亿元资金,负债比率将达到 64%,显然负债比率过高,财务风险太大。所以,不能利用债券筹资,只能靠发行普通股或优先股筹集资金。"

但金融专家周民却认为:"目前我国资本市场还不够完善,证券一级市场和二级市场尚处于发展初期,许多方面还很不规范,投资者对股票投资还没有充分的认识,再加之今年某股的'扩容'速度过快。因此,在目前条件下要发行 1 亿元普通股是很困难的。发行优先股还可以考虑,但根据目前的利率水平和生产情况,发行时年股息不能低于 16.5%,否则也无法发行。如果发行债券,因要定期付息还本,投资者的风险较小,估计以 12%的利率发行债券。"来自某经济研究中心的武教授认为:"目前我国经济建设正处于改革开放的大好时期,我国已经加入世界贸易组织,汽车行业可能会受到冲击,销售量会受到影响。在进行筹资和投资时应考虑这一因素,不然盲目上马,后果将是不够理想的。"

公司的销售副总经理林立认为:"将来一段时期内销售量不成问题。这是因为公司生产的中档轿车和微型车,这几年来销售量情况一直很好,畅销全国 29 个省、自治区、市,2020 年受新型冠状病毒性肺炎疫情影响,汽车滞销,但公司的销售状况仍创历史最好水平,居全国领先地位。在近几年全国汽车行业质量评比中,连续获奖。"

财务副总经理王朝说:"公司属于股份制试点企业,目前所得税税率为 25%,税后资金利润率为 16%,若这项技术改造项目上马,由于采用了先进设备,投产后预计税后资金利润率将达到 18%。"所以,他认为这一技术改造项目应付诸实施。

来自某大学的财务学者郑教授听了大家的发言后指出:"以 16.5%的股息率发行优先股不可行,因为发行优先股所花费的筹资费用较多,把筹资费用加上以后,预计利用优先股筹集资金的资本成本将达到 19%,这已高于公司税后资金利润率 18%,所以不可行。但若发行债券,由于利息可以在税前支付,实际成本大约在 9%左右。"他还认为,目前我国正处于通货膨胀时期,利息率比较高,这时不宜发行较长期限的债券,负担较高的利息。所以,郑教授认为,应首先向银行筹措 1 亿元的技术改造贷款,期限为一年,一年以后,再以较低的股息率发行优先股股票来替换技术改造贷款。

财务副总经理王朝听了郑教授的分析后,也认为按 16.5%发行优先股,的确会给公司带来沉重的财务负担。但他不同意郑教授后面的建议。他认为,在目前条件下向银行筹措 1 亿元技术改造贷款几乎不可能。另外,通货膨胀在近一年内不会消除,要想消除通货膨胀,利息率有所下降,至少需要两年时间。金融学家周民也同意王朝的看法,他认为一年后利息率可能还要上升,两年后利息率才会保持稳定或有所下降。

讨论:

(1)归纳这次研讨会上提出了哪几种筹资方案。

(2)对会上的几种筹资方案进行评价。

(3)听了与会同志的发言后,应该如何做出决策?

四、影响企业融资方式的因素

不同公司有着不同的融资方式偏好,正所谓萝卜青菜,各有所爱。企业的融资结构是指企业各项资金来源的组合状况,即企业不同融资方式的构成及比例关系。企业融资包括内源融资和外源融资。对于融资渠道较多的公司而言,选择什么样的融资结构是现代企业尤其是上市公司财务决策的重要问题。

我国企业的融资顺序普遍实行先外源融资、后内源融资,先直接融资、后间接融资,先股票融资、后债券融资,内源融资所占比例最大不超过 20%,这几乎与现代资本结构所描述的优序融资顺序完全相违背。为什么我国企业融资顺序与西方国家会有如此大的区别呢?主要从以下几个方面进行分析。

1. 内源融资与外源融资顺序选择的原因分析

西方国家企业首选内源融资,我国企业首选外源融资。西方国家的企业普遍资金雄厚,加之有一套先进的科学管理方法,使企业无论是在产品力、销售力还是品牌力上,都是中国企业可望而不可即的。自然不需要通过外源融资来扩大企业的再生产,只需通过内源融资,依靠企业的留存收益和折旧便可完成。

我国企业的底子薄,在创业初期融资势必要通过外源融资来完成资本的原始积累这一过程。而当企业发展到成长期阶段,企业的技术等资源优势已经确立,产品也开始进入市场,如果市场对产品的反应积极的话,需要进一步扩大市场规模,这就需要大量的资金。由于企业的规模也在迅速扩大,可供抵押的资产也随之增加,为采取债务融资创造了条件,因此,这一时期举债(短期债务、长期债务)就成为首选。进入企业发展的成熟阶段,企业要适应规模发展和创新的需要,增加其竞争力,寻找新的发展机会,还需投入大量资金,由于前期阶段的发展,企业的经济水平已有了一定基础,实行长期债务融资和内部融资成为首选。

2. 间接融资与直接融资顺序选择的原因分析

西方国家企业首选间接融资,我国企业首选直接融资。中西方国家企业之所以会产生这种差别,主要是由于它们的金融机构体系和金融市场体系的发展、完善程度和信用程度的不同。西方国家的金融机构,无论是银行性质的金融机构(银行),还是非银行性质的金融机构(保险公司、证券公司等),从宏观政策到微观运作,其发展水平都是我国无法达到的。

3. 股票融资与债券融资顺序选择的原因分析

西方国家企业首选债券融资,我国企业首选股票融资。股票融资的优点有很多,在上面已谈到,事实上,我国上市公司在考虑资金筹集时,如果采用债券融资,需还本付息,成本较高,所以它们主要还是依赖股票融资。众所周知,股票不用返还,也无须支付利息,这样更有利于企业甩掉包袱。

从现代公司理论的最新发展来看,公司的控制权越来越重要。公司控制权在一定程度上可以看作是与公司的所有权具有同等重要的作用,甚至可以说,公司的控制权就是公司的所有权。如果发行股票,股东会通过其正当的权利参与公司的经营管理,最大的股东往往享有公司的控制权。进入 20 世纪 90 年代以来,世界上公司并购高潮的风起云涌,充分证明了公司控制权的重要性。任何一个公司都不会浪费对企业的控制权,采取股票融资在我国企业中占相当的比重。

思政元素融入

健全现代预算制度

党的二十大报告从战略和全局的高度，明确了进一步深化财税体制改革的重点举措，提出"健全现代预算制度"，为做好新时代新征程财政预算工作指明了方向、提供了遵循。我们要全面贯彻习近平新时代中国特色社会主义思想，认真学习贯彻党的二十大精神，坚决落实好健全现代预算制度各项任务，为全面建设社会主义现代化国家提供坚实财力保障和强大物质基础。

预算体现党和国家的意志，服务保障党和国家的重大方针、重大方略、重大决策、重大工作。经过党的十八大以来的改革，我国现代预算制度基本确立。党的二十大要求健全现代预算制度，这是党中央立足国情、着眼全局、面向未来的重大部署，现代预算制度建设迈上新征程。

（1）健全现代预算制度是实现新时代新征程目标任务的重要举措。党的二十大从新的时代条件出发，针对我国改革发展面临的新形势新任务，从战略全局上对党和国家事业作出规划和部署，向全面建成社会主义现代化强国、实现第二个百年奋斗目标迈进。当前，世界百年未有之大变局加速演进，我国发展需要应对的风险和挑战、需要解决的矛盾和问题更加错综复杂。作为党执政的重要资源，现代预算必须准确把握新的战略机遇、新的战略任务、新的战略阶段、新的战略要求、新的战略环境，以新发展理念为引领，更加体现时代性、法治性、透明性、科学性、开放性、安全性，支持加快构建新发展格局，实现高质量发展。

（2）健全现代预算制度是推进中国式现代化的重要保障。党的二十大提出，以中国式现代化全面推进中华民族伟大复兴。与产生于资本主义制度的西方式现代化相比，中国式现代化坚持中国共产党的领导，基于我国社会主义制度而形成，既有各国现代化的共同特征，更有基于自己国情的中国特色。现代预算制度是中国特色社会主义制度的重要组成部分，必须与中国式现代化相适应，立足社会主要矛盾，着力解决发展不平衡不充分问题，发挥预算在资源配置、财力保障等方面的重要作用，补短板、强弱项、固底板、扬优势，更好满足人民日益增长的美好生活需要，更好推动人的全面发展，社会全面进步。

扫描右侧二维码阅读：健全现代预算制度。

链接：健全现代预算制度

职业能力训练

一、单项选择题

1. 下列各项中体现债权与债务关系的是（　　）。
   A. 企业与债权人之间的财务关系
   B. 企业与受资者之间的财务关系
   C. 企业与债务人之间的财务关系

D. 企业与政府之间的财务关系
2. 企业采用( )的方式筹集资金,能够降低财务风险,但是往往资本成本较高。
   A. 发行债券 B. 发行股票
   C. 商业信用 D. 银行借款
3. 股票的市场价值,就是通常所说的( )。
   A. 票面价值 B. 账面价值
   C. 清算价格 D. 股票价格
4. 每股收益最大化目标与利润最大化目标相比具有的优点是( )。
   A. 考虑了资金时间价值 B. 考虑了风险因素
   C. 可以用于同一企业不同时期的比较 D. 不会导致企业的短期行为
5. 已知国库券利率为5%,纯利率为4%,则下列说法正确的是( )。
   A. 可以判断目前不存在通货膨胀
   B. 可以判断目前存在通货膨胀,但是不能判断通货膨胀附加率的大小
   C. 无法判断是否存在通货膨胀
   D. 可以判断目前存在通货膨胀,且通货膨胀附加率为1%
6. ( )是根据财务活动的历史资料,考虑现实的要求和条件,对企业未来的财务活动和财务成果做出科学的预计和测算。
   A. 财务预测 B. 财务预算
   C. 财务决策 D. 财务控制
7. 我国法律规定,累计债券总额不超过公司净资产额的( )。
   A. 60% B. 50% C. 40% D. 30%
8. 优先股股东的权利不包括( )。
   A. 优先分配剩余财产权 B. 优先分配股利权
   C. 部分管理权 D. 优先认股权
9. 某股份有限公司申请股票上市,其股本总额为10亿元人民币,按每股50元的价格规划,则应发行的社会公众股数至少为( )万股。
   A. 180 B. 300 C. 120 D. 250
10. 公司初次发行公司债券,其资产总额为18 000万元,负债总额为13 000万元,则其累计发行债券总额不应超过( )万元。
    A. 8 000 B. 5 000 C. 2 000 D. 3 000
11. 某企业需借入资金300 000元。由于贷款银行要求将贷款数额的20%作为补偿性余额,故企业需向银行申请的贷款数额为( )元。
    A. 300 000 B. 360 000 C. 375 000 D. 336 000
12. 企业通过商业信用筹集资金是发生在( )。
    A. 企业和居民之间 B. 企业和银行之间
    C. 企业和企业之间 D. 企业内部留存收益

二、多项选择题
1. 下列各项中属于狭义的投资的是( )。
   A. 与其他企业联营 B. 购买无形资产

  C. 购买国库券   D. 购买零件

2. 投资者与企业之间通常发生（　　）的财务关系。
  A. 投资者可以对企业进行一定程度的控制或施加影响
  B. 投资者可以参与企业净利润的分配
  C. 投资者对企业的剩余资产享有索取权
  D. 投资者对企业承担一定的经济法律责任

3. 影响企业财务管理的经济环境因素主要包括（　　）。
  A. 企业组织形式   B. 经济发展状况
  C. 竞争状况   D. 经济政策

4. 风险收益率包括（　　）。
  A. 通货膨胀补偿率   B. 违约风险收益率
  C. 流动性风险收益率   D. 期限风险收益率

5. 企业价值最大化目标的优点包括（　　）。
  A. 考虑了投资的风险价值   B. 反映了资本保值增值的要求
  C. 有利于克服管理上的片面性   D. 有利于社会资源的合理配置

6. 下列各项中属于资金营运活动的是（　　）。
  A. 采购原材料   B. 购买国库券
  C. 销售商品   D. 支付现金股利

7. 与银行借款相比，下列各项中，属于发行债券筹资特点的有（　　）。
  A. 资本成本较高   B. 一次筹资数额较大
  C. 扩大公司的社会影响   D. 募集资金使用限制较多

8. 以下方式中不可能筹集短期资金的是（　　）。
  A. 短期借款   B. 吸收直接投资
  C. 商业信用   D. 利用留存收益

9. 普通股和优先股的共同特征有（　　）。
  A. 都属于公司股权资本   B. 都无须支付股利
  C. 股利是税后支付   D. 都可以参与公司管理

10. 与借款方式相比，商业信用的优点有（　　）。
  A. 筹资限制少   B. 无须还款
  C. 筹资时间长   D. 资本成本低

11. 放弃现金折扣的机会成本的大小与（　　）相关。
  A. 现金折扣率   B. 还款金额
  C. 信用期   D. 现金折扣期

三、判断题

1. 企业在设立时，为取得资本金并形成开展经营活动的基本条件而产生的筹资动机，称为扩张性筹资动机。（　　）

2. 企业在筹集资金的过程中必须遵循国家相关的法律法规，依法履行法律法规和合同约定的责任和义务，维护各方的合法权益，但在使用中可以不受这些约束。（　　）

3. 按照资金来源渠道的不同，可将企业筹资划分为权益资金的筹资和负债资金的筹资。   (   )
    4. 企业利用折旧,也是一种筹资方式。   (   )
    5. 所有的资金筹集都是需要经过筹集这一环节。   (   )
    6. 尽管定性预测法不能准确揭示资金需求量与有关因素之间的数量关系,但这种方法的预测结果比较客观。   (   )
    7. 权益筹资无须还本付息,所以资本成本较低。   (   )
    8. 采用借入资金方式筹资,到期要还本付息,所以资本成本比权益资金高。   (   )
    9. 企业信用筹资最大的优越性在于容易取得,对于大多数企业来说,商业信用是一种持续性的信用形式,且无须办理复杂的筹资手续。   (   )
    10. 买方通过商业信用筹资的数量与是否享受现金折扣无关。   (   )

四、计算题

1. 某公司拟发行 5 年期债券进行筹资,债券票面金额为 1 000 元,票面利率为 12%,当时市场利率为 12%。

要求:计算以下两种情况下该公司债券发行价格应为多少。

(1) 单利计息,到期一次还本付息。

(2) 每年付息一次,到期一次还本。

2. 某公司为了提高销售水平,需要增加短期资金 1 000 万元。为此,该公司可向银行贷到一笔利率等于 10% 的贴现利率贷款,同时,也能采用不享受购货折扣以增加其应付账款的方式筹措这笔资金,该公司按照(1/10, n/30)的信用条件来购货,但由于供应商的生产能力过剩,若在购货后第 50 天付款,也不会受到供应商的惩罚。

要求:在仅考虑利率成本的情况下,该公司应该使用哪种方式筹措所需资金?

3. 某企业按(2/10, n/40)的条件购入一批货物。

要求:(1) 计算企业放弃该项现金折扣的成本。

(2) 若另一家供应商提出(1/20, n/40)的信用条件,计算放弃现金折扣的成本。若企业准备享受现金折扣,选择哪一家供应商有利?若企业准备放弃现金折扣,选择哪一家供应商有利?

五、案例分析题

信工公司是一家经营电子产品的上市公司。公司目前发行在外的普通股为 10 000 万股,每股价格为 10 元,没有负债。公司现在急需筹集资金 16 000 万元,用于投资液晶显示屏项目,备选筹资方案有如下四个。

方案一:以目前股数 10 000 万股为基数,每 10 股配 2 股,配股价格为 8 元/股。

方案二:按照目前市价公开增发股票 1600 万股。

方案三:发行 10 年期的公司债券,债券面值为每份 1 000 元,票面利率为 9%,每年年末付息一次,到期还本,发行价格拟定为 950 元/份。目前等风险普通债券的市场利率为 10%。

方案四:按面值发行 10 年期的附认股权证债券,债券面值为每份 1 000 元,票面利率为 9%,每年年末付息一次,到期还本。每份债券附送 20 张认股权证,认股权证只能在第 5 年年末行权,行权时每张认股权证可按 15 元的价格购买 1 股普通股。预期股价增长率为 13.43%。目前等风险普通债券的市场利率为 10%。假设上述各方案的发行费用均可忽略不计。

要求：(1) 如果要使方案一可行，企业除符合公开发行股票的一般规定外，还应当符合哪些特别规定？假设该方案可行并且所有股东均参与配股，计算配股除权参考价及每股股票配股权价值。

(2) 如果要使方案二可行，企业应在净资产收益率方面满足什么条件？应遵循的公开增发新股的定价原则是什么？

(3) 假设方案三可行，计算每份债券价值，判断拟定的债券发行价格是否合理并说明原因。

(4) 根据方案四，计算每张认股权证价值、该附认股权证债券的税前资本成本，判断方案四是否可行并说明原因。

改善小微企业融资环境 增强基层和初级市场活力

党的二十大报告提出，"优化民营企业发展环境，依法保护民营企业产权和企业家权益，促进民营经济发展壮大。完善中国特色现代企业制度，弘扬企业家精神，加快建设世界一流企业。支持中小微企业发展"。

小微企业是发展的生力军、就业的主渠道、创新的重要载体。一直以来，我国高度重视小微企业发展，出台一系列金融政策为小微企业纾困，特别是多层次资本市场精准滴灌小微企业，助力经济高质量发展。

链接：改善小微企业融资环境 增强基层和初级市场活力

一、多层次资本市场，力拓各类小微企业融资渠道

我国多层次资本市场的发展，为小微企业提供了更加公平、畅通的融资环境，大幅提升了各类小微企业融资的可获得性。

股权融资方面，Wind 数据统计显示，截至 2022 年 11 月 11 日，A 股市场共有 171 家小型微型企业上市，IPO 募资额合计 1 227.61 亿元。其中，今年以来共有 36 家小型微型企业上市，IPO 募资额合计 289.73 亿元。

上述 36 家小型微型企业中，在北京证券交易所上市的有 12 家，IPO 募资额合计 25.46 亿元；在科创板上市的有 15 家，IPO 募资额合计 201.51 亿元；在创业板上市的有 5 家，IPO 募资额合计 29.06 亿元；在主板上市的有 4 家，IPO 募资额合计 33.7 亿元。

川财证券首席经济学家陈雳对《证券日报》记者表示，我国多层次资本市场不断健全，给予小微企业更多融资渠道，进一步解决小微企业融资难、融资贵等问题，延长了小微企业的寿命周期，全力支持小微企业创新驱动发展。

新三板改革不断深化，吸引越来越多小微企业挂牌融资。Wind 数据统计显示，截至 2022 年 11 月 11 日，6 605 家新三板挂牌公司中共有 4 021 家小型微型企业。2022 年以来，共有 46 家小型微型企业挂牌。

区域性股权市场亦是小微企业直接融资的重要渠道。中国证券业协会发布的《中国证券业发展报告(2022)》显示，2021 年，区域性股权市场新增各类融资 2 448.13 亿元。其中，股权融资 776.21 亿元，较 2020 年提升 0.75%。

二、财政金融工具发力，降低小微企业融资成本

除资本市场支持小微企业融资外，财政、金融支持力度不断加码，包括强化小微企业普惠金融服务、落实好延期还本付息等政策。

10月28日,银保监会发布的数据显示,2022年前9个月,普惠型小微企业贷款增量达到3.86万亿元,已超过2021年全年增量。前9个月,国有大型银行新发放普惠型小微企业贷款利率4.04%,很好地发挥了大型银行的"头雁"作用。

为带动更多金融资源服务小微企业,财政工具支持力度也在不断加码,2022年继续实施小微企业融资担保降费奖补政策,扩大了政府性融资担保对小微企业的覆盖面。10月27日,国家融资担保基金发布数据显示,前三季度,新增支小支农业务规模9 172.90亿元,占比98.79%,较2021年同期上升0.01%。

中央财经大学财税学院教授白彦锋在接受《证券日报》记者采访时表示,财政担保融资可以为小微企业增信,发挥财政资金四两拨千斤的作用,在金融机构与小微企业之间架设融资桥梁,弥补市场外部性,解决好广大小微企业发展中的痛点、难点和堵点问题。信用资质偏低、抵押担保物不足是导致小微企业融资难、融资贵的重要因素,除了需要多层次资本市场发挥作用,也需要进一步发展社会担保与增信体系,完善信用评价机制。在为小微企业担保增信方面,地方政府应通过加强政策性担保或风险补偿力度等,积极为小微企业融资扫清障碍。

资料来源:https://baijiahao.baidu.com/s?id=17492500573691097558&wfr=spider&for=pc.

案例意义:近年来,随着我国经济快速发展,民营经济和中小企业不断发展壮大,已占据我国经济的大半壁江山,成为我国国民经济的重要组成部分。目前我国有各类企业超过1 300万个,其中99%以上是中小微企业,涉及批发零售、住宿餐饮、外贸、服务外包等众多行业和领域。然而,融资难题始终是制约中小企业创新发展的痛点。不少中小企业面临首贷难、融资成本高、中长期贷款难度较大等问题,导致企业面临流动资金紧张局面,影响企业的创新潜力。

如今,依托公共信用信息共享平台,强化中小微企业信用信息归集和整合利用,形成企业信用的"全景画像"。通过信用赋能,将金融"活水"引入企业,精准浇灌实体经济,探索出了一条具有本地特色的"信用+科技+普惠金融"创新应用之路。以信用信息服务为支撑,打破传统信贷评审模式,在线向信用状况良好且符合授信条件的守信主体提供纯信用、无抵押、无担保、有贴息、有风险补偿的创新金融产品,让诚信成为每个守信主体的"可变现资产"。

通过这个案例,同学们要思考人生准则,做人要真实可靠、客观公正,要时刻牢记诚实守信是中华民族的传统美德。

学习情境五

我要选哪种方式筹钱——资金结构决策

知识目标

学习资金结构的基本理念,包括资本成本概念、资本成本的计算、经营杠杆概念和计算、财务杠杆概念和计算、复合杠杆概念和计算、资金结构的概念、资金结构决策方法等。

能力目标

- 理解资本成本概念、种类,掌握个别资本成本、综合资本成本和边际资本成本的计算。
- 具有财务杠杆、经营杠杆、复合杠杆的计算和应用的能力。
- 具有根据企业资本结构及未来资金的筹集方式为企业选择资本结构提供建议的能力。
- 具有资本结构决策等相关分析的能力。

素养目标

- 引导学生正确认知、恪守、自觉践行社会主义核心价值观。
- 正确认识、理解并执行国家财会、税收、金融法律、法规及经济建设的各项方针政策。
- 培养学生诚信道德品质和爱岗敬业、忠于职守的职业道德。

情境认知

资本结构是企业筹资决策问题的核心问题。企业应综合考虑有关影响因素,运用适当的方法确定最佳资本结构,并在以后追加筹资中继续保持。最佳资本结构是指在一定条件下(适度财务风险)使企业加权平均资本成本最低、企业价值最大的资本结构。若企业现有资本结构不合理,应通过筹资活动进行调整,使其趋于合理化。

任务一 资本成本的计算

晓锋机电公司原有资本1 000万元,其中债务资本400万元(每年负担利息30万元),普通股资本600万元(发行普通股12万股,每股面值50元),企业所得税税率为25%。由于扩大业务,需追加筹资300万元,其筹资方式有三种:

一是全部发行普通股:增发6万股,每股面值50元;

二是全部按面值发行债券:债券利率为10%;

三是发行优先股300万元,股息率为12%。

根据企业的发展情况和经验,估计扩大业务后的息税前利润为300万元,请确定公司应当采用哪种筹资方式(不考虑风险)。

具体任务:分别分析三种筹资方式对公司资金结构的影响。另外,从资本成本的角度,判断哪一种筹资方式最佳。

一、资本成本

资本成本(cost of capital)是企业筹集和使用资本而承付的代价,如筹资公司向银行支付的借款利息和向股东支付的股利等。这里的资本是指企业筹集的长期资本,包括股权资本和长期负债资本。资本是一种特殊的商品,企业通过各种筹资渠道,采用各种筹资方式获得的资本往往是有偿的,需要承担一定的成本。

微课:资金成本的计算

(一) 资本成本的内容

资本成本从绝对量的构成来看,包括用资费用和筹资费用两部分。

用资费用是指企业在生产经营和对外投资活动中因使用资本而承付的费用,如向债权人支付的利息、向股东分配的股利等。用资费用是资本成本的主要部分。长期资本的用资费用是经常性的,并随使用资本数量的多少和时期的长短而变动,因而属于变动性资本成本。

筹资费用是指企业在筹集资本活动中为获得资本而付出的费用,如向银行支付的借款手续费,因发行股票、债券而支付的发行费用等。筹资费用与用资费用不同,它通常在筹资时一次性全部支付,在获得资本后的用资过程中不再发生,因而属于固定性资本成本,可视为对筹资额的一项扣除。

$$资本成本 = \frac{每年的用资费用}{筹资总额 - 筹资费用} \qquad (5\text{-}1)$$

(二) 资本成本的作用

资本成本是企业筹资管理的一个重要概念,国际上将其视为一项财务标准。资本成本对于企业筹资管理、投资管理,乃至整个财务管理和经营管理都有重要的作用。

1. 资本成本是选择筹资方式、进行资本结构决策和选择追加筹资方案的依据

(1) 个别资本成本率是企业选择筹资方式的依据。一个企业长期资本的筹集往往有多

种筹资方式可供选择,包括长期借款、发行债券、发行股票等。不同长期筹资方式的个别资本成本率的高低,可以作为比较、选择各种筹资方式的一个依据。

(2) 综合资本成本率是企业进行资本结构决策的依据。企业的全部长期资本通常是由多种长期资本筹资类型的组合构成的。企业长期资本的筹资有多个组合方案可供选择。不同筹资组合的综合资本成本率的高低,可以作为比较各个筹资组合方案,进行资本结构决策的一个依据。

(3) 边际资本成本率是比较、选择追加筹资方案的依据。企业为了扩大生产经营规模,往往需要追加筹资。不同追加筹资方案的边际资本成本率的高低,可以作为比较、选择追加筹资方案的一个依据。

2. 资本成本是评价投资项目、比较投资方案和进行投资决策的经济标准

一般而言,一个投资项目,只有当其投资报酬率高于资本成本率时,在经济上才是合理的;否则,该项目将无利可图,甚至会发生亏损。因此,国际上通常将资本成本率视为一个投资项目必须赚得的最低报酬率或必要报酬率,视为采纳一个投资项目的取舍率,作为比较、选择投资方案的一个经济标准。

在企业投资评价分析中,可以将资本成本率作为折现率,用于测算各个投资方案的净现值和现值指数,以比较、选择投资方案,进行投资决策。

3. 资本成本可以作为评价企业整体经营业绩的基准

企业的整体经营业绩可以用企业全部投资的利润率来衡量,并与企业全部资本的成本率相比较。如果利润率高于成本率,可认为企业经营有利;反之,如果利润率低于成本率,则可认为企业经营不利,业绩不佳,需要改善经营管理,提高企业全部资本的利润率和降低成本率。

(三) 资本成本的种类

在企业筹资实务中,通常运用资本成本的相对数,即资本成本率。资本成本率是指企业用资费用与有效筹资额之间的比率,通常用百分比来表示。一般而言,资本成本率包括以下几种。

1. 个别资本成本率

个别资本成本率是指企业各种长期资本的成本率。例如,股票资本成本率、债券资本成本率、长期借款资本成本率。企业在比较各种筹资方式时,需要使用个别资本成本率。

2. 综合资本成本率

综合资本成本率是指企业全部长期资本的成本率。企业在进行长期资本结构决策时,可以利用综合资本成本率。

3. 边际资本成本率

边际资本成本率是指企业追加长期资本的成本率。企业在追加筹资方案的选择中,需要运用边际资本成本率。

二、个别资本成本

(一) 权益资金的成本

1. 普通股的资本成本

普通股的资本成本主要是向股东支付的各期股利。由于各期股利并不固定,随企业各期收益波动,因此普通股的资本成本只能按照贴现模式计算,并假定各期股利的变化具有一

定的规律性。上市公司普通股的资本成本还可以根据该公司的股票收益率与市场收益率的相关性,按资本资产定价模型法估计。

固定股利或稳定增长股利政策是指企业将每年派发的股利固定在某一特定水平或是在此基础上维持某一固定增长率从而使其逐年稳定增长的政策。其中,固定股利政策是将每年发放的股利固定在某一相对稳定的水平上并在较长的时期内保持不变,只有当公司认为未来盈余将会显著地、不可逆转地增长时,才会提高年度股利发放额。稳定增长股利政策是每年发放的股利在上一年股利的基础上按固定增长率稳定增长的政策。

固定股利或稳定增长股利政策适用于成熟的、盈利充分且获利能力比较稳定的、扩张需求减少的公司。从公司发展的生命周期考虑,稳定增长期的企业可采用稳定增长股利政策,成熟期的企业可采用固定股利政策。

固定股利模型:

$$K=\frac{D}{P(1-F)} \quad (5-2)$$

式中,K 为普通股成本;D 为普通年股利;P 为普通股总额;F 为普通股融资费率。

股利增长模型:假定股票市场价格与价值相等,某股票本期支付的股利为 D_0,未来各期股利按 g 速度增长,则普通股资本成本为

$$K=\frac{D_1}{P(1-F)}+g \quad (5-3)$$

式中,K 为普通股成本;P 为普通股金总额;F 为普通股融资费率;D_1 为第一年股利。

【例 5-1】 某公司发行一批普通股,每股售价 16 元,筹资费率为 6%,公司有两套股利支付方案:一是每年派发相等的现金股利,每股 1.5 元;二是第一年派发每股 0.6 元的现金股利,以后每年增长 5%。要求:计算两种股利政策下普通股的资本成本。

解: 每年派发相等股利 $K=\dfrac{1.5}{16\times(1-6\%)}=9.98\%$

股利固定增长 $K=\dfrac{0.6}{16\times(1-6\%)}+5\%=8.99\%$

2. 优先股的资本成本

企业发行优先股股票融资,同发行长期债券融资一样,也需支付融资费用,如注册费、代销费等。优先股的股息率在事先确定,且定期支付股息。但优先股与债券不同的是,优先股的股息是以税后净利润支付的,企业不会因此而少缴所得税。因此,优先股资本成本的计算公式为

$$K=\frac{D_P}{P(1-F)} \quad (5-4)$$

式中,K 为优先股成本;D_P 为优先股年股息;P 为优先股总额;F 为优先股融资费率。

3. 留存收益的资本成本

留存收益是企业税后净利形成的,所有权归属于股东,其实质是所有者向企业的追加投资。企业利用留存收益融资,无须发生融资费用。如果企业将留存收益用于再投资,所获得的收益率低于股东自己进行一项风险相似的投资项目的收益率,企业就应该将其分配给股东。留存收益的资本成本表现为股东追加投资要求的报酬率,其计算与普通股成本相同,可利用股利增长模型法计算求得,不同点在于留存收益资本成本不考虑融资费用。具体可以

用下式来计算留存收益的资本成本：

$$K=\frac{D}{P} \tag{5-5}$$

式中，K 为留存收益资本成本；D 为普通股每年固定股利；P 为普通股的现值，即发行价格。

若未来各期股利按 g 速度增长，则留存收益资本成本为

$$K=\frac{D_1}{P}+g \tag{5-6}$$

式中，K 为留存收益资本成本；P 为普通股的现值，即发行价格；D_1 为第一年股利。

【例 5-2】 某公司留存收益额数为 1 500 万元，该公司股票的每股市场价格为 12 元，刚刚支付的每股股利为 0.6 元，已知该公司股利的增长率为 4%。要求：计算公司的留存收益资本成本。

解：
$$K=\frac{0.6\times(1+4\%)}{12}+4\%=9.2\%$$

普通股、优先股和留存收益都属于所有者权益，企业破产后，股东的求偿权位于最后，且应在税后扣除股利。与其他投资者相比，普通股股东所承担的风险最大，因此普通股的报酬也应最高。在各种资金来源中，普通股的资本成本最高。

（二）债务成本

1. 银行借款的资本成本

长期借款（银行借款一般都是超过一年期的长期借款）资本成本包括借款利息和借款手续费用。利息费用税前支付，可以起抵税作用，因此长期借款资本成本主要为税后成本，其计算公式为

$$K_1=\frac{I_1(1-T)}{L(1-F_1)} \tag{5-7}$$

式中，K_1 为长期借款资本成本；I_1 为长期借款年利息额；L 为长期借款融资额，即借款本金；F_1 为长期借款融资费用率，即借款手续费率；T 为所得税税率。

【例 5-3】 某公司取得 5 年期长期借款 500 万元，年利率 12%，每年付息一次，到期一次还本，融资费用率 1%，企业所得税税率 25%。要求：计算该项长期借款的资本成本。

解：
$$K_1=\frac{500\times12\%\times(1-25\%)}{500\times(1-1\%)}\times100\%=9.09\%$$

或

$$K_1=\frac{12\%\times(1-25\%)}{1-1\%}\times100\%=9.09\%$$

由于长期借款的筹资费用主要是借款手续费，一般数额很小，可以忽略不计。这时，长期借款资本成本可按下式计算：

$$K_1=I\times(1-T) \tag{5-8}$$

式中，K_1 为长期借款资本成本；I 为长期借款年利息额；T 为所得税税率。

2. 债券的资本成本

公司债券的资本成本包括债券利息和借款发行费用。债券可以溢价发行，也可以折价发行，其资本成本率按一般模式计算如下：

$$K_b = \frac{I_b(1-T)}{B(1-F_b)} \qquad (5\text{-}9)$$

式中,K_b 为债券资本成本率;I_b 为债券年利息额;B 为债券融资额,按发行价格确定;T 为所得税税率;F_b 为债券融资费用率。

【例 5-4】 某公司发行面值为 1 000 元,期限为 4 年,票面利率为 10% 的债券 10 000 张,每年付息到期还本,债券筹资费率为发行价格的 3%,公司所得税税率为 25%。要求:分别计算发行价格为 1 000 元、1 100 元和 920 元时债券的资本成本。

解: 当债券发行价格为 1 000 元时

$$K_b = \frac{1\,000 \times 10\% \times (1-25\%)}{1\,000 \times (1-3\%)} = 7.73\%$$

当债券发行价格为 1 100 元时

$$K_b = \frac{1\,000 \times 10\% \times (1-25\%)}{1100 \times (1-3\%)} = 7.03\%$$

当债券发行价格为 920 元时

$$K_b = \frac{1\,000 \times 10\% \times (1-25\%)}{920 \times (1-3\%)} = 8.40\%$$

总结: 债务性融资工具具有抵税作用,而权益性融资工具并没有。借款成本风险＜债券成本风险＜优先股成本风险＜普通股成本风险。

三、综合资本成本

由于受多种因素的制约,企业不可能只使用某种单一的融资方式,往往需要通过多种方式筹集所需资金。在衡量和评价单一融资方案时,需要计算个别资本成本;在衡量和评价企业多种融资方式的成本时,需要计算企业的加权平均资本成本(WACC),以衡量企业资本成本水平,确立企业理想的资本结构。

加权平均资本成本,是以各项个别资本在企业总资本中的比重为权数,对各项个别资本成本进行加权平均而得到的综合资本成本。其计算公式为

$$K_w = \sum_{t=1}^{n} K_j W_j \qquad (5\text{-}10)$$

式中,K_w 为加权平均资本成本;K_j 为第 j 种个别资本成本;W_j 为第 j 种个别资本成本占全部资本的比重(权数)。

【例 5-5】 某公司市场价值和个别资本成本的资料如表 5-1 所示。要求:计算该公司的综合资本成本。

表 5-1 公司市场价值与个别资本成本

资金总类	个别资本成本/%	市场价值/元
长期借款	5.4	800
长期债券	6.8	1 800
优先股	10	800
普通股	13	4 000
留存收益	12	2 400
合　计		9 800

解:各项个别资本在企业总资本中的比重如下。

长期借款＝800÷9 800＝8.2%

长期债券＝1800÷9 800＝18.4%

优先股＝800÷9 800＝8.2%

普通股＝4 000÷9 800＝40.8%

留存收益＝2 400÷9 800＝24.5%

综合资本成本＝5.4%×8.2%＋6.8%×18.4%＋10%×8.2%＋

13%×40.8%＋12%×24.5%

＝0.442 8%＋1.251 2%＋0.82%＋5.304%＋2.94%

＝10.758%

思政元素融入

健全资本市场功能 提高直接融资比重

提高直接融资比重一直是金融供给侧结构性改革的重要内容。党的二十大报告提出的"健全资本市场功能,提高直接融资比重"为优化融资结构、增强金融服务实体经济能力进一步指明了方向。当前,广东各地全面强化金融服务实体经济能力,进一步健全资本市场功能,拓宽企业直接融资渠道,提升市场的资源优化配置能力,更好地服务于构建新发展格局、推动高质量发展。

就在几天前,这家在珠海深耕近20年的"专精特新"小巨人企业成功在北交所挂牌上市,成为今年珠海第3家敲响上市宝钟的企业。

为鼓励和扶持企业上市挂牌,广东多地市出台相关专项行动方案。其中珠海香洲区通过"政策＋育成"相结合的方式,出台《香洲区关于加强科技创新企业金融支持的若干措施实施细则》,提高企业上市奖励标准至最高1 000万元,以进一步鼓励企业利用资本市场做大做强。

为了帮助企业精准匹配投资机构和相关资源。日前,深圳将每月8日设立为"创投日",届时将在深圳各区、各大战略平台,围绕新赛道、新领域的不同主题举办"深圳创投日"系列活动。整合多方力量,以深圳创新技术、创新企业、创新资本为亮点,服务深圳重点发展产业、重点扶持企业、重点突破技术,引领创投活水灌通深圳"20＋8"产业集群,助推深圳经济高质量发展。

广东各地也在全力推动知识产权融资模式创新,为技术转化与金融资本搭建合作之桥,拓宽广大科技企业融资渠道,让专利变现跑出"加速度"。近日,深交所成立科技成果与知识产权交易中心,探索完善知识产权和科技成果产权市场化定价和交易机制;东莞成功推出全国首支以"人才"为主题的知识产权证券化产品,14家莞企低成本融资1.93亿元。

过去十年,广东不断扩大直接融资规模,提升直接融资比重,各类企业从证券市场实现直接融资达6万亿元;近年来,直接融资连续破万亿,占社会融资规模比重提高至34%。

扫描右侧二维码阅读:健全资本市场功能 提高直接融资比重。

链接:健全资本市场功能 提高直接融资比重

任务二 杠杆利益

浙同科公司年度销售净额为 28 000 万元,息税前利润为 8 000 万元,固定成本为 3 200 万元,变动成本率为 60%,资本总额为 20 000 万元,其中债务资本比例占 40%,平均年利率为 8%。

具体任务:销售额变动 1%,息税前利润会跟着变动多少个百分点?息税前利润变动 1%,利润会跟着变动多少个百分点?(计算该公司的经营杠杆系数、财务杠杆系数和联合杠杆系数)

一、经营杠杆

(一) 基本概念

1. 成本习性

所谓成本习性,也称成本性态、成本特性,是指在相关范围内,成本总额的变动与业务量之间的依存关系。按成本与产销量的依存关系,通常可以把成本分为固定成本、变动成本和混合成本。

微课:经营杠杆

总成本习性模型就可以表示为

$$Y = a + bx \tag{5-11}$$

式中,Y 为总成本;a 为固定成本;b 为单位变动成本;x 为业务量(如产销量)。

固定成本是指总额在一定时期和一定业务量范围内不随业务量发生任何变动的那部分成本。属于固定成本的主要有管理人员工资、保险费、资产按直线法计提的折旧费、广告费等,这些费用每年支出水平相同,其基本特征是成本总额不随业务量的变动而变动,但单位固定成本与业务量呈反方向变动。

固定成本还可进一步区分为约束性固定成本和酌量性固定成本两类。其中,约束性固定成本属于企业"经营能力"成本,是企业为维持一定的业务量所必须负担的最低成本,如财产保险费、管理人员工资、长期租赁费、固定资产折旧费等。这些固定成本是企业的生产能力一经形成就要发生的最低支出,管理部门的决策行为不能轻易改变其数额。要想降低约束性固定成本,应合理利用现有生产经营能力,提高生产效率。酌量性固定成本属于企业"经营方针"成本,管理部门的决策行为能改变其数额的固定成本,即根据企业经营方针由管理部门确定的一定时间(通常为一年)内的成本,如广告费、新产品研究开发费、职工培训费等。要想降低酌量性固定成本,只能厉行节约、精打细算,利用编制预算进行严格控制、防止浪费。

变动成本是指其总额随着业务量成正比例变动的那部分成本,直接材料、直接人工、按销售量支付的推销员佣金、包装费等都属于变动成本。其基本特征是成本总额随着业务量的变动而成正比例变动,但单位变动成本不变。

与固定成本相同,变动成本也存在相关范围,只有在一定的范围内,产量和成本才能完全成同比例变化,即完全线性关系。超过了一定范围,这种关系就不存在了。

混合成本,顾名思义是指"混合"了不同性质的固定成本和变动成本的成本。这类成本的特征是总额随着业务量的变动而变动,但不是成正比例变动。其实,企业总成本就是典型的混合成本。混合成本按其与业务量的关系可分为以下两类。

(1) 半变动成本。此类成本通常有一个基数部分,该部分不随业务量的变化而变化,体现着固定成本性态;但基数以上部分则与业务量成正比例变化,体现着变动成本性态。企业的公共事业费,如电费、水费、电话费等均属半变动成本。

(2) 半固定成本。此类成本的特征是在一定业务量范围内其发生额是不变的,体现着固定成本性态;但当业务量的增长达到一定限额时,其发生额会突然跃升到一个新的水平;然后在业务量增长的一定限度内(一个新的相关范围内),其发生额又保持不变,直到出现另一个新的跃升为止。

2. 边际贡献

边际贡献是指销售收入减去变动成本以后的差额。其计算公式为

$$\text{边际贡献} = \text{销售收入} - \text{变动成本} = (\text{销售单价} - \text{单位变动成本}) \times \text{产销量}$$
$$= \text{单位边际贡献} \times \text{产销量}$$
$$M = Px - bx = (P-b)x = mx \tag{5-12}$$

式中,M 为边际贡献总额;P 为销售单价;b 为单位变动成本;x 为产销量;m 为单位边际贡献。

3. 息税前利润

息税前利润是指企业支付利息和缴纳所得税之前的利润。其计算公式为

$$\text{息税前利润} = \text{销售收入总额} - \text{变动成本总额} - \text{固定成本}$$
$$\text{EBIT} = Px - bx - a = (P-b)x - a = M - a \tag{5-13}$$

式中,EBIT 为息税前利润;M 为边际贡献;P 为销售单价;b 为单位变动成本;x 为产销量;a 为固定成本总额。

(二) 经营杠杆的含义

经营杠杆是指在不考虑融资决策的情况下,企业在生产经营中,由于固定性经营成本的存在而导致息税前利润变动率大于销售量变动率的现象。

企业在生产经营中会有这么一种现象:在单价和成本水平不变的条件下,销售量的增长会引起息税前利润以更大的幅度增长,这就是经营杠杆效应。经营杠杆效应产生的原因:固定成本不变,当销售量增加时,变动成本将同比增加,销售收入也同比增加,但固定成本总额不变,单位固定成本成反比例降低,这就导致单位产品成本降低、单位产品利润增加,于是利润比销量增加得更快。

(三) 经营杠杆的计量

从以上分析可知,只要企业存在固定成本,就存在经营杠杆的作用。但不同企业的经营杠杆作用的程度并不完全一致,因此需要对经营杠杆进行计量。通常对经营杠杆进行计量的指标称为经营杠杆系数。经营杠杆系数是企业息税前利润变动率与产销量变动率之间的比率。其计算公式为

$$\text{DOL} = \frac{\Delta \text{EBIT}/\text{EBIT}}{\Delta X/X} \tag{5-14}$$

$$\text{经营杠杆系数} = \frac{\text{息税前利润变动率}}{\text{产销量变动率}}$$

$$\text{DOL} = \frac{M_0}{M_0 - F_0} = \frac{\text{EBIT}_0 + F_0}{\text{EBIT}_0} = \frac{M_0}{\text{EBIT}_0} = \frac{\text{基期边际贡献}}{\text{基期息税前利润}}$$

【例 5-6】 某企业 2020—2022 年的销售额分别为 400 万元、200 万元和 150 万元,每年的固定成本都是 60 万元,变动成本率为 40%。要求:计算该企业 2020—2022 年的经营杠杆系数。

解:

$$\text{DOL}_{400} = \frac{400 - 400 \times 40\%}{400 - 400 \times 40\% - 60} = 1.33$$

$$\text{DOL}_{200} = \frac{200 - 200 \times 40\%}{200 - 200 \times 40\% - 60} = 2$$

$$\text{DOL}_{150} = \frac{150 - 150 \times 40\%}{150 - 150 \times 40\% - 60} = 3$$

(四)经营杠杆与经营风险的关系

产生经营风险的主要原因是市场需求和成本等因素具有不确定性。经营杠杆本身并不是利润不稳定的根源。经营杠杆的存在使市场和生产等不确定因素对利润变动的影响扩大了。同时经营杠杆系数越高,利润变动越激烈,企业的经营风险就越大。因此,企业经营风险与经营杠杆关系密切。一般来说,在其他因素不变的情况下,固定成本越高,经营杠杆系数越大,经营风险越大;销售额(销售量)越大,经营杠杆系数越小,经营风险越小;变动成本(单位变动成本)越大,经营杠杆系数越大,经营风险越大。

二、财务杠杆

微课:财务杠杆和复合杠杆

1. 财务杠杆的含义

财务杠杆是指由于固定财务费用的存在而导致普通股每股收益变动率大于息税前利润变动率的现象。在资本总额及其结构一定的情况下,企业需要从息税前利润中支付的债务利息通常都是固定的。当息税前利润增大时,每一元盈余所负担的固定财务费用就会相对减少,就会给普通股股东带来更多的盈余;反之,每一元盈余所负担的固定财务费用就会相对增加,就会大幅度减少给普通股股东的盈余。当不存在固定利息、股息等固定资本成本时,息税前利润就是利润总额,此时利润总额变动率与息税前利润变动率完全一致。所以,只要企业融资方式中存在固定财务费用,就存在财务杠杆效应。

2. 财务杠杆的计量

固定财务费用的存在给企业带来了财务杠杆,对财务杠杆的计量最常用的指标是财务杠杆系数。财务杠杆系数是指普通股每股收益变动率相当于息税前利润变动率的倍数。其计算公式为

$$\text{DFL} = \frac{\text{每股收益变动率}}{\text{息税前利润变动率}} = \frac{\Delta \text{EPS}/\text{EPS}}{\Delta \text{EBIT}/\text{EBIT}} \quad (5\text{-}15)$$

或

$$\text{DFL} = \frac{\text{基期息税前利润}}{\text{基期利润总额}} = \frac{\text{EBIT}_0}{\text{EBIT}_0 - I_0 - D/(1-T)} \quad (5\text{-}16)$$

【例 5-7】 某公司的全部资本为 7 500 万元。已知息税前利润为 800 万元。债务的年利

率为10%，无优先股。要求：分别计算债务比例为40%、50%、60%时的财务杠杆系数。

解：
$$DFL_{40\%} = \frac{800}{800 - 7\,500 \times 40\% \times 10\%} = 1.6$$

$$DFL_{50\%} = \frac{800}{800 - 7\,500 \times 50\% \times 10\%} = 1.88$$

$$DFL_{60\%} = \frac{800}{800 - 7\,500 \times 60\% \times 10\%} = 2.29$$

3. 财务杠杆与财务风险的关系

财务风险是指企业为了取得财务杠杆的利益而利用负债资金时，增加了破产机会或普通股每股利润大幅度变化的机会所带来的风险。财务风险产生的根源是负债筹资，而不是财务杠杆本身，财务杠杆只是放大了财务风险。财务杠杆具有两方面的作用，既可以较大幅度地提高每股收益，也可以较大幅度地降低每股收益。企业为了取得财务杠杆利益，就要增加负债，但当息税前利润下降时，企业仍然需要支付固定的财务费用，导致普通股每股收益比息税前利润下降得更快，给企业股权资本所有者造成财务风险。一般来说，企业的资本构成中都会有债务资金，因而都会存在财务风险，在其他因素一定的情况下，负债越多，财务杠杆系数越大，企业财务风险也就越大。

三、复合杠杆

1. 复合杠杆的含义

复合杠杆，也称总杠杆，就是指固定生产经营成本和固定财务费用的共同存在而导致的普通股每股收益变动率大于销售变动率的杠杆效应。如前所述，固定的生产经营成本，会产生经营杠杆作用，即销售量的增长会引起息税前利润以更大的幅度增长。固定的财务成本（债务利息和优先股股利），会产生财务杠杆作用，即息税前利润的增长会引起普通股每股利润以更大的幅度增长。一个企业会同时存在固定的生产经营成本和固定的财务成本，两种杠杆作用会共同发生，产生连锁作用，即销售量的变动使普通股每股利润以更大的幅度变动。综合杠杆就是经营杠杆和财务杠杆的综合作用。只要企业同时存在固定性经营成本和固定性财务成本就存在综合杠杆。

2. 复合杠杆的计量

$$复合杠杆系数 = \frac{每股收益变动率}{销售变动率} = \frac{\Delta EPS/EPS}{\Delta x/x} \tag{5-17}$$

或

$$DCL = DOL \times DFL = \frac{M}{M - F - I - D/(1-T)} \tag{5-18}$$

【例5-8】 假定经营杠杆系数为1.25，财务杠杆系数为1.08。要求：计算复合杠杆系数。

解： 复合杠杆系数 = 1.25 × 1.08 = 1.35

3. 复合杠杆和企业风险

企业风险包括企业的经营风险和财务风险。复合杠杆系数反映了经营杠杆系数和财务杠杆系数之间的关系，可以评价企业的整体风险水平。企业复合杠杆系数越大，每股收益的波动幅度越大，企业风险越大；企业复合杠杆系数越小，每股收益的波动幅度越小，企业风险越小。

思政元素融入

国有经济布局优化和结构调整

党的二十大报告强调,深化国资国企改革,加快国有经济布局优化和结构调整,推动国有资本和国有企业做强、做优、做大。国有企业纪检监察机构要牢牢把握监督的政治属性,锚定新时代新征程国有企业改革发展使命任务,抓深抓实监督首责,为国有企业高质量发展提供有力保障。

聚焦"两个维护",实现高水平科技自立自强、加快国有经济布局优化和结构调整等具体部署要求,逐件跟进监督、逐项督促落实,坚决纠治上有政策、下有对策、有令不行、有禁不止等问题。

经济布局优化和结构调整体现了杠杆作用和资金结构优化在企业中的作用。

扫描右侧二维码阅读:以有力监督深化国企治理。

链接:以有力监督深化国企治理

任务三 资金结构决策

如果新产品投资项目可行,某公司决定通过债务资金筹集方式取得新产品生产车间建设和设备所需资金。具体方式有两种:一是从银行借入长期借款;二是发行公司债券。管理层经过讨论拟订了两种融资方案。

微课:资金结构决策

方案一:向银行借款 5 825 000 元,期限 3 年,借款年利率为 4.5%,借款费用率为 0.2%;按面值发行公司债券 17 475 000 元,期限 5 年,票面利率 10%,每年付息一次,到期一次还本,发行费率 2%。

方案二:向银行借款 11 650 000 元,期限 5 年,借款年利率为 5%,借款费用率为 0.2%;按面值发行公司债券 1 165 000 元,期限 3 年,票面利率 8%,每年付息一次,到期一次还本,发行费率 2%。

具体任务:分析以上两种融资方案对公司资产负债率和每股收益的影响。另外,从最佳资金结构的角度,判断哪一种融资方案最佳。

一、资金结构的概念及最佳资金结构

1. 资金结构的概念

资金结构是指企业各种资金的构成及其比例关系。资金结构是企业筹资决策的核心问题。若企业现有的资金结构不合理,应通过筹资活动进行调整,使其趋向合理。

资金结构有广义和狭义之分。广义的资金结构是指企业各种资金,包括长期资金和短期资金的构成及其比例关系;狭义的资金结构是指长期资金结构,主要指长期债务资金与权益资金的比例关系。负债筹资具有财务杠杆的作用,在公司息税前利润较多、增长幅度较大时,适当利用债务资金,发挥财务杠杆作用,可增加每股利润,从而使企业股票价格上涨。一

定程度的负债有利于降低企业资金成本,但过度举债可能会引发财务风险。由于财务杠杆的作用增加了破产的可能或普通股每股利润大幅度变动的机会,企业为了取得财务杠杆利益而增加债务以增加利息等固定费用的负担。在息税前利润下降时,普通股每股利润下降得会很快。因此,企业在安排负债融资时,需要对负债的杠杆收益与财务风险进行权衡,合理安排负债资金比例。

2. 最佳资金结构

最佳资金结构是指企业在一定时期内,使企业综合资金成本最低、企业价值最大的资金结构。其判断标准有三个:有利于最大限度地增加企业所有者财富,能使企业价值最大化;企业综合资金成本最低;企业资产保持适宜的流动,并使资金结构具有弹性。

二、资金结构决策方法

(一)比较资金成本法

比较资金成本法以公司的加权平均资金成本最低为标准来确定公司的最佳资金结构。加权平均资金成本比较法是通过计算和比较各种可能的融资组合方案的平均资金成本,选择平均资金成本率最低的方案。能够降低平均资金成本的资金结构,就是合理的资金结构。这种方法侧重于从资金投入的角度对融资方案和资金结构进行优化分析。

【例 5-9】 某公司需筹集 100 万元长期资金,可以用贷款、发行债券、发行普通股三种方式筹集,其个别资金成本率已分别测定,有关资料如表 5-2 所示。要求:分别计算三个方案的综合资本成金 K。

表 5-2 某公司资金成本与资金结构　　　　　　　　　　　　　　　单位:%

融资方式	资金结构			个别资金成本
	A 方案	B 方案	C 方案	
长期借款	30	20	40	6
债券	10	20	30	8
普通股	50	60	30	9
合　计	100	100	100	—

解:A 方案　　$K = 30\% \times 6\% + 10\% \times 8\% + 50\% \times 9\% = 7.1\%$
　　B 方案　　$K = 20\% \times 6\% + 20\% \times 8\% + 60\% \times 9\% = 8.2\%$
　　C 方案　　$K = 40\% \times 6\% + 30\% \times 8\% + 30\% \times 9\% = 7.5\%$

A 方案加权平均资金成本最低,因此在这三种可选方案中,最优资金结构为 A 方案。

(二)每股收益无差别点分析法

资金结构合理与否,可以通过分析每股收益的变化来衡量,即能够提高普通股每股收益的资金结构,就是合理的资金结构。在资金结构管理中,利用债务资本的目的之一,就在于债务资本能够提供财务杠杆效应,利用负债融资的财务杠杆作用来增加股东财富。

每股收益分析是利用每股收益的无差别点进行的。每股收益的无差别点是指每股收益不受融资方式影响的息税前利润水平。根据每股收益无差别点,可以分析判断在什么样的利润水平下适合采用何种资金结构。

在每股收益无差别点上,无论是采用债务还是股权融资方案,每股收益都是相等的。当预期息税前利润或业务量水平大于每股收益无差别点时,应当选择财务杠杆效应较大的融资方案,反之亦然。在每股收益无差别点时,不同融资方案的 EPS 是相等的,用公式表示如下:

$$\frac{(\overline{\text{EBIT}}-I_1)(1-T)}{N_1}=\frac{(\overline{\text{EBIT}}-I_2)(1-T)}{N_2} \tag{5-19}$$

式中,$\overline{\text{EBIT}}$ 为每股收益无差别点;I_1,I_2 分别为两种融资方式下的债务利息;N_1,N_2 分别为两种融资方式下普通股股数;T 为所得税税率。

【例 5-10】 某公司现有资金 400 万元,其中权益资本 200 万元(普通股,每股 10 元),债务资本 200 万元,利率 8%,所得税税率 40%。现拟追加筹资 200 万元,有增发普通股和发行债券两种方案可供选择。要求:请选择最佳方案。

解:根据上述数据,代入无差别点公式:

$$\frac{(\overline{\text{EBIT}}-16)\times(1-40\%)}{40}=\frac{(\overline{\text{EBIT}}-32)\times(1-40\%)}{20}$$

$$\overline{\text{EBIT}}=48(万元)$$

根据计算数据绘制 EBIT-EPS 分析图,如图 5-1 所示。

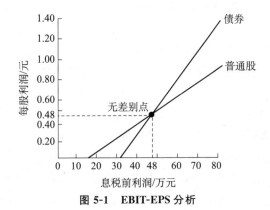

图 5-1　EBIT-EPS 分析

决策:如果某公司息税前利润大于 48 万元,那应当选择发行债券,可以获得更高的每股利润;如果息税前利润小于 48 万元,那应当选择增发股票,以此获得更高的每股利润。

每股收益无差异点法,只考虑了资金结构对每股收益的影响,并假设每股收益最大,股票价格也最高,却没有考虑风险因素的影响,是不全面的。因为随着负债的增加,财务风险也随之增大,股票价格和企业价值也会有下降的趋势,所以只能在市场风险较小的情况下,采用每股收益无差异点法来进行决策。

综观比较资金成本法和每股收益无差异点法,可见,资金结构决策是企业财务决策中一项较为复杂的内容。上述两种方法属于定量方法,集中考虑了资金成本与财务杠杆利益,但还不够全面。因为企业的资金结构会因受一些相关因素的影响而经常变动,所以实际中,财务管理人员在确定最佳资金结构时,除运用定量方法外,同时还要进行定性分析,这就要用到因素分析法。

(三) 因素分析法

因素分析法是指通过对影响资金结构的各种因素的分析,来确定企业的最佳资金结构的一种方法。影响企业资金结构的主要因素如下。

1. 企业财务状况

企业获利能力越强、财务状况越好、变现能力越强,就越有能力负担财务上的风险,负债筹资就越有吸引力。衡量企业财务状况的指标主要有流动比率、利息周转倍数、固定费用周转倍数、投资收益率等。

2. 企业资产结构

企业资产结构会以多种方式影响企业的资金结构,主要有以下几种情况。

(1) 拥有大量固定资产的企业,主要通过长期负债和发行股票筹集资金。

(2) 拥有较多流动资产的企业,更多依赖流动负债来筹集资金。

(3) 资产适用于抵押贷款的公司,其举债额通常较多,如房地产公司的抵押贷款就较多。

(4) 以研发为主的公司负债通常很少。

3. 企业产品的销售情况

若企业的销售较为稳定,其获利能力通常也相对稳定,则企业负担固定财务费用的能力相对较强;若企业的销售具有较强的周期性,则企业将冒较大的财务风险。

4. 企业投资者和管理人员的态度

若企业的股权较为分散,企业所有者并不担心控制权旁落,因而会更多地采用发行股票的方式来筹集资金;若企业被少数股东控制,为了保证股东的绝对控制权,多采用发行优先股或负债方式来筹集资金。

喜欢冒险的财务管理人员,可能会安排较高的负债比例;而持稳健态度的财务管理人员,则倾向于使用较少的债务。

5. 贷款人和信用评级机构的影响

一般而言,企业在决定其资金结构之前都会与贷款人和信用评级机构商讨,并充分尊重他们的意见。而大部分贷款人都不希望企业的负债比例太大;同样,若企业债务太多,信用评级机构可能会降低企业的信用等级,从而影响企业的筹资能力。

6. 行业因素

不同行业的资金结构差别很大,财务人员应考虑本企业所处行业,掌握本企业所处行业的资金结构的一般水准,作为确定本企业资金结构的参考,分析本企业与同行业其他企业的差别,以确定本企业的最佳资金结构。

7. 所得税税率的高低

企业利用负债可以获得抵税利益,因此所得税税率越高,负债的抵税作用越大;反之,则采用负债筹资方式的抵税作用就不显著。

8. 利率水平的变动趋势

若财务管理人员认为利息率只是目前暂时较低,不久的将来可能会上升的话,便可能大量发行长期债券,从而在若干年内把利率固定在较低水平上。

以上各因素从不同方面、不同角度对企业资金结构产生着不同的影响,实际工作中应将定量方法与定性方法结合使用,以合理确定企业的最佳资金结构。

思政元素融入

为中国式现代化提供强大金融动能

党的二十大报告深刻阐述了中国式现代化的基本内涵、目标体系、本质要求和实施路径。党的二十大报告强调,中国式现代化是人口规模巨大的现代化,是全体人民共同富裕的现代化,是物质文明和精神文明相协调的现代化,是人与自然和谐共生的现代化,是走和平发展道路的现代化。中国式现代化是一项伟大而艰巨的事业,既是最难的,也是最伟大的;惟其艰难,更显伟大。

金融是国之重器,是国家重要的核心竞争力,具有调节优化资源配置的强大功能。金融系统要锚定中国式现代化的本质要求,强化金融赋能,坚持金融工作的政治性、人民性,坚持走中国特色金融发展之路,为推动实现中国式现代化提供强大的金融动能和战略支撑。

完善金融有效支持创新和实体经济的体制机制

中国式现代化是人口规模巨大的现代化,高质量发展是全面建设社会主义现代化国家的首要任务。建设现代化产业体系,必须坚持把发展经济的着力点放在实体经济上。实体经济是金融业的盈利基础和来源,服务实体经济是金融的天职,金融必须以服务实体经济为出发点和落脚点。创新在现代化建设全局中具有核心地位,在加快实现高水平科技自立自强、畅通国内国际双循环中发挥着关键作用。持续完善金融支持科技创新体系和有效支持实体经济的体制机制,提升金融供给体系对高质量发展要求的适配性。

持续深化金融供给侧结构性改革,金融机构体系、市场体系、产品体系的调整和优化都应以更好服务创新和实体经济发展为依据。大力发展多层次资本市场,畅通直接融资渠道。资本市场具有资金、信息、风险定价和引导预期的枢纽功能,能够有效推动科技、资本和实体经济高水平循环,是实施创新驱动发展战略的核心机制。大力提高直接融资比重,增强金融支持创新和实体经济力度,分散银行部门金融资产风险,稳定宏观杠杆率,促进金融体系结构优化。稳步扩大金融高水平双向开放,在扩大开放中持续锻造和提升金融体系全球高阶竞争力。

扫描右侧二维码阅读:为中国式现代化提供强大金融动能。

链接:为中国式现代化提供强大金融动能

职业能力训练

一、单项选择题

1. 下列各项中体现债权与债务关系的是(　　)。
   A. 企业与债权人之间的财务关系
   B. 企业与受资者之间的财务关系
   C. 企业与债务人之间的财务关系
   D. 企业与政府之间的财务关系

2. 每股收益最大化目标与利润最大化目标相比具有的优点是(　　)。
   A. 考虑了资金时间价值
   B. 考虑了风险因素
   C. 可以用于同一企业不同时期的比较
   D. 不会导致企业的短期行为
3. 已知国库券利率为5%,纯利率为4%,则下列说法正确的是(　　)。
   A. 可以判断目前不存在通货膨胀
   B. 可以判断目前存在通货膨胀,但是不能判断通货膨胀附加率的大小
   C. 无法判断是否存在通货膨胀
   D. 可以判断目前存在通货膨胀,且通货膨胀附加率为1%
4. (　　)是根据财务活动的历史资料,考虑现实的要求和条件,对企业未来的财务活动和财务成果做出科学的预计和测算。
   A. 财务预测　　　B. 财务预算　　　C. 财务决策　　　D. 财务控制
5. 资本成本在企业筹资决策中的作用不包括(　　)。
   A. 是企业选择资金来源的基本依据
   B. 是企业选择筹资方式的参考标准
   C. 作为计算净现值指标的折现率使用
   D. 是确定合理资金结构的主要参数
6. 某企业发行5年期债券,债券面值为1 000元,票面利率10%,每年付息一次,发行价为1 100元,筹资费率3%,所得税税率为25%,则该债券的资本成本是(　　)。
   A. 9.37%　　　B. 6.56%　　　C. 7.36%　　　D. 6.66%
7. 在最佳资金结构下,(　　)。
   A. 资本成本最低　　B. 经营风险最小　　C. 每股收益最高　　D. 财务风险最低
8. 企业在进行追加筹资决策时,使用(　　)。
   A. 个别资本成本　　B. 综合资本成本　　C. 边际资本成本　　D. 平均资本成本
9. 下列筹资方式,资本成本最低的是(　　)。
   A. 长期债券　　　B. 长期借款　　　C. 普通股　　　D. 优先股
10. 下列说法错误的是(　　)。
    A. 拥有大量固定资产的企业主要通过长期负债和发行股票筹集资金
    B. 资产适用于抵押贷款的公司举债额较多
    C. 信用评级机构降低企业的信用等级会提高企业的资本成本
    D. 以技术研究开发为主的公司负债往往很多

二、多项选择题
1. 下列各项中属于狭义的投资的是(　　)。
   A. 与其他企业联营　　　　　　B. 购买无形资产
   C. 购买国库券　　　　　　　　D. 购买零件
2. 投资者与企业之间通常发生的财务关系是(　　)。
   A. 投资者可以对企业进行一定程度的控制或施加影响
   B. 投资者可以参与企业净利润的分配

C. 投资者对企业的剩余资产享有索取权
D. 投资者对企业承担一定的经济法律责任
3. 影响企业财务管理的经济环境因素主要包括（   ）。
    A. 企业组织形式　　B. 经济发展状况　　C. 竞争状况　　D. 经济政策
4. 风险收益率包括（   ）。
    A. 通货膨胀补偿率　　　　　　　　B. 违约风险收益率
    C. 流动性风险收益率　　　　　　　D. 期限风险收益率
5. 企业价值最大化目标的优点包括（   ）。
    A. 考虑了投资的风险价值　　　　　B. 反映了资本保值增值的要求
    C. 有利于克服管理上的片面性　　　D. 有利于社会资源的合理配置
6. 下列各项中属于资金营运活动的是（   ）。
    A. 采购原材料　　B. 购买国库券　　C. 销售商品　　D. 支付现金股利
7. 影响资金结构的因素包括（   ）。
    A. 企业财务状况　　　　　　　　　B. 企业资产结构
    C. 投资者和管理人员的态度　　　　D. 贷款人和信用评级机构的影响。
8. 资本成本是企业为筹集和使用资金而付出的代价，下列属于资金占用费的是（   ）。
    A. 发行费用　　　B. 广告费用　　　C. 债券成本　　　D. 股票的股息
9. 资本成本的计量形式有（   ）。
    A. 个别资本成本　B. 平均资本成本　C. 债务利息　　　D. 边际资本成本
10. 企业可以通过以下措施降低经营风险（   ）。
    A. 扩大销售额　　　　　　　　　　B. 扩大固定成本的比重
    C. 降低产品单位变动成本　　　　　D. 降低固定成本的比重

三、判断题
1. 资本成本包括筹资成本和用资成本两个方面。（   ）
2. 资本成本与筹资费用率成反比。（   ）
3. 在企业投资评价分析中，可以将资本成本率作为折现率，用于测算各个投资方案的净现值和现值指数，以比较、选择投资方案，进行投资决策。（   ）
4. 长期借款资本成本要高于发行股票的资金成本。（   ）
5. 财务杠杆是指在不考虑融资决策的情况下，企业在生产经营中由于固定性经营成本而导致息税前利润变动率大于销售量变动率的现象。（   ）
6. 公司使用留存收益不需付出代价。（   ）
7. 资本成本是投资方案的取舍率，即最低收益率。（   ）
8. 在计算平均资本成本时，也可按照债券、股票的市场价格确定其占全部资金的比重。（   ）

四、计算题
甲公司在筹资过程中通常采用多种筹资方式，该公司本年进行了以下筹资行为。
1. 取得3年期借款100万元，年利率8%，每年付息一次，到期一次还本。已知公司所得税税率为25%，筹资费用率为1%。
2. 发行5年期的债券，票面面值为1 200万元，票面年利率为10%，每年付息一次，发行价为1 200万元,发行费用率为3%,所得税税率为25%。

3. 按面值发行100万元的优先股股票,筹资费用率为4%,年优先股利率为10%。

4. 发行普通股600万股,每股10元,筹资费用率为5%,第一年年末每股发放股利2元,预计未来股利每年增长率为4%。

5. 留存收益为600万元。

要求:计算各种筹资方式的资本成本;计算公司的综合资本成本。

充分发挥资本在富民为民中的杠杆作用——学习党的二十大报告精神

习近平总书记历来高度重视金融工作,明确提出了金融工作"服务实体经济、防控金融风险、深化金融改革"三大任务。党的二十大报告又提出了"健全资本市场功能,提高直接融资比重""依法规范和引导资本健康发展"的要求。

资本市场有着鲜明的政治性和人民性。当前,学习贯彻党的二十大精神就是要在服务实体经济、服务乡村振兴、服务共同富裕、服务健康中国的战略中,充分发挥资本富民为民的杠杆作用,充分体现资本的"实业拉动""区域拉动""经营型拉动"和"康养拉动"的功能。

链接:充分发挥资本在富民为民中的杠杆作用

拓展服务实体经济的重点和领域,在保就业、促发展上发挥杠杆作用,体现"实业拉动"。

党的二十大报告提出,要坚持把发展经济的着力点放在实体经济上,推进新型工业化,加快建设制造强国、质量强国、航天强国、交通强国、网络强国、数字中国。支持专精特新企业发展,推动制造业高端化、智能化、绿色化发展。

实体经济既是强国之需,也是富民之道。实体经济的发展就意味着保就业的拓展和利民生的发展。就业是民生之本,劳动是致富之道,企业是财富之源。劳动和资本只有在企业这一市场主体中实现有效结合才能创造价值;证券等资本只有在服务实体经济中才能体现出利民、为民的政治性和人民性。

当前,健全资本市场功能,提高直接融资比重,服务实体经济,就是要以党的二十大报告中提出的"六大强国"建设为重点领域,以科创类、数字类、生态生物类、绿色发展类的企业为重点服务主体,拓展直接融资渠道,解决钱从哪里来的问题,主要在以下几个方面下功夫。

一是转型一级市场,走出自我循环,加大对实体经济的直接投资力度。过去相当长的时期内,在企业发展的过程中,资本服务实体经济或者说金融服务和金融投资大部分多在二级市场起着附加作用,虽然对实体经济的发展有一定的助推作用,但力度不够。在学习贯彻二十大精神和落实金融三大任务的过程中,只有推动证券公司向一级市场股权投资的模式转变,持续通过另类投资和私募股权投资业务的发展,加大对实体经济的直接投资力度,成为实体企业核心资产的共有者和利益共同体(既是风险承担者,又是利益分享者),才能更好地支持实体经济、服务科技创新和绿色发展。这就要求证券公司必须挖掘优质项目,加大股权项目投资力度,以投促融,从融带投,切实为实体经济输送增量。

二是大力发展"以企业为中心"的投融资业务,既提升服务强国战略的能力,又提升服务为民利民宗旨的水平。党的二十大报告提出,要推动战略性新兴产业融合集群发展,构建新一代信息技术、人工智能、生物技术、新能源、新材料、高端装备、绿色环保等一批新的增长引擎。这就在客观上要求证券公司和资本市场加大对这 7 个前沿方面的关注和研究,同时加大对数字经济和实体经济深度融合的关注和研究。一方面,注重服务现有此类大中型企业的再融资,加大服务此类产业整合的力度,通过资本杠杆撬动此类企业和产业做大做强。而大中型企业强国,推动此类企业做大做强和产业链供应链的提升,也就找准了资本市场服务国家战略的抓手和路径。另一方面,证券类或者说大金融类的资本应以"培育式介入"和"全周期延伸"为主要方式,服务小型甚至微型企业,通过早期的"培育式介入"和向企业全周期延伸,打造资本和小微实体企业的"命运共同体"。而小微企业富民,推动小微企业向国家倡导的产业方向发展,激发小微企业的创新动能,既有利于促进实体经济优化,推动高质量发展,也有利于保就业、利民生和把企业蛋糕做大,助力共同富裕。

三是帮助民营企业融资纾困。民营企业是劳动者就业的主体,在保民生上具有不可替代的作用。当前民营企业最大的困难就是融资难和融资贵。这一问题如果得不到解决,就有可能带来民营小微企业的倒闭潮和裁员潮。这"两潮"又必然冲击民生保障和保就业战略。从这个意义来说,帮助民营企业解决钱从哪里来的问题,就是资本市场体现政治性和人民性、体现为民和利民的重要举措。解决这个问题主要应从两方面发力:一方面,精选优质民营企业开展股票质押业务,通过落实标准动作,加快审批流程,做好资金对接,提供股票质押融资;另一方面通过购买信用缓释凭证或签订信用违约互换的方式,或向民营企业提供场外利率期权衍生产品的方式,增强企业融资能力和抗风险能力,从而发挥资本在推动民营企业发展中的杠杆作用。

四是打造"两个中心",服务"双循环"格局。第一个中心就是强化和提升"以客户为中心"的财富管理业务,以产品为核心抓手,以创新金融产品供给为载体,引导社会财富流向实体经济,推动居民与社会财富和实体经济发展有机融合、良性互动,引导社会财富和社会资本进入多层次资本市场,实现推动实体经济发展与分享发展成果的良性循环,这也从一个侧面体现出共建共享;第二个中心就是构建和发展"以一带一路为中心"的国际业务,以境外本土业务为基础,以跨境业务为核心,服务企业跨境融资,助力中企走出去和外企请进来,满足客户资产配置需求,开展跨境收益互换等跨境投资服务,以此助力国际国内"双循环"新发展格局的构建,推动"一带一路"战略的落实落细。

资料来源:https://www.163.com/dy/article/HR4PJ8ED0534U9MZ.html。

案例意义: 党的二十大报告指出,中国式现代化是全体人民共同富裕的现代化。共同富裕是中国特色社会主义的本质要求,也是一个长期的历史过程。我国资本市场在推动中国式现代化尤其是在推进共同富裕的进程中具有不可替代的作用。这种优势就体现在:我国拥有全球规模最大、交易最活跃的投资者群体;上市公司市值和数量分别位居全球第二位和第三位,具备了让投资者共享经济发展红利的基础条件;证券公司参与资本市场业务全面,在服务投资者、保护投资者方面有着巨大优势。随着中国资本市场的规模扩大和多层次资本市场的发展,资本市场到了一个要给股民、给投资者创造更多财富的阶段。新时代健全资本市场功能,就是要通过资本市场的财富管理,拓展居民通过资本市场实现共同富裕的渠道。具体来说有以下三个方面:一是创新产品设计,为低收入群体进入资本市场提供普惠金融服务。二是增加有效供给,丰富中等收入群体的资本配置。三是提升专业产品和服务能力,为高净值客户实现资本有效配置。

我的钱怎么管——流动资产管理

知识目标

学习流动资产管理：现金，具体包括持有现金的动机和成本、现金日常管理及现金持有量的计算；应收账款，具体包括应收账款的功能与成本、应收账款信用条件的选择及应收账款的日常管理；存货，具体包括存货的功能与成本、存货经济批量模型及存货最佳持有量的计算。

能力目标

- 能确定现金的最佳持有量，能够制订现金收支计划。
- 能根据企业所处环境和客户信用条件，制定合理的信用政策，妥善进行应收账款管理。
- 能运用存货经济批量决策方法进行适时调节控制存货管理。

素养目标

- 具有诚信、法治、公正的社会主义核心价值观。
- 具有求真务实、诚实守信的职业精神。

情境认知

公司流动资金的需要量取决于生产经营规模和流动资金的周转速度，同时也受市场及供、产、销情况的影响。公司应综合考虑各种因素，合理确定流动资金的需要量，加强内部责任管理，适度加速存货周转、缩短应收账款的收款周期、延长应付账款的付款周期，以改进资金的利用效果。

任务一　流动资产管理概述

脑黄金是巨人集团最开始生产的产品,在铺天盖地广告下,发展速度极为迅速。即使企业内部管理混乱、监守自盗的情况比比皆是,跑、冒、滴、漏现象严重,但因为卖脑黄金还能盈利,再加上政府给的奖励,所以心态不可避免地膨胀,为后续的发展埋下了隐患。巨人大厦刚开始设计是 17 层,后来经不住外界的诱惑和领导的威逼,从 17 层增加到 72 层,当时银行想发贷款,企业觉得自己有钱,拒绝了。第二年银根紧缩,企业想向银行贷款,但银行没钱了;祸不单行的是,大厦地基塌陷、渗水,如果重建需要大量资金,老板没有办法,只好把生产脑黄金的大量流动资金转移到巨人大厦的建设中,大厦还没建好,现金流就断了。建造一个大厦要花很多钱,"造血"功能即使再强,也赶不上"献血"的速度,最后创始人黯然神伤,离开了珠海。

微课:流动资产管理概述

多年后,创始人在高管的帮助下重操旧业,开始生产脑白金,又在股市挣了一大笔钱,还清了欠款;后来又把脑白金、脑黄金股份全部卖掉,重归自己的老本行,做网络、做游戏,直到把巨人集团推到美国上市。创始人退休时,对高管说:"以后巨人集团再盖楼,不允许超过三层。"所以上海健特产业园里,最高的楼就只有三层。

具体任务:思考流动资金在企业经营管理中有什么重要性。

一、流动资产的概念与特点

流动资产是指企业可以在一年内或超过一年的一个营业周期内变现或者耗用的资产,包括现金、银行存款、短期投资、应收账款、存货及预付账款等。

流动资产与长期投资、固定资产、无形资产等各种非流动资产相比,具有以下特点。

1. 周转时间短,变现能力强

流动资产在生产经营过程中虽然要经历供、产、销循环周转过程,但是像现金,它本身就是可以随时利用的财务资源,具有百分之百的变现能力,其他流动资产虽比起现金要慢,但也可以迅速变现,所以说流动资产的变现能力较强。

2. 获利能力弱,财务风险小

当企业出现资金周转不灵时,像现金、应收账款的垫资性特征就会表现出来,其获利能力比较弱,同时财务风险也就会相对较小。

3. 数量波动频繁

流动资产易受到企业内外环境的影响,其资金占用量的波动往往很大,季节性企业如此,非季节性企业亦如此,财务人员应有效地预测和控制这种波动,以满足企业生产经营活动对资金的需要。

二、流动资产的持有政策与融资策略

(一)流动资产持有量对公司风险和收益的影响

公司在资产规模一定的情况下,流动资产持有量较多,能够应付突发的短期资金需求,公司的经营风险较小,但流动资产持有量过多,意味着公司长期资产拥有的较少,公司的收益能力通常偏低;反之,流动资产持有量较少,可能难以应付突发的短期资金需求,公司的经营风险较大,也意味着公司拥有的长期资产较多,公司的收益能力通常偏高。

公司流动资产持有量应适当,过多或过少均可能会对公司造成不利影响。

(二)流动资产的融资战略

在企业状况不发生大的变化情况下,流动资产的最基本需求具有一定的刚性和相对稳定性,可以将其界定为流动资产的永久性水平,流动资产的永久性水平具有相对稳定性,是一种长期资金需求,需要通过长期负债融资或权益性资金解决。当销售发生季节性变化时,流动资产将会在永久性水平的基础上增加或减少,这时可以将其界定为流动资产的波动性水平,波动性部分的融资则相对灵活,最经济的办法是通过低成本的短期融资解决其资金需求。

融资决策分析方法划分为期限匹配融资战略、保守融资战略和激进融资战略。

1. 期限匹配融资战略

在期限匹配融资战略中,永久性流动资产和固定资产以长期融资方式(负债或权益)来融通,波动性流动资产用短期融资方式来融通。

2. 保守融资战略

在保守融资战略中,长期融资支持固定资产、永久性流动资产和某些波动性流动资产。企业通常以长期融资来源为波动性流动资产的平均水平融资,短期融资仅用于融通剩余的波动性流动资产,所以长期融资方式往往比其他途径具有较高的融资成本。

3. 激进融资战略

在激进融资战略中,企业以长期负债和权益为所有的固定资产融资,仅对一部分稳定性流动资产使用长期融资方式融资,而短期融资方式则支持剩下的流动资产。这是因为短期融资方式通常比长期融资方式具有更低的融资成本。

(三)流动资产的管理目标

1. 价值最大化

对流动资产进行合理的管理,最主要的一个目标是价值最大化。价值最大化指的是在保证正常生产经营需要的前提下,尽量减少流动资产的占用、降低流动资产的成本、合理地确定最佳现金持有量、保持良好的库存结构、加快应收账款的回收,使企业的整个流动资产能够按照预定的意图进行运转,促使企业实现价值最大化。

2. 风险最小化

面对市场经济条件的不确定性,尽量保持流动资产与流动负债之间的平衡,降低企业无力偿还到期债务的风险程度,以此达到风险最小化的目标。

3. 充分的流动性

要充分保证流动资金的流动性,提高流动资金的使用效率,以便满足对日常经营管理的需要。

  思政元素融入

政府有为 市场有效

榆林在全省率先试点推行"投标信用承诺书"代替投标保证金,截至目前,有效释放社会流动资金 41.46 亿元,做到实实在在为企业减负,营造了良好营商环境。

对于企业而言,此举一方面降低了制度性交易成本,使企业以更充裕的资金实现更灵活的发展;另一方面形成了一种正向信用激励,能进一步推动企业自觉自律、诚实守信,促进行业信用等级提升,推进市场诚信体系建设。

这样的好政策来源于相关职能部门为企业境况设身处地思考,对企业实际深入踏实调研,对企业发展切切实实关心。只有政府敢做、有为,才能促进市场有效。

扫描右侧二维码阅读:陕西榆林有效释放社会流动资金超 40 亿元。

链接:陕西榆林有效释放社会流动资金超40亿元

任务二 现金管理

任务导入

一天,一个富翁走过地下通道,碰到一个乞丐,看到乞丐衣衫单薄,富翁动了恻隐之心,掏钱时才发现身上只带了 100 元,"我把钱给了乞丐怎么解决自己的午饭呢?"富翁手里拿着 100 元犹豫了。乞丐见到这 100 元心里一阵狂喜,但突然富翁又把钱收起来了,乞丐吞了一下口水。富翁脱下自己的大衣对乞丐说:"衣服给你吧,价值 1 000 多元呢。"富翁以为乞丐会很感激,然而乞丐接过大衣,很快又还给他,盯着他的钱包说:"你还是给我现金吧,衣服不能拿去买饭吃!"

具体任务:思考对一个公司来说,是利润重要还是现金重要。

现金是公司在生产经营过程中暂时停留在货币形态的资金,包括库存现金、银行存款和其他货币资金。现金是公司流动资产中流动性最强、最有活力的资产,但也是盈利能力较弱的资产。

一、公司现金持有的动机和成本

(一) 公司现金持有的动机

公司持有现金的动机是为了满足交易性需要、预防性需要和投机性需要。

微课:现金持有的动机和成本

1. 交易性动机

交易性动机是企业在正常经营秩序下应当保持的现金支付能力。公司在生产经营活动中,有需要用货币资金支付的,如购买原材料、支付人工工资、偿还债务、缴纳税款等,这种需要发生频繁、金额较大,是公司持有现金的主要动机。

2. 预防性动机

预防性动机是企业为应付意外紧急情况而需要保持的现金支付能力,如生产事故、自然灾害、客户违约等打破原先的现金收支平衡。预防动机所需的现金取决于企业对未来现金流量预期的可靠程度、企业临时筹措现金的能力及企业的风险偏好等。

3. 投机性动机

企业为了抓住各种瞬息即逝的市场机会,获取较大利益而准备的现金余额,如捕捉机会超低价购入有价证券、原材料、商品等,意在短期内抛售获利。

(二) 公司现金成本

持有现金通常会发生机会成本、转换成本、短缺成本、管理成本四种成本。

1. 现金的机会成本

现金的机会成本是指企业因保留一定的现金余额而丧失的再投资收益。它与现金持有量成正比,属于决策相关成本。

$$\text{现金的机会成本} = \text{现金持有量} \times \text{有价证券收益率} \tag{6-1}$$

2. 现金的转换成本

现金的转换成本是指企业用现金购入有价证券及转让有价证券换取现金时付出的交易费用,即现金与有价证券之间相互转换的成本。它与现金持有量负相关,属于决策相关成本。

$$\text{转换成本} = \text{有价证券变现次数} \times \text{每次的转换成本} \tag{6-2}$$

3. 现金的短缺成本

现金的短缺成本是指企业现金持有量不足而又无法及时通过有价证券变现加以补充而给企业造成的损失。例如,因无钱购买原材料造成停工损失、失去现金折扣,不能及时支付而造成信誉损失等,包括直接损失和间接损失。它与现金持有量负相关,属于决策相关成本。

4. 现金的管理成本

现金的管理成本是指企业因保留一定的现金余额而发生的管理费用,管理费用一般是固定费用。例如,管理人员的工资支出、安全防盗设施的建造费用等。它一般与现金持有量无关,具有固定成本的性质,属于决策无关成本。

二、最佳现金持有量

公司在生产经营过程中,为了满足交易、预防、投机等需要,必须持有一定数量的现金,但现金持有太多或太少都对公司不利。

最佳现金持有量就是指使有关成本之和最小的现金持有数额,确定最佳现金持有量主要有成本分析模式和存货分析模式两种方法。

微课:最佳现金持有量

(一) 成本分析模式

成本分析模式是根据现金有关成本,分析预测其总成本最低时现金持有量的一种方法。用成本分析模式确定最佳现金持有量时,现金相关成本只包括公司持有一定数量的现金而产生的机会成本、管理成本及短缺成本,不考虑现金的转换成本。

成本分析模式下的最佳现金持有量可用图解法确定。在直角坐标平面内,以横轴表示现金持有量,以纵轴表示成本,画出各项成本的图像,一般来说,机会成本是一条由原点出发向右上方的射线,管理成本是一条水平线,短缺成本是一条由左上方向右下方的直线或上凹的曲线,它与横轴相交,表示持有相当大的一笔数额的现金时不再存在短缺成本。总成本线由各项目成本线的纵坐标相加后得到,它是一条上凹的曲线,总成本线最低点处对应的横坐标,即为最佳现金持有量,如图 6-1 所示。

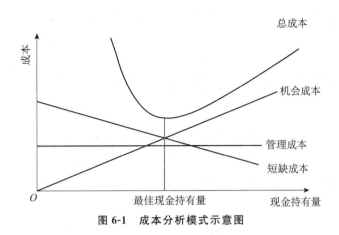

图 6-1　成本分析模式示意图

成本分析模式下的最佳现金持有量也可用编制现金持有成本分析表来确定，如表 6-1 所示。

表 6-1　现金持有成本分析表　　　　　　　　单位：万元

项目	甲	乙	丙	丁
现金持有量	50	60	70	80
机会成本	5	6	7	8
管理成本	1	1	1	1
短缺成本	3	1	0.5	0
持有总成本	9	8	8.5	9

由表 6-1 可知，该公司应采用乙方案，即持有 60 万元现金时，持有总成本最小（8 万元）。

（二）存货分析模式

存货分析模式是借用存货管理经济批量公式来确定最佳现金持有量的一种方法。

存货分析模式的着眼点是现金相关总成本最低。存货分析模式下相关总成本是机会成本和转换成本，不考虑管理成本与短缺成本，因为管理成本是固定费用，属于决策的无关成本；短缺成本具有不确定性，其成本不易计量。机会成本和转换成本这两项成本随现金持有量的变动而呈现出相反的变动趋向，这就要求公司对持有现金和有价证券的比例进行合理安排，使机会成本和转换成本保持最佳组合。换言之，能够使现金管理的机会成本和转换成本保持最低的持有量，即为最佳现金持有量。

1. 假设条件

预算期内现金需要总量可以预测；企业所需要的现金可通过证券变现取得；证券的利率或报酬率及每次固定性的交易费用可以获悉。

2. 存货模型

在此模型中考虑的相关成本为现金机会成本和与转换次数有关的转换成本，不考虑现金的短缺成本（假设有价证券和现金之间可以自由转换）。

在存货模型中，最佳现金持有量也就是能使机会成本和转换成本之和最小的现金持有量，如图 6-2 所示。

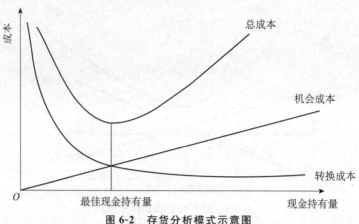

图 6-2 存货分析模式示意图

设 TC 为机会成本和转换成本的总成本；A 为一个周期内现金的总需求量；R 为有价证券收益率；Q 为最佳现金持有量；F 为每次转换有价证券的固定成本，则

转换成本＝交易次数×每次转换有价证券的固定成本

$$=\frac{A}{Q}\times F \tag{6-3}$$

机会成本＝现金平均余额×有价证券收益率

$$=\frac{Q}{2}\times R \tag{6-4}$$

相关总成本最低时（机会成本等于转换成本时）的现金持有量为最佳现金持有量，则

$$TC=\frac{Q}{2}\times R+\frac{A}{Q}\times F \tag{6-5}$$

对式中 Q 求一阶导数，得出最佳现金持有量公式，则

$$Q=\sqrt{\frac{2AF}{R}} \tag{6-6}$$

将式(6-6)代入式(6-5)得出最佳现金管理总成本公式，则

$$TC=\sqrt{2AFR} \tag{6-7}$$

【例 6-1】 假设某公司全年现金需要量为 100 万元，现金与有价证券的转换成本为每次 8 000 元，有价证券的年利息率为 10％。要求：计算该公司最佳现金持有量为多少？最低现金相关成本为多少？

解： 根据存货模型，公司最佳现金持有量为

$$Q=\sqrt{\frac{2AF}{R}}=\sqrt{\frac{2\times 100\times 0.8}{10\%}}=40(万元)$$

最低现金相关总成本为

$$TC=\sqrt{2AFR}=\sqrt{2\times 100\times 0.8\times 10\%}=4(万元)$$

三、现金的日常管理

现金收支管理的目的在于加速现金周转速度，通过加速收款、严格控制现金支出，提高

现金使用效率。

（一）加速收款

加速收款主要是尽可能缩短从客户汇款或开出支票到企业收到客户汇款或将其支票兑现的过程。企业可采用邮政信箱法与集中银行法。

1. 邮政信箱法

邮政信箱法是指通过承租多个邮政信箱，以缩短从收到顾客付款到存入当地银行所需要时间的一种现金管理法。

采用邮政信箱法的具体做法如下：①在业务比较集中的地区租用当地加锁的专用邮政信箱；②通知客户把付款邮寄到指定的信箱；③授权公司邮政信箱所在地的开户行每天数次收取邮政信箱的汇款并存入公司账户，然后将扣除补偿余额后的现金及其一切附带资料定期送往公司总部。这就免除了公司办理收账、货款存入银行的一切手续，因而缩短了公司办理收款与存储的时间。但这一方法的缺点是需要支付额外的劳务服务费用。因此，是否采用密码箱法，要视节约资金带来的收益与额外支出的费用大小而定。如果增加的费用支出比收益小，则可采用，否则就不宜采用。

2. 集中银行法

集中银行法是指在收款额较集中的若干地区设立若干个收款中心，代替通常在公司总部设立单一收款中心，并指定一个主要开户银行为集中银行，以加速账款回收的一种方法。其目的是缩短从客户寄出账单到现金收入企业账户这一过程的时间。企业客户的货款交到距其最近的收款中心，收款中心银行再将扣除补偿性余额后的多余现金解缴到公司指定的集中银行，供公司支付现金使用。集中银行法可使从通过客户付款起到变成可供公司支付使用现金为止的时间缩短，释放出大量的现金以供企业使用。该方法的主要缺点在于每个收款中心的银行都要求补偿性余额，因此企业在进行可行性调研之后，合理地确定收款中心的数量和地点是采用集中银行法管理现金收款业务决策的关键。

（二）现金支出管理

现金支出管理主要包括金额和时间上的管理。

1. 合理使用现金浮游量

浮游量是指企业账户上现金余额与银行账户上所示的存款余额之间的差额，也称未达账项。有时，企业账簿上的现金余额已为零或负数，而银行账簿上该企业的现金余额还有不少。这是因为有些支票公司虽已开出，但客户还没有到银行兑现。若能正确预测浮游量并加以利用，企业可节约大量资金。

2. 推迟支付应付款

为了最大限度地利用资金，合理地控制现金支出的时间也是十分重要的。企业在不影响自身信誉的前提下，可以尽量推迟应付账款的支付期。例如，企业在采购材料时，如果付款条件为"$2/20,n/40$"，应安排在发票开出日期后的第 20 天付款。这样企业可以最大限度地利用现金，而又不丧失现金折扣。另外，企业还可以利用商业汇票这一结算方式来延缓现金支出的时间。

国库现金管理为经济注入活力

链接:省级国库现金管理规模和频次均创新高

山西省国库现金管理在保障资金安全和支付需求的基础上,蹚出一条增收新路径。2022年山西省国库现金管理中标利率在人民币存款基准利率基础上上浮33~75BP,全年可获利息收益6.2亿元,较同期人民银行活期利息多4.9亿元。所获利息收入纳入一般公共预算收入管理统筹使用,发挥盘活财政国库间歇性资金和合理获取财政资金投资收益的作用。

对实体经济而言,山西省省级国库现金管理为商业提供优质稳定的存款资源,满足商业银行信贷扩张的需要,充分调动各商业银行服务山西省实体经济发展的积极性。2022年参与山西省国库现金管理的商业银行有20家,包括股份制商业银行,以及地方性城市银行、农村商业银行等。转入商业银行的2 000亿元资金,根据参与银行2022年四季度末存贷比匡算,累计撬动约1 300亿元贷款支持山西省经济发展,惠及广大市场主体,为山西省经济发展注入真金白银。

扫描右侧二维码阅读:省级国库现金管理规模和频次均创新高。

任务三 应收账款管理

星辰公司是一家销售小型及微型电脑的公司,其市场目标主要定位于小规模公司和个人。该公司产品质量优良,价格合理,在市场上颇受欢迎,销路很好,因此公司规模也迅速发展壮大起来,由起初只有几十万元资金发展为拥有近亿元资产的公司。但是到了2023年,该公司有些问题开始展现出来:由于过去采用比较宽松的信用政策,所以客户拖欠的款项数额越来越大,时间越来越长,严重影响了资金的循环周转,公司不得不依靠长期负债及短期负债筹集资金。最近,主要贷款人开始不同意进一步扩大债务,所以公司经理层非常忧虑,考虑是否要改变原信用政策。

(1)原信用政策。公司销售条件为"2/10,n/90",约半数客户享受折扣,但有许多未享受折扣的客户延期付款,平均收账期约为60天。2022年坏账损失为500万元,信贷部门的成本(分析及收账费用)为50万元。

(2)新信用政策。如果改变信用条件为"2/10,n/30",那么很可能引起下列变化:①销售额由1亿元降为9 000万元;②坏账损失减少为90万元;③信贷部门成本减少至40万元;④享受折扣的客户由50%增加到70%;⑤由于销售规模下降,公司库存资金占用将减少1 000万元;⑥公司销售的变动成本率为60%;⑦资本成本率为10%。

具体任务:分析2023年该公司是否应改变其信用政策。

应收账款是公司对外赊销产品、材料,或赊供劳务及其他原因,应向购货或接受劳务的单位及其他单位收取的款项。

一、应收账款的作用

1. 扩大销售

公司销售产品有现销和赊销两种方式。在销售顺畅无阻的情况下,任何公司都喜欢采用现销的方式,这样能及时收到款项,又能避免坏账损失。但是在竞争激烈的市场经济条件下,完全依赖现销方式是不现实的。赊销方式除向客户提供产品外,同时提供了商业信用,即向客户提供了一笔在一定期限内无偿使用的资金。因此,赊销是一种重要的促销手段,对于公司销售产品、开拓并占领市场具有重要意义。如果公司否定赊销方式,那么必然会把一部分财务支付能力欠缺的客户拒之门外,使其转向其他同类公司,这无疑是自我断送销路,缩小产品的市场份额,并在同行竞争中处于劣势;反之,适时灵活地运用赊销方式能扩大销售,增加公司的市场竞争能力。

微课:应收账款管理的目标和成本

2. 减少存货

由于赊销方式能扩大销售,因此也促成库存产成品存货的减少,使存货转化成应收账款。减少存货能降低仓储、保险等管理费用支出,减少存货变质等损失,有利于加速资金周转。

二、应收账款的成本

采取赊销方式就必然产生应收账款。公司持有应收账款主要有机会成本、管理成本和坏账成本三项成本。

1. 应收账款的机会成本

应收账款的机会成本是指将资金投资于应收账款而不能用于其他投资所失去的投资收益。它与应收账款的数额有关,与应收账款占用时间有关,也与参照利率有关。

参照利率可以是投资报酬率,也可以是平均资本成本率。其计算公式为

$$应收账款机会成本 = 维持赊销业务所需要的资金 \times 参照利率$$
$$= 应收账款平均余额 \times 变动成本率 \times 参照利率 \qquad (6\text{-}8)$$

其中:

$$应收账款平均余额 = \frac{赊销收入净额}{应收账款周转率}$$
$$= \frac{赊销收入净额}{\dfrac{360}{应收账款周转期}}$$
$$= \frac{赊销收入净额 \times 应收账款周转期}{360} \qquad (6\text{-}9)$$

式中,应收账款周转期,相当于应收账款平均收账期,在平均收账期不清楚的情况下,可用信用期限近似替代。

【例 6-2】 若某企业预测的年度赊销收入净额为 100 万元,应收账款周转期为 45 天,变动成本率为 80%,资本成本率为 10%。要求:计算应收账款机会成本。

解:$$\frac{1\,000\,000}{360} \times 45 \times 80\% \times 10\% = 10\,000(元)$$

2. 应收账款的管理成本

应收账款的管理成本是指公司对应收账款进行管理时所增加的费用,主要包括对客户的信用调查费用、应收账款记录分析费用、账簿的记录费用、催收账款费用等。在应收账款一定数额范围内,管理成本一般为固定成本。

3. 应收账款的坏账成本

应收账款的坏账成本是指在赊销交易中,债务人由于种种原因无力偿还债务,债权人就有可能无法收回应收账款而发生损失。这一成本一般与应收账款的数额大小有关,与应收账款的拖欠时间有关。坏账的发生会给公司带来不稳定和风险,为避免这种不稳定和风险,公司可按有关规定以应收账款余额的一定比例提取坏账准备。应收账款的坏账成本计算公式为

$$应收账款的坏账成本 = 赊销额 \times 预计坏账损失率 \quad (6-10)$$

三、应收账款管理的目标和内容

商品与劳务的赊销与赊供,在强化企业竞争能力、扩大销售、增加收益、节约存货资金占用以及降低存货管理成本等方面具有积极意义。但是相对于现销方式,赊销商品意味着企业应收账款增加,预计现金流入量与实际现金流入量在时间上存在差别,购货方拖欠甚至产生坏账损失的可能性增加。不仅如此,应收账款的增加,也会造成企业资金成本和管理费用的增加。因此,企业应在发挥应收账款强化竞争、扩大销售功能的同时,尽可能降低应收账款的机会成本,减少坏账损失与管理成本,提高应收账款的收益,做出有利于企业的应收账款决策。

应收账款管理的核心是制定适当的信用政策。制定信用政策时,一方面应考虑有利于扩大销售;另一方面应考虑有利于降低应收账款占用的资金,缩短应收账款的回收期,防止发生坏账损失。具体可将企业应收账款管理的内容概括为以下几点:

(1) 制定合理的应收账款信用政策;

(2) 科学进行应收账款的投资决策;

(3) 做好应收账款的日常管理工作,防止坏账的发生。

四、应收账款的信用政策

应收账款的信用政策是指应收账款的管理政策,包括信用标准、信用条件和收账政策三个部分。

微课:应收账款的信用政策

(一) 信用标准

信用标准是指客户获得企业的交易信用所应具备的条件,一般以坏账损失率表示。企业制定的信用标准越高,坏账损失就越少,同时应收账款的机会成本和管理成本也会越少;但是不利于扩大销售。那么如何来把握制定这个度呢?

1. 信用标准的定性分析

首先,关注同行业对手的情况。如果说企业的竞争对手实力很强,那么企业想取得优势地位,就需要采取较低的信用标准,以提高销售。其次,关注企业承担坏账损失的能力。如果企业具有较强的风险承担能力,就可以用较低的信用标准吸引客户,否则就只能够选择严

格的信用标准来降低坏账。最后,关注对客户信用情况的评估。

2. 对客户信用情况的评估

决定客户资信程度的因素有五个方面,因为英文的第一个字母都是 C,简称"5C 评估法"。一是品质(character),即客户的信誉、履行偿债义务的可能性,代表的是客户的信任能力;二是能力(capacity),即分析客户的财务报表、资产与负债的比率、资产的变现能力等以判断客户的偿付能力,代表的是客户的偿债能力;三是资本(capital),即客户的经济实力和财务状况,表明客户可能偿还债务的背景;四是抵押(collateral),即客户拒付款项或无力支付款项时能被用作抵押的资产,这对不知底细或信用状况有争议的客户尤为重要;五是条件(conditions),即影响客户偿债能力的社会经济环境。

(二) 信用条件

根据信用标准决定给客户信用优惠时,就需考虑具体的信用条件。

信用条件是销货企业要求赊购客户支付货款的条件,由信用期限、折扣期限和现金折扣三个要素组成。

1. 信用期限

信用期限是指公司允许客户从购货到付款的最长时间。信用期限过短不足以吸引客户,不利于扩大销售;信用期限过长会引起机会成本、管理成本、坏账成本的增加。信用期限优化的要点是:延长信用期限增加的销售利润是否超过增加的成本费用。

【例 6-3】 某公司预计信用期限为 20 天,销量可达 50 万件;信用期限若延长到 40 天,销量可增加到 60 万件。假定该公司投资报酬率为 9%,产品单位售价为 4 元,其余条件如表 6-2 所示。要求:确定该公司应选择哪一个信用期限。

表 6-2 信用期限对比 单位:万元

信用期	20 天	40 天
销售额	200	240
销售成本:		
变动成本	60	72
固定成本	20	20
毛利	120	148
收账费用	10	12
坏账损失	3	5

解:信用期限由 20 天延长到 40 天。

增加销售利润 = 148 − 120 = 28(万元)

增加机会成本 = $240 \times \dfrac{72}{240} \times 9\% \times \dfrac{40}{360} - 200 \times \dfrac{60}{200} \times 9\% \times \dfrac{20}{360} = 0.42$(万元)

增加管理成本 = 12 − 10 = 2(万元)

增加坏账成本 = 5 − 3 = 2(万元)

增加净收益 = 28 − (0.42 + 2 + 2) = 23.58(万元)

应选择 40 天信用期限。

本例中销售利润的增加是指毛利的增加,在固定成本总额不变的情况下也就是边际贡献的增加。

2. 折扣期限

折扣期限是指客户享受折扣的付款期限,超过该期限即不能享受折扣。例如,"2/10,n/30"表示信用期限为30天,客户能在10天内付款,可享受2%的折扣,折扣期限为10天。

3. 现金折扣

现金折扣是指企业对客户在商品价格上的扣减。企业向客户提供这种价格上的优惠,主要目的在于吸引客户为享受优惠而提前付款,缩短企业的平均收款期。它包括折扣期限和现金折扣率两个要素。现金折扣实际上是对现金收入的扣减,公司决定是否提供以及提供多大程度的现金折扣,着重考虑的是提供折扣后所得收益是否大于提供现金折扣的成本。在信用条件优化选择中,现金折扣条款能降低机会成本、管理成本和坏账成本,但同时也需付出一定的代价,即现金折扣成本。现金折扣成本是信用决策中的相关成本,现金折扣条款有时也会影响销售额(如有的客户冲着现金折扣条款来购买本公司产品),造成销售利润的改变,只要增加的销售利润能超过增加的机会成本、管理成本、坏账成本和折扣成本这四项之和,就会成为优化的信用条件。现金折扣成本的计算公式为

$$现金折扣成本 = 赊销净额 \times 折扣期内付款的销售额比例 \times 现金折扣率 \qquad (6-11)$$

【例 6-4】 根据例 6-3 资料,若公司在采用 40 天信用期限的同时,向客户提供"2/10,n/40"的现金折扣,预计将有占销售额 60% 的客户在折扣期内付款,而收账费用和坏账损失均比信用期为 40 天的方案下降 8%。要求:判断该公司应否向客户提供现金折扣。

解:在例 6-3 中已判明 40 天信用期限优于 20 天信用期限,因此本例只需在 40 天信用期限的前提下用有现金折扣方案和无现金折扣方案比较。

$$增加销售利润 = 0$$

$$平均收账期 = 10 \times 60\% + 40 \times 40\% = 22(天)$$

$$增加机会成本 = 240 \times \frac{72}{240} \times 9\% \times \frac{22}{360} - 240 \times \frac{72}{240} \times 9\% \times \frac{40}{360} = -0.324(万元)$$

$$增加管理成本 = 12 \times (-8\%) = -0.96(万元)$$

$$增加坏账成本 = 5 \times (-8\%) = -0.4(万元)$$

$$增加折扣成本 = 240 \times 60\% \times 2\% = 2.88(万元)$$

$$增加净收益 = 0 - (-0.324 - 0.96 - 0.4 + 2.88) = -1.196(万元)$$

该公司不应向客户提供现金折扣。

(三) 收账政策

收账政策是指当客户违反信用条件,拖欠甚至拒付账款时企业所采取的收账策略与措施。

首先,公司应投入一定收账费用以减少坏账的发生。一般来说,随着收账费用的增加,坏账损失会逐渐减少,但收账费用不是越多越好,因为收账费用增加到一定数额后,坏账损失不再减少,说明在市场经济条件下不可能绝对避免坏账。收账费用投入多少为好,要在权衡增加的收账费用和减少的坏账损失后做出判断。

其次,公司对客户欠款的催收应做到有理、有利、有节。对超过信用期限不多的客户宜采用电话、信函等方式"提醒"对方付款。对久拖不还的欠款,应具体调查分析客户欠款不还的原因。例如,客户确因财务困难而无力支付,公司则应与客户相互协商沟通,寻求解决问题的较理想的办法,甚至对客户予以适当帮助、进行债务重整等。又如,客户欠款属蓄意赖

账、品质恶劣的公司,则应逐渐加强催账力度,直至诉诸法律,并将该客户从信用名单中排除。对客户的强硬措施应尽量避免,要珍惜与客户之间的友情,以有利于树立公司的良好形象。不仅要考虑争取更多的回头客,也要考虑如果日后与客户地位倒置的情况,留下回旋的余地。

五、应收账款的日常管理

1. 监督应收账款的收回

公司对应收账款要落实专人做好备查记录,通过编制应收账款账龄分析表,实施对应收账款收回情况的监督,如表6-3所示。

表6-3 应收账款账龄分析表

应收账款账龄	账户数量	金额/万元	比重/%
信用期限内	100	80	42.11
超过信用期限1月内	50	40	21.05
超过信用期限2月内	40	30	15.79
超过信用期限3月内	30	20	10.53
超过信用期限半年内	20	10	5.26
超过信用期限1年内	10	5	2.63
超过信用期限1年以上	15	5	2.63
合　　计	265	190	100.00

从账款账龄分析表可以看到,公司的应收账款在信用期限内及超过信用期限各时间档次的金额及比重,即账龄结构。一般来讲,账款的逾期拖欠时间越长,收回的难度越大,也越可能形成坏账。通过账龄结构分析,做好信用记录,可以研究与制定新的信用政策和收账政策。

2. 建立坏账准备金制度

在市场经济条件下,坏账损失难以避免。为使各会计年度合理负担坏账损失,减少公司的风险,应当建立坏账准备金制度。按现行公司会计制度规定,公司在年末可按应收账款余额的 3‰~5‰ 计提坏账准备金。

思政元素融入

中小企业应收账款有所上升 清理拖欠账款需双管齐下

按照国务院部署,各地将继续开展清理拖欠中小微企业账款专项行动,减轻中小微企业成本压力。清理拖欠中小微企业账款应双管齐下,既要清理旧账款,又要防止新欠账款。

数据显示,自2018年11月部署清理政府部门和国有企业拖欠民营企业中小企业账款专项行动以来,工业和信息化部(以下简称"工信部")督促指导各地区各部门扎实推进清欠工作,总体效果显著,截至2021年年底累计清偿中小企业逾期欠款8 500多亿元。

清欠工作取得进展离不开法规制度的不断完善。《政府投资条例》《优化营商环境条例》《保障中小企业款项支付条例》相继出台,为治理拖欠问题提供了坚实的法治保障。工信部建立了全国违约拖欠中小企业款项登记(投诉)平台,畅通中小企业投诉渠道。在巩固前期清欠成果的基础上,应建立防范和化解拖欠中小企业账款问题的长效机制,切实保护中小企业合法权益。工信部将充分发挥协调作用,通过多项具体措施防止新增拖欠。

首先,加强源头治理,健全防范和化解拖欠中小企业账款问题的长效机制。尽快研究出台中小企业投诉处理办法。其次,把清欠工作纳入法治化轨道。更多通过法治化、市场化手段来预防和化解拖欠问题,特别是对存在严重失信的拖欠主体,依法依规实施失信惩戒措施,让"老赖"寸步难行。再次,加强督导检查和约束惩戒,抓好问题核查和督办。对拖欠问题突出的地方开展督导,将清欠工作纳入国务院大督查范围,把清欠问题作为考核项,以查促清、以评促改,进一步把账款清偿落到实处。最后,加强培训指导和服务。工信部和司法部组织编撰的《保障中小企业款项支付条例释义》已正式出版,要通过广泛开展宣传,让更多企业能够理解条例,依法依规保障中小企业的权益。

链接:推进"时空信息新基建",开拓数字经济新蓝海

扫描右侧二维码阅读:推进"时空信息新基建",开拓数字经济新蓝海。

任务四 存货管理

某超市在库存商品的管理模式上,实行品类管理(category management),优化商品结构。一个商品进入之后,会有POS机实时收集库存、销售等数据进行统一的汇总和分析,根据汇总分析的结果对库存的商品进行分类。然后,根据不同的商品分类拟订相应适合的库存计划模式,对于各类型的不同商品,根据分类制订不同的订货公式的参数。根据安全库存量的方法,当可得到的仓库存储水平下降到确定的安全库存量或其以下时,该系统就会启动自动订货程序。

微课:美的零库存梦想

该超市的订货部门OP(order pool)是整个超市的物流系统核心,控制了整个企业的物流运转。在该超市,采购与订货是分开的。由专门的采购部门选择供应商,议定合约和订购价格。OP则负责对仓库库存量的控制;生成正常订单与临时订单,保证所有的订单发送给供应商;同时,进行库存异动的分析。

具体任务:从以上案例中,能得到什么启示?试分析我国企业存货管理中存在的问题。

存货是指公司在生产经营过程中为销售或耗用而储备的物资。存货在公司的流动资产中占据很大比重,但它又是一种变现能力较差的流动资产项目。

一、存货的功能与成本

(一)存货的功能

存货在公司生产经营过程中所具有的功能主要表现在以下几个方面。

(1)防止停工待料。适量的存货能有效防止停工待料事件的发生,维持生产的连续性。

(2)适应市场变化。存货储备能增强公司生产和销售方面的机动性及适应市场变化的能力。公司有了足够的库存产成品,能有效地供应市场,满足客户的需要。相反,若某种畅销产品库存不足,公司将会坐失目前或未来的推销良机,并有可能因此而失去客户。在通货膨胀时,适当地储存原材料存货,能使公司获得因市场物价上涨带来的好处。

微课:存货管理的目标和成本

(3)降低进货成本。很多公司为扩大销售规模,对购货方提供较优厚的商业折扣待遇,即购货达到一定数量时便在价格上给予一定的折扣待遇。公司采取批量集中进货,可获得较多的商业折扣。此外,通过增加每次购货数量、减少购货次数,可以降低采购费用支出。只要购货成本的降低额大于因存货增加额导致的储存等各项费用的增加额,公司提供商业折扣待遇便是可行的。

(4)维持均衡生产。对于那些生产季节性产品,生产所需材料的供应具有季节性的公司,为实行均衡生产,降低生产成本,就必须适当储备一定的半成品存货或保持一定的原材料存货。否则,这些公司若按照季节变动组织生产活动,难免会产生忙时超负荷运转,闲时生产能力得不到充分利用的情形,从而导致生产成本的提高。其他公司在生产过程中,同样会因为各种原因导致生产水平的高低变化,拥有合理的存货可以缓冲这种变化对公司生产活动及获利能力的影响。

(二)存货的持有成本

存货的持有成本主要有进货成本、储存成本和缺货成本。

1. 进货成本

进货成本是指为取得某种存货而支出的成本,通常用 TC_a 来表示,包括购置成本和订货成本。

(1)购置成本是指为购买存货本身所支出的成本,即存货本身的价值,经常用数量与单价的乘积来确定。年需要量用 A 表示,单价用 P 表示,购置成本的计算公式为

$$购置成本 = P \times A$$

(2)订货成本是指取得订单的成本,如办公费、差旅费、邮资、电报电话费和运输费等支出。

订货成本中有一部分与订货次数无关,称为固定订货成本,用 F_1 表示;另一部分与订货次数有关,称为变动订货成本。每次订货成本用 B 表示;订货次数等于存货年需要量 A 与每次进货量 Q 之商。变动订货成本的计算公式为

$$\begin{aligned}变动订货成本 &= 年订货次数 \times 每次订货成本 \\ &= (A/Q) \times B\end{aligned} \tag{6-12}$$

进货成本的计算公式为

$$\begin{aligned}进货成本 &= 订货成本 + 购置成本 \\ &= (固定订货成本 + 变动订货成本) + 购置成本 \\ TC_a &= [F_1 + (A/Q) \times B] + (P \times A)\end{aligned} \tag{6-13}$$

2. 储存成本

储存成本是指为保持存货所发生的成本,包括存货占用资金所应计的利息、仓库费用、保险费用、存货破损和变质损失等,通常用 TC_c 来表示,包括储存固定成本和储存变动成本。

(1) 储存固定成本,如仓库折旧、仓库职工的固定工资等,与存货数量无关。储存固定成本通常用 F_2 表示。

(2) 变动储存成本,如存货资金的应计利息、存货的破损和变质损失、存货的保险费用等,与存货数量有关。单位储存变动成本通常用 C 表示。变动储存成本的计算公式为

$$\text{变动储存成本} = \text{年平均库存} \times \text{单位储存成本}$$
$$= (Q/2) \times C \tag{6-14}$$

储存成本的计算公式为

$$\text{储存成本} = \text{固定储存成本} + \text{变动储存成本}$$
$$TC_c = F_2 + (Q/2) \times C \tag{6-15}$$

3. 缺货成本

缺货成本是指由于存货供应中断而造成的损失,包括材料供应中断造成的停工损失、产成品库存缺货造成的拖欠发货损失和丧失销售机会的损失及造成的商誉损失等。缺货成本用 TC_s 表示。

如果以 TC 表示储备存货的总成本,则它的计算公式为

$$\text{总成本} = \text{进货成本} + \text{储存成本} + \text{缺货成本}$$
$$= (\text{订货成本} + \text{购置成本}) + \text{储存成本} + \text{缺货成本}$$
$$TC = TC_a + TC_c + TC_s$$
$$= [F_1 + (A/Q) \times B] + (P \times A) + [F_2 + (Q/2) \times C] + TC_s \tag{6-16}$$

企业存货的最优化,就是使企业存货总成本即上式中的 TC 值最小。

二、经济订货批量

经济订货批量又称经济批量,是能使企业在一定时期内某项存货的相关总成本达到最小的采购批量,具体是指使一定时期内的变动订货成本与变动储存成本之和最小的订货批量。它是存货管理控制的典型方法,如图 6-3 所示。

微课:存货经济批量模型

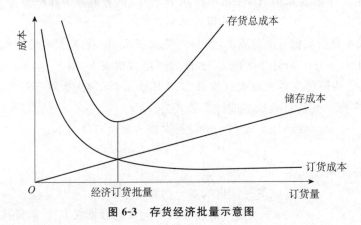

图 6-3 存货经济批量示意图

(一) 基本模型

1. 假设

经济订货批量的基本模型是基于以下假设提出来的。

(1) 公司能够及时补充存货,不允许缺货。
(2) 公司订购的存货集中到货,而不是陆续到货。
(3) 公司存货的需求量稳定,每天耗用均衡。
(4) 公司每次订购存货的单价不变。
(5) 公司现金充足,存货市场供应充足。

2. 经济订货批量的基本模型

由于变动订货成本和变动储存成本与订货量呈反方向变化,因此令二者相等,即可得出经济订货量的基本公式。

设 $TC(Q)$ 为与订货批量有关的每期存货的总成本;A 为每期对存货的总需求;Q 为每次订货批量;B 为每次订货费用;C 为每期单位存货储存成本。

则经济订货量(Q^*)的基本公式为

$$Q^* = \sqrt{\frac{2AB}{C}} \qquad (6-17)$$

每期存货的相关总成本为

$$TC = \sqrt{2ABC} \qquad (6-18)$$

【例 6-5】 某公司生产产品,每年需要某种材料 6 400 吨,该材料的单次订货成本为 2 000 元,单位储存成本为 160 元。要求:计算其经济订货批量、经济订货批量下的总成本、年订货次数、订货周期。

解:经济订货批量为 $\sqrt{\dfrac{2 \times 2\,000 \times 6\,400}{160}} = 400$(吨)

经济订货批量总成本为 $TC = \sqrt{2 \times 2\,000 \times 6\,400 \times 160} = 64\,000$(元)

年订货次数为 $A \div Q = 6\,400 \div 400 = 16$(次)

订货周期为 $360 \div (A \div Q) = 360 \div 16 = 22.5$(天)

(二)有商业折扣的经济批量模型

市场上的价格是变动的,尤其是销售企业为鼓励客户购买更多的产品,通常会给予不同程度的价格优惠,即商业折扣或价格折扣。通常情况下,一次订货量越大,所享受的商业折扣越高。此时企业进货经济批量的确定,除考虑订货成本与储存成本外,还应考虑存货的购置成本。订购存货的单价发生变化,购置成本成为存货决策的相关成本。为此,购置成本、变动的订货成本,以及变动的储存成本之和最小的订货批量即为有商业折扣的经济订货批量,其基本公式为

$$TC = (A \div Q) \times B + (P \times A) + (Q \div 2) \times C \qquad (6-19)$$

【例 6-6】 某公司生产产品,每年需要某种原材料 6 400 吨。该材料每次订货成本为 2 000 元,单位储存成本为 160 元,单价为 100 元。如果一次订购量在 500 吨及以上,可享受 2% 的价格优惠,如果一次订购量在 1 000 吨以上,可享受 3% 的价格优惠。要求:计算公司最佳订货批量为多少。

解:没有数量折扣时的经济订货批量为

$$Q = \sqrt{\frac{2AB}{C}} = \sqrt{\frac{2 \times 6\,400 \times 2\,000}{160}} = 400(\text{吨})$$

(1) 如果按照经济订货批量 400 吨订货,则相关总成本为

$$100 \times 6\,400 + 2\,000 \times \frac{6\,400}{400} + 160 \times \frac{400}{2} = 704\,000(元)$$

(2) 如果单次订货批量为 500 吨,则相关总成本为

$$100 \times (1-2\%) \times 6\,400 + 2\,000 \times \frac{6\,400}{500} + 160 \times \frac{500}{2} = 692\,800(元)$$

(3) 如果单次订货批量为 1 000 吨,则相关总成本为

$$100 \times (1-3\%) \times 6\,400 + 2\,000 \times \frac{6\,400}{1\,000} + 160 \times \frac{1\,000}{2} = 713\,600(元)$$

当订货批量为 500 吨时,相关总成本最小,即该公司最佳订货批量为 500 吨。

三、存货的日常管控

存货的日常管控目标是在保证公司生产经营正常进行的前提下尽量减少库存,防止积压。

1. 存货储存期管理

为了加快存货的流转,公司应该尽量缩短存货的储存期,尤其是应该缩短产品或商品的储存期。这是因为储存存货会占用资金和增加仓储管理费,而且在市场变化很快的情况下,储存期过长有可能导致公司的产品或商品滞销而给公司带来巨大的损失。因此,尽力缩短存货储存期、加速存货周转,是提高公司经济效益、降低公司经营风险的重要手段。

2. 存货 ABC 分类管理

存货 ABC 分类管理法又称 ABC 控制法,是按一定的标准将公司的存货划分为 ABC 三类,分别实行按品种重点管理、按类别进行控制和按总额一般管理的存货管理方法。

存货分类的标准有两个:一是金额标准;二是品种数量标准。其中金额标准是最基本的,品种数量标准仅作为参考。A 类是重点存货,其特点是金额巨大,但品种数量较少;B 类是一般存货,其存货金额一般,品种数量相对较多;C 类是不重要存货,其品种数量繁多,但价值金额却很小。一般公司,三类存货的金额比重大致为 A∶B∶C=0.7∶0.2∶0.1,而品种数量比重大致为 0.1∶0.2∶0.7。公司在划分类别时,应根据实际情况,灵活掌握。

ABC 分类管理法的管理策略:A 类存货分品种重点管理,B 类存货按类别进行控制,C 类存货按总额一般管理。由于 A 类存货占用公司存货的大部分资金,公司只要能控制好 A 类存货,基本上就不会出现大的问题。同时,由于 A 类存货品种数量少,公司完全有能力按照每一个品种进行重点管理。B 类存货金额相对较小,品种数量远多于 A 类存货,公司通常没有能力对每一个品种加以控制,因此可以通过划分类别的方式对每一类存货进行控制。C 类存货尽管品种数量繁多,但其所占金额却很小,对公司的生产经营没有太大的影响,因此这类存货可以按总额一般管理。

3. 分级归口控制

分级归口控制是指按照使用资金和管理资金相结合、物资管理和资金管理相结合的原则,将存货资金定额按各职能部门所涉及的业务归口管理,各职能部门再将资金定额计划层层分解落实到车间、班组乃至个人,实行分级管理。其基本原则是"谁使用谁管理,谁管理谁负责"。

4. 适时性管理

适时性管理是指公司在生产经营过程中努力实现经营需求与存货供应同步,存货传送与存货消耗同步,使存货库存最小化。适时性管理能有效地降低存货资金的占用,提高流动资金的使用效率。

 思政元素融入

无货源电商

2010年左右,随着第一代电商平台在计算机端口的发展,"无货源电商"模式兴起。当时主要利用平台刚发展起来的技术漏洞和规则,店铺确实可以获得一定利润,但是2015年之后,各大平台设立了"千人千面"规则,2019年又出台规定,严厉打击重复铺货模式,发现不同店铺之间相似度极高的货物,保留信誉度最高的一家,以防止低质的无货源模式无限扩张。伴随手机端拼购、短视频平台日渐火热,"无货源电商"模式由于门槛很低,无须存货,只需少量成本,因此再度翻红。这种模式的实质是开空壳小店,店铺货源本就是从别处"搬运""复制",货源品质无法保证且没有售后服务,不仅严重影响平台信誉,还容易造成商标侵权、引发纠纷。

"无货源电商"实际就是利用人们对于能够轻松赚钱的美好想象让其入坑。天上不会掉馅饼,努力奋斗才能梦想成真。奋斗,一直是习近平彰显初心、勉励人民的关键词。幸福是奋斗出来的,没有人能凭空得到幸福,幸福要靠自己的双手创造出来。而奋斗本身就是一种幸福,只有奋斗的人生才称得上幸福的人生。

扫描右侧二维码阅读:零基础、低成本、月入过万元……"无货源电商"靠谱吗?

链接:零基础、低成本、月入过万元……"无货源电商"靠谱吗

职业能力训练

一、单项选择题

1. 企业将资金占用在应收账款上而放弃的投资于其他方面的收益称为应收账款的( )。
   A. 管理成本　　B. 坏账成本　　C. 短缺成本　　D. 机会成本
2. 坏账损失和收账费用是( )的考虑要点。
   A. 制定收账政策　　　　　　B. 制定信用政策
   C. 制定信用标准　　　　　　D. 确定信用条件
3. 经济订货批量满足( )。
   A. 变动性订货成本大于变动性储存成本
   B. 变动性订货成本小于变动性储存成本
   C. 变动性订货成本不等于变动性储存成本
   D. 变动性订货成本等于变动性储存成本

4. 现金折扣成本是一项（　　）。
   A. 筹资费用　　B. 销售成本　　C. 收账成本　　D. 管理成本
5. 存货 ABC 管理法中，A 类物资属性是（　　）。
   A. 金额大、数量多　　　　B. 金额小、数量少
   C. 金额大、数量少　　　　D. 金额小、数量多
6. 经济批量是使企业在一定时期内某项存货的相关总成本达到最小的订货批量，这一批量是企业该项存货（　　）。
   A. 最大库存量　　B. 最小库存量　　C. 平均库存量　　D. 保险库存量
7. 下列项目中，不属于信用条件的是（　　）。
   A. 现金折扣　　B. 数量折扣　　C. 信用期间　　D. 折扣期间
8. 某企业规定的信用条件是"3/10,1/20,n/30"，一客户从该企业购入原价为 10 000 元的原材料，并于第 18 天付款，则该客户实际支付的货款为（　　）元。
   A. 7 700　　B. 9 900　　C. 1 000　　D. 9 000
9. 下列订货成本中属于变动性成本的是（　　）。
   A. 采购人员计时工资　　　　B. 采购部门管理费用
   C. 订货业务费　　　　　　　D. 预付订金的机会成本
10. 信用标准是（　　）的重要内容。
    A. 信用条件　　B. 信用政策　　C. 收账政策　　D. 信用期限

二、多项选择题

1. 货币资金包括（　　）。
   A. 银行存款　　B. 应收账款　　C. 其他货币资金　　D. 库存现金
2. 企业因持有应收账款而发生的成本有（　　）。
   A. 机会成本　　B. 管理成本　　C. 现金折扣成本　　D. 坏账成本
3. 存货成本包括（　　）。
   A. 进货成本　　B. 储存成本　　C. 缺货成本　　D. 销售成本
4. 经济批量模型的假设包括（　　）。
   A. 存货单价不变　　　　B. 不允许缺货
   C. 存货消耗均匀　　　　D. 订货瞬时到达
5. ABC 分类法对存货分类的依据是（　　）。
   A. 存货金额比重　　　　B. 存货品种比重
   C. 库存时间　　　　　　D. 库存地点
6. 存货成本中与订货批量紧密相关的项目是（　　）。
   A. 购置成本　　B. 变动成本　　C. 订货成本　　D. 储存成本
7. 企业持有现金的动机主要有（　　）。
   A. 预防动机　　B. 交易动机　　C. 投资动机　　D. 投机动机
8. 企业对客户进行资信评估应当考虑的因素主要包括（　　）。
   A. 信用品质　　B. 偿付能力　　C. 资本和抵押品　　D. 经济状况

三、判断题

1. 营运资金就是流动资产。（　　）

2. 置存货币资金的原因是满足交易性需要、预防性需要和投机性需要。（ ）

3. 企业销售产品时，采用赊销就难以避免坏账损失，采用现销就不会产生坏账损失。（ ）

4. 增加收账费用，就会减少坏账损失，当收账费用增加到一定程度时，就不会发生坏账损失。（ ）

5. 存货的进货成本是由购置成本和订货成本两部分构成的，这两部分成本都是实际发生的，都是存货控制决策中的相关成本。（ ）

6. 在成本分析模式下，当机会成本、管理成本和短缺成本之和最小时，货币资金持有量是最佳的。（ ）

7. 判断企业是否延长信用期限，应将延长信用期限后增加的销售利润与增加的机会成本、管理成本和坏账成本进行比较。（ ）

8. 现金持有成本中的管理费用与现金持有量的多少无关。（ ）

9. 一般来说，资产的流动性越高，其获利能力就越强。（ ）

10. 收账费用与坏账损失成反比，收账费用发生的越多，坏账损失就越少，因此企业应不断加大收账费用，以便将坏账损失降到最低。（ ）

四、简答题

1. 何谓流动资产？其特点是什么？
2. 现金日常管理包括哪些内容？
3. 应收账款的功能与成本是什么？
4. 企业如何开展客户信用状况分析。

五、计算分析题

1. 某公司预计明年现金总需求为 50 万元，拟用短期有价证券变现取得，每次买卖证券的经纪费用为 400 元，证券年利率为 1%。要求：确定现金最佳持有量及最小相关总成本。

2. 大华公司预计明年现金总需求为 500 万元，拟用短期有价证券变现取得，每次买卖证券的经纪费用为 120 元，证券月利率为 1%。要求：确定现金最佳持有量及最小相关总成本。

3. A 公司 2023 年销售收入 10 000 元，销售利润 2 000 元，边际贡献率为 30%，固定成本 1 000 元，估计取得现金折扣的销售额占总销售额的百分比为 40%。假定该公司预测 2024 年边际贡献率和固定成本都无变化。A 公司准备在 2024 年延长信用期限并提供现金折扣，资料如表 6-4 所示。要求：通过计算判断 2024 年是否变更信用条件。

表 6-4　A 公司两年资料

项　目	2023 年	2024 年
信用期限	20 天	30 天
现金折扣	(n/20)	(2/10,n/30)
销售收入	10 000 元	14 000 元
平均收账期	20 天	15 天
市场利息率	10%	10%
坏账损失率	3%	1%

4. 某公司产销 A 产品，单位售价 400 元，单位变动成本 300 元。现接到某客户的追加

订单 1 000 件,公司尚有生产能力给予接受。但是该客户提出赊账期为 60 天的付款方式,假如在 30 天内付款能给予 2% 的现金折扣,客户愿意有 20% 的货款在折扣期内支付。该公司根据信用调查得知,客户信用等级较低,坏账损失率可能达到 20%。该公司最低投资报酬率为 15%,收账管理费用为赊销收入额的 2%。要求:计算并决策该公司是否应接受订单。

5. 公司所需某种材料采购总量 1 000 吨,材料单价 5 000 元,每次采购费用 800 元,每吨材料平均保管费用 40 元。要求:计算经济订货批量及采购周期。

6. B 企业全年需 K 部件 10 000 件,当采购量小于 200 件时,单价为 50 元;当采购量达到 200 件时,单价为 48 元;当采购量达到 500 件时,单价为 46 元;当采购量达到 1 000 件时,单价为 45 元。每次订货的变动性订货成本为 20 元,每件 K 部件年变动性储存成本为 10 元。要求:计算最优订货批量及最小相关总成本。

抓住新机遇,有序推进跨境人民币结算走实走深

跨境人民币结算是推进人民币国际化的重要抓手和关键举措,经多年发展,尤其是开展跨境贸易人民币结算试点以来,焕发出旺盛的生命力。

统计显示,2010—2021 年,跨境贸易人民币结算规模从 5 063 亿元快速上升至 7.94 万亿元,增长近 15 倍。同期,跨境直接投资人民币结算规模从 280 亿元上升至 5.8 万亿元,增长近 206 倍。截至 2022 年上半年,人民币跨境贸易和跨境直接投资的结算规模分别达到 4.58 万亿元和 3.01 万亿元,其总和已接近我国跨境结算总额的 50%,预计全年两项业务有望再创新高。

链接:抓住新机遇,有序推进跨境人民币结算走实走深

要牢牢把握现货外汇市场的定价权,防止国际投资机构通过衍生品市场干扰汇率的定价权。以更加密切有效的方式开展人民币双边互换,特别是与发展中国家和能源出口国的货币互换,破除美元支付体系的惯性效应。通过深化点对点的双边互换协议和区域储备池安排,有效降低对单一货币储备的高度依赖。抓住当前全球金融市场"安全资产"供给不足的空档期,建设开放、健全、有效的人民币资产市场,提供稳健的人民币安全资产。强化人民币大宗商品计价功能,促进我国在海外形成较大规模铁矿石人民币、石油人民币、天然气人民币的沉淀和流通。

全面深化与"一带一路"和 RCEP 相关国家的贸易金融领域的合作,构建有特色、能落地、互惠互利的货币合作模式,扩充跨境人民币结算的规模、频率、适用范围。针对特定经贸合作项目,开辟特许双边本币流通渠道。推出更多的人民币对小币种金融产品,完善小币种交易服务体系。要着力实现区域内跨境清算结算系统技术对接、标准对接、业务对接,推动"金融+贸易"市场的有效联动,打造区域贸易领域内的"人民币流通区",切实提升跨境人民币结算的集聚效应、热点效应、替代效应。着眼长远,逐步放宽并取消境外投资者投资在岸金融产品的额度、范围等限制。加快创新离岸人民币产品和业务,发展人民币债券投资产品及其他衍生产品,丰富外汇对冲工具以协助投资者管理人民币汇率波动风险,加快构建人民币国债的国际担保品功能。探索建立完善介于境内市场和传统离岸立场的"第三市场",形成多层次人民币跨境结算市场。探索打造全球人民币资产管理中心,统一规划协调人民币在岸和离岸市场相关金融产品和服务的供给,使之成为跨境人民币使用的枢纽,进一步推动

在岸、离岸市场的融合,促进跨境人民币结算定价的一致性。

建立跨境人民币流动的"事前＋事中＋事后"全流程监管机制。建立人民币跨境流通智能监管体系,科学设计相关风险监测指标,实现"信息流＋资金流"的双项监管。加强短期资本流动监测管理,注重外部净头寸管理,减少大额跨境风险敞口,避开美联储持续加息带来的"美元债务陷阱",减少主权信用危机带来的巨额损失。完善境外资产分散投资、安全转移的应急预案。同时,从金融市场崩盘、外汇市场下挫、资产冻结等多维场景进行压力测试,做好国外冲击的效果预估和应急预案。

坚持科技赋能,应用"区块链＋联盟链"提升CIPS的安全、功能和效率优势。开发多层次、差别化的CIPS接入模式,对联网成员中部分在资金、人力和技术等方面存在困难的国家和地区,提供必要的技术、人员培训等方面的援助,进一步拓展CIPS在全球范围内的应用广度和深度。积极开展数字货币的国际开发、应用和规则制定合作,共建数字货币"流通圈"。优先面向东盟、中亚、东北亚等重点国家和地区设立跨境人民币支付结算试点,探索开展数字人民币在多双边贸易和跨境直接投资活动场景下的测试,开辟跨境人民币结算的新路径。

目前,在我国金融机构、企业和个人开展的跨境交易总额中,有近一半使用人民币进行结算。但受制于以美西方主导的国际金融体系,跨境人民币结算仍处于起步发展阶段。受疫情、乌克兰危机等外部事件冲击,国际货币体系开始加速进入调整期,跨境人民币结算迎来重要发展"窗口期"。我国应紧抓这一难得历史机遇,有序推进跨境人民币结算走实走深,为人民币国际化奠定坚实基础。

资料来源:https://article.xuexi.cn/articles/index.html?art_id=3480872690097028765&item_id=3480872690097028765&study_style_id=feeds_opaque&t=1677043286671&showmenu=false&ref_read_id=c0a02883-5710-4fff-aa2a-5f5463b4e650_1701697139116&pid=&ptype=-1&source=share&share_to=copylink。

案例意义:党的二十大报告强调,"有序推进人民币国际化"。跨境人民币结算是推进人民币国际化的重要抓手和关键举措,经多年发展,尤其是开展跨境贸易人民币结算试点以来,焕发出旺盛的生命力。我国应紧抓这一难得历史机遇,从把握人民币定价权,提升跨境人民币结算的独立性;把握数字化赛道,创新跨境人民币结算路径;推动在岸和离岸市场良性互动发展,优化跨境人民币结算环境;强化全流程监管,健全跨境人民币结算风险防控体系;推进"区域贸易圈",打造稳定"跨境人民币流通区"五个方面,有序推进跨境人民币结算走实走深,为人民币国际化奠定坚实基础。

学习情境七

我的钱怎么花——项目投资管理

📚 知识目标

学习项目投资管理：现金流量，具体包括现金流量概念、种类、内容及现金流量的测算；项目投资评价指标，具体包括贴现指标和非贴现指标的含义、种类、计算及在项目决策中的应用。

✒️ 能力目标

- 能客观、准确、熟练运用项目投资决策方法对公司项目进行投资决策。

🎯 素养目标

- 树立实业报国的企业家精神和为国担当、为国分忧的使命感和责任。
- 树立创新精神及创业思维，激发学生创新创业的愿望。

✨ 情境认知

项目投资对企业的生存和发展具有重要意义，是企业开展正常生产经营活动的必要前提，是推动企业生产和发展的重要基础，是提高产品质量、降低产品成本不可缺少的条件，更是增加企业市场竞争能力的重要手段。

任务一 项目投资现金流量

微课：项目投资现金流量

小王在高等职业院校学习酒店管理专业，毕业后在一家大型酒店工作，在积攒了一些经验后，于2023年辞职准备创业。他看中了一个项目，准备加

盟三品王公司,三品王是一家米粉餐饮连锁企业,以经营三品王原汤牛肉粉为主,截至2023年8月,在广西、广东两地共有162家连锁店,日服务顾客超过10万人,年售出米粉近4 000万碗。小王是南宁人,对广西各类的老友粉、螺蛳粉、桂林米粉等都非常喜欢,特别是对三品王情有独钟。经过初步洽谈,他了解到加盟初始费为5万元,新店投资约75万元(装修设备约55万元、开业前费用约10万元、贷款保证金10万元),同时按照销售额支付10%~15%的特许使用费和广告费。目前拟选定的粉店面积约为60m²,租金大概3万元/月(租金需一次性预付半年),同时需要招聘员工4名,主要面向附近的居民和学生,日均销售400~500碗米粉,平均单价14元。投资总额约为100万元,资金来源为小王自有资金15万元,父母无息借款45万元,大学的3位室友投资入股40万元,小王为控股股东。

具体任务:如何对该项目进行可行性分析?你会选择投资该项目吗?

一、项目投资

(一) 项目投资的概念

项目投资是一种以特定项目为对象,直接与新建项目或更新改造项目有关的长期投资行为。从性质上看,它是公司直接的、生产性的对内实物投资,通常包括固定资产投资、无形资产投资、开办费投资和流动资金投资等内容。

(二) 项目投资的特点

与其他形式的投资相比,项目投资具有以下主要特点。

1. 投资金额大

项目投资,特别是战略性的扩大生产能力投资一般都需要较多的资金,其投资额往往是公司及其投资人多年的资金积累,在公司总资产中占有相当大的比重。因此,项目投资对公司未来的现金流量和财务状况都将产生深远的影响。

2. 影响时间长

项目投资的投资期及发挥作用的时间都较长,对公司未来的生产经营活动和长期经营活动将产生重大影响。

3. 变现能力差

项目投资一般不准备在一年或一个营业周期内变现,而且即使在短期内变现,其变现能力也较差。因为项目投资一旦完成,要想改变是相当困难的,不是无法实现,就是代价太大。

4. 投资风险大

影响项目投资未来收益的因素特别多,加上投资额大、影响的时间长和变现能力差,必然造成其投资风险比其他投资大,对公司未来的命运产生决定性影响。无数事例证明,一旦项目投资决策失败,会给公司带来先天性的、无法逆转的损失。

在制造性公司,投资项目主要可分为以新增生产能力为目的的新建项目和以恢复或改善生产能力为目的的更新改造项目两大类。新建项目按其涉及内容还可进一步细分为单纯固定资产投资项目和完整工业投资项目。单纯固定资产投资项目简称固定资产投资,其特点是在投资中只包括为取得固定资产而发生的垫支资本投入而不涉及周转资本投入。完整工业投资项目则不仅包括固定资产投资,还涉及流动资金投资,甚至包括其他长期资产项目(如无形资产、递延资产)投资。因此,不能将项目投资简单地等同于固定资产投资。本情境主要阐述固定资产投资项目决策分析。

(三) 项目投资的程序

1. 项目提出

这是项目投资程序的第一步,是根据公司的长远发展战略、中长期投资计划和投资环境的变化,在把握良好投资机会的情况下提出的。它可以由公司管理部门或公司高层管理人员提出,也可以由公司的各级管理部门和相关部门的领导提出。

2. 项目评价

这一步骤主要涉及以下几项工作。

(1) 对提出的投资项目进行适当分类,为分析评价做好准备。

(2) 计算有关项目的建设周期,测算有关项目投产后的收入、费用和经济效益,预测有关项目的现金流入和现金流出。

(3) 运用各种投资评价指标,把各项投资按可行程度进行排序。

(4) 写出详细的评价报告。

3. 项目决策

投资项目评价后,应按分权管理的决策权限由公司高层管理人员或相关部门经理进行最后决策。投资额小的战术性项目投资或维持性项目投资,一般由部门经理负责决策,特别重大的项目投资还需要报董事会或股东大会批准。不管最后由谁决策,其结论一般都可以分成以下三种:①接受这个投资项目,可以进行投资;②拒绝这个项目,不能进行投资;③返还给项目提出的部门,重新论证后再行处理。

4. 项目执行

决定对某项目进行投资后,要积极筹措资金,实施项目投资。在投资项目的执行过程中,要对工程进度、工程质量、施工成本和工程概算进行监督、控制和审核,防止工程建设中的舞弊行为,确保工程质量,保证工程按时完成。

5. 项目再评价

在投资项目的执行过程中,应注意原来做出的投资决策是否合理、是否正确。一旦出现新的情况,就要随时根据变化的情况做出新的评价。如果情况发生重大变化,原来投资决策变得不合理,那么就要进行是否终止投资或怎样终止投资的决策,以避免更大的损失。

(四) 项目计算期的构成和资金构成内容

1. 项目计算期的构成

项目计算期是指投资项目从投资建设开始到最终清理结束的全部时间,用 n 表示。

$$项目计算期(n)=建设期+生产经营期 \tag{7-1}$$

项目计算期通常以年为单位,建设期的第一年年初(通常记作第 0 年)称为建设起点,建设期的最后一年年末称为投产日;项目计算期的最后一年年末(通常记作第 n 年)称为终结点;从投产日到终结点之间的时间间隔称为生产经营期;为以后决策计算方便,又将生产经营期分为经营营业期和经营终结期两部分,如图 7-1 所示。

2. 原始总投资和投资总额的内容

原始总投资又称初始投资,是反映项目所需现实资金水平的价值指标。从项目投资的角度看,原始总投资是公司为使项目完全达到设计生产能力、开展正常经营而投入的全部现

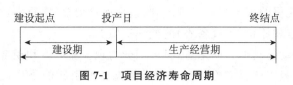

图 7-1　项目经济寿命周期

实资金,包括建设投资和流动资金投资两项内容。

建设投资是指在建设期内按一定生产经营规模和建设内容进行的投资,包括以下内容。

(1) 固定资产投资。这是项目用于购置或安装固定资产应当发生的投资,也是任何类型项目投资中不可缺少的投资内容。计算折旧的固定资产原值与固定资产投资之间可能存在差异,原因在于固定资产原值可能包括应构成固定资产成本的建设期内资本化了的借款利息,即

$$\text{固定资产原值}=\text{固定资产投资}+\text{建设期资本化借款利息} \tag{7-2}$$

(2) 无形资产投资。这是指项目用于取得无形资产而发生的投资。

(3) 开办费投资。这是为组织项目投资的公司在其筹建期内发生的,不能计入固定资产和无形资产价值的那部分投资。

流动资金投资是指项目投产前后分次或一次投放于流动资产项目的投资增加额,又称垫支流动资金或营运资金投资。

投资总额是一个反映项目投资总体规模的价值指标,它等于原始总投资与建设期资本化利息之和,即

$$\text{投资总额}=\text{原始总投资}+\text{建设期资本化利息} \tag{7-3}$$

式中,建设期资本化利息是指在建设期发生的与购建项目所需的固定资产、无形资产等长期资产有关的借款利息。

(五) 项目投资资金的投入方式

从时间特征上看,投资主体将原始总投资注入具体项目的投入方式包括一次投入和分次投入两种形式。一次投入方式是指投资行为集中一次发生在项目计算期第一个年度的年初或年末。如果投资行为涉及两个或两个以上年度,或虽然只涉及一个年度,但同时在该年的年初和年末发生,则属于分次投入方式。

资金投入方式与项目计算期的构成情况有关,同时也受到投资项目的具体内容制约。建设投资既可以采用年初预付的方式,也可采用年末结算的方式,因此该项投资必须在建设期内一次或分次投入。就单纯固定资产投资项目而言,如果建设期等于零,则说明固定资产投资的投资方式是一次投入;如果固定资产投资是分次投入的,则意味着该项目的建设期一般大于一年。

流动资金投资必须采取预付的方式,因此其首次投资最迟必须在建设期末(投产日)完成,亦可在试产期内有关年份的年初分次追加投入。

二、现金流量

(一) 现金流量的概念和分类

由一项长期投资方案引起的、在未来一定期间发生的现金收支,叫作现金流量(cash flow)。

需要注意的是，这里的现金指广义现金，既包括库存现金、银行存款等货币性资产，也包括相关非货币性资产（如原材料、设备等）的变现价值。

现金流量按照流动的具体方向来看，又可细分为现金流入量和现金流出量。

现金流入量是指投资项目实施后在项目计算期内所引起的公司现金收入的增加额，简称现金流入，包括：项目投产后每年实现的全部营业收入，固定资产在终结报废清理时的残值收入或中途转让时的变价收入，回收流动资金等其他现金流入量。

现金流出量是指投资项目实施后在项目计算期内所引起的公司现金流出的增加额，简称现金流出，包括：建设期发生的建设投资（含更改投资）、垫支的流动资金、在经营期内为满足正常生产经营而发生的付现成本（或经营成本）、所得税额等其他现金流出量。其中，付现成本的计算公式为

$$付现成本＝变动成本＋付现的固定成本＝总成本－折旧额及摊销额 \tag{7-4}$$

建设投资与垫支的流动资金合称为项目的原始总投资。

在项目投资的每一个阶段，总是既存在现金流入，也存在现金流出。通常投资决策中某一具体时点上的现金流量的描述，需要充分考虑两种现金流量带来的影响，为此就要引入现金净流量（NCF）。

（二）现金净流量的测算

现金净流量是指投资项目在项目计算期内现金流入量和现金流出量的净额，通常用NCF表示。其计算公式为

$$现金净流量（NCF）＝年现金流入量－年现金流出量 \tag{7-5}$$

当流入量大于流出量时，净流量为正值；反之，净流量为负值。

按照对投资项目计算期的分析，根据不同时期现金流量的特点，一般可将完整的项目经济寿命周期划分为三个时点阶段：投资建设期、投产后运营期和寿命终结期。项目现金净流量的测算也应区分不同阶段来进行。

1. 投资建设期现金净流量

投资建设期的现金净流量的计算公式为

$$现金净流量＝－该年投资额 \tag{7-6}$$

由于在建设期没有现金流入量，所以建设期的现金净流量总为负值。建设期现金净流量取决于投资额的投入方式是一次投入还是分次投入，若投资额是在建设期一次全部投入的，上述公式中的该年投资额即为原始总投资。

2. 投产后经营营业期现金净流量

投产后经营营业期现金净流量是指投资项目投产后，在经营营业期内由于生产经营活动而产生的现金净流量。其计算公式为

$$\begin{aligned}现金净流量&＝营业收入－付现成本\\&＝营业收入－（总成本－折旧额）\\&＝利润＋折旧额\end{aligned} \tag{7-7}$$

如果有无形资产摊销额，则

$$付现成本＝总成本－折旧额及摊销额 \tag{7-8}$$

如果考虑所得税对收入和折旧的影响，则

$$\text{现金净流量} = \text{税后收入} - \text{税后成本} + \text{折旧抵税额}$$
$$= \text{营业收入} \times (1 - \text{所得税率}) - \text{付现成本} \times (1 - \text{所得税率}) +$$
$$\text{折旧额} \times \text{所得税率}$$
$$= \text{利润} \times (1 - \text{所得税率}) + \text{折旧额}$$
$$= \text{税后利润(净利)} + \text{折旧额} \qquad (7-9)$$

3. 经营终结期现金净流量

经营终结期现金净流量是指投资项目在项目计算期结束时所发生的现金净流量。其计算公式为

$$\text{现金净流量} = \text{营业现金净流量} + \text{回收额} \qquad (7-10)$$

【例 7-1】 某企业进行一项设备投资,在建设起点一次性投入 3 500 万元,无建设期。该项目的生产经营期为 10 年,设备预计净残值为 50 万元,生产经营期间每年预计的营业利润为 400 万元,固定资产按照直线法计提折旧,企业适用的所得税税率为 25%。要求:计算该项目在项目计算期内各年的现金净现金流量。

解: 项目计算期 = 建设期 + 生产经营期 = 0 + 10 = 10(年)

$$\text{固定资产年折旧额} = \frac{3\,500 - 50}{10} = 345(\text{万元})$$

$$NCF_0 = -3\,500(\text{万元})$$

$$NCF_{1\sim9} = 400 \times (1 - 25\%) + 345 = 645(\text{万元})$$

$$NCF_{10} = 645 + 50 = 695(\text{万元})$$

【例 7-2】 某项目投资总额为 150 万元,其中固定资产投资 110 万元,建设期为 2 年,于建设起点分 2 年平均投入;无形资产投资 20 万元,于建设起点投入;流动资金投资为 20 万元,于投产开始垫付。该项目经营期为 10 年,固定资产按直线法计提折旧,期满有 10 万元净残值;无形资产于投产开始分 5 年平均摊销;流动资金在项目终结时可一次全部收回。另外,该项目投产后,前 5 年每年可获得 40 万元的营业收入,并发生 38 万元的总成本;后 5 年每年可获得 60 万元的营业收入,发生 25 万元的变动成本和 15 万元的付现固定成本。要求:计算该项目投资在项目计算期内各年的现金净流量。

解: 项目计算期 = 建设期 + 生产经营期 = 2 + 10 = 12(年)

① 建设期现金净流量

$$NCF_0 = -550\,000 - 200\,000 = -750\,000(\text{元})$$

$$NCF_1 = -550\,000(\text{元})$$

$$NCF_2 = -200\,000(\text{元})$$

② 经营营业期现金净流量

$$\text{固定资产年折旧额} = \frac{1\,100\,000 - 100\,000}{10} = 100\,000(\text{元})$$

$$\text{无形资产年摊销额} = \frac{200\,000}{5} = 40\,000(\text{元})$$

$$NCF_{3\sim7} = 400\,000 - 380\,000 + 100\,000 + 40\,000 = 160\,000(\text{元})$$

$$NCF_{8\sim11} = 600\,000 - 250\,000 - 150\,000 = 200\,000(\text{元})$$

③ 经营终结期现金净流量

$$NCF_{12} = 200\,000 + 100\,000 + 200\,000 = 500\,000(\text{元})$$

思政元素融入

让数字流量变成"三农"发展增量

近年来,我国乡村地区信息基础设施进一步完善,城乡"数字鸿沟"大幅缩小,农村地区的网络基础设施水平不断提升。以建设数字乡村为切入点,推动农村数字化、信息化应用普及,充分发挥新一代信息技术优势,为乡村振兴注入新动能,是中央一号文件对建设数字乡村的明确指示和部署。

加快推动5G、云计算、大数据、物联网、人工智能等技术持续融入农业生产经营管理过程,促进新一代信息通信技术与种植业、种业、畜牧业、渔业、农产品加工业全面深度融合应用,打造信息化运营体系,全力推动农业现代化高质量发展,促进智慧农业落地生根。

培育乡村新产业新业态,推动农村经济转型升级。深入实施"数商兴农"和"互联网+"农产品出村进城工程,鼓励发展农产品电商直采、定制生产等模式,建设农副产品直播电商基地。通过电子商务和直播带货,大幅拓宽农产品销售渠道,培育形成一批叫得响、质量优、特色显的农村电商产品品牌。

大力推动农村治理数字化,提升农村基层治理现代化水平。开发适应"三农"特点的信息终端、应用软件,全面实施信息进村入户工程,构建数字乡村综合信息化平台。在综合信息化平台基础上,探索建立"互联网+网格"管理服务模式,推动党务、村务网上公开,完善信息收集、处置、反馈工作机制和联动机制,加快农村全面接入全国一体化在线政务服务平台,大力发展"互联网+教育""互联网+医疗"等民生应用,推动数字教育资源共享,助建城乡"医联体",有力强化农村地区的民生保障。

习近平总书记在中央农村工作会议上强调:让农民就地过上现代文明生活。信息通信技术是农民通往现代文明生活的桥梁纽带。信息通信业将大力建设数字乡村,将信息通信网变成农村致富增收网,将数字流量变成"三农"发展增量,推动乡村振兴取得新进展、农业农村现代化迈上新台阶。

扫描右侧二维码阅读:让数字流量变成"三农"发展增量。

链接:让数字流量变成"三农"发展增量

任务二　项目投资评价指标

胜利公司准备购入一设备以扩充生产能力。现有甲、乙两种方案可供选择,甲方案需要投资200 000元,使用寿命为5年,采用直线法计提折旧,5年后设备无残值。5年中每年的销售收入为120 000元,每年的付现成本为40 000元。乙方案需投资240 000元,另外在第一年年初垫支流动资金48 000元,采用直线法计提折旧,使用寿命也是5年,5年后有残值收入40 000元。5年中每年的销售收入为160 000元,付现成本第一年为60 000元,以后随着设备的陈旧,逐年将增加修理费8 000元。假设公司基准投资回收期为3.7年,假设两种方案均无建设期,假定公司选定的资本成本率为10%,该公司企业所得税税率为25%。

具体任务:分析并决策选择哪个方案。

项目投资决策评价指标是衡量和比较投资项目可行性并据以进行方案决策的定量化标准与尺度,它由一系列综合反映投资效益、投入产出关系的量化指标构成。

项目投资决策评价指标根据其是否考虑资金的时间价值,可分为非贴现指标和贴现指标两大类。

微课:项目投资评价指标1

一、非贴现指标

非贴现指标,又称静态指标,即没有考虑资金时间价值因素的指标,主要包括投资回收期等指标。

投资回收期是指收回全部投资总额所需要的时间。投资回收期是一个非贴现的反指标,回收期越短,方案就越有利。投资回收期的计算可分为两种情况。

1. 生产经营期内各年现金净流量相等

此时,投资回收期的计算公式为

$$投资回收期 = \frac{投资总额}{年现金净流量} \tag{7-11}$$

如果投资项目投产后若干年(假设为 M 年)内,每年的经营现金净流量相等,且有以下关系成立,则可用于计算投资回收期。

$$M \times 投产后 M 年内每年相等的现金净流量(NCF) \geq 投资总额 \tag{7-12}$$

【例 7-3】 某公司有甲、乙两个投资方案,投资总额均为 10 万元,全部用于购置新设备,折旧采用直线法,使用期均为 5 年,无残值,其他有关资料如表 7-1 所示。要求:根据资料,计算甲方案的投资回收期。

表 7-1 现金净流量表   单位:元

项目计算期	甲方案		乙方案	
	利润	现金净流量(NCF)	利润	现金净流量(NCF)
0		−100 000		−100 000
1	15 000	35 000	10 000	30 000
2	15 000	35 000	14 000	34 000
3	15 000	35 000	18 000	38 000
4	15 000	35 000	22 000	42 000
5	15 000	35 000	26 000	46 000
合计	75 000	75 000	90 000	90 000

解: 甲方案投资回收期 $= \dfrac{100\ 000}{35\ 000} = 2.86(年)$

【例 7-4】 某投资项目投资总额为 100 万元,建设期为 2 年,投产后第 1 年至第 8 年每年现金净流量为 25 万元,第 9 年、第 10 年每年现金净流量均为 20 万元。要求:计算项目的投资回收期。

解: $8 \times 25 \geq 投资额 100\ 万元$

$$投资回收期 = 2 + \frac{100}{25} = 6(年)$$

从此例中可知,投资回收期还应包括建设期。

2. 生产经营期内各年现金净流量不相等

此时,需计算逐年累计的现金净流量,然后用插入法计算投资回收期。

【例 7-5】 根据例 7-3 资料,计算乙方案的投资回收期。

解:乙方案各年累计现金净流量如表 7-2 所示。

表 7-2 现金净流量表   单位:元

项目计算期	乙方案	
	现金净流量(NCF)	累计现金净流量
1	30 000	30 000
2	34 000	64 000
3	38 000	102 000
4	42 000	144 000
5	46 000	190 000

由表 7-2 可知,乙方案的投资回收期在第 2 年与第 3 年之间,如图 7-2 所示。

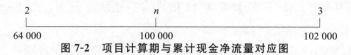

图 7-2 项目计算期与累计现金净流量对应图

用插入法计算:

$$\text{乙方案投资回收期} = 2 + \frac{100\ 000 - 64\ 000}{102\ 000 - 64\ 000} = 2.95(\text{年})$$

静态投资回收期计算简单明了,容易掌握。但是没有考虑资金的时间价值,也没有考虑回收期之后的现金净流量对投资收益的贡献,也就是说,没有考虑投资方案的全部现金净流量,所以有较大局限性。因此,该类指标一般只适用于方案的初选,或者投资后各项目间经济效益的比较。

二、贴现指标

贴现指标,又称动态指标,即考虑资金时间价值因素的指标,主要包括净现值、年金净流量、现值指数、内含报酬率等指标。

微课:项目投资评价指标 2

(一) 净现值(NPV)

净现值是指在项目计算期内,按一定贴现率计算的各年现金净流量现值的代数和。所用的贴现率可以是公司的资本成本,也可以是公司所要求的最低报酬率水平。净现值的计算公式为

$$\text{NPV} = \sum_{t=0}^{n} \text{NCF}_t \times (P/F, i, t) \tag{7-13}$$

式中,n 为项目计算期(包括建设期与生产经营期);NCF_t 为第 t 年的现金净流量;$(P/F, i, t)$ 为第 t 年、贴现率为 i 的复利现值系数。

净现值指标的决策标准:如果投资方案的净现值大于或等于零,则该方案为可行方案;如果投资方案的净现值小于零,则该方案为不可行方案;如果几个方案的投资额相同,项目

计算期相等且净现值均大于零,那么净现值最大的方案为最优方案。所以,净现值大于或等于零是项目可行的必要条件。

1. 生产经营期内各年现金净流量相等,建设期为零

此时,净现值的计算公式为

$$净现值＝生产经营期各年相等的现金净流量×年金现值系数－投资现值 \quad (7-14)$$

【例 7-6】 某公司购入设备一台,价值为 30 000 元,按直线法计提折旧,使用寿命 6 年,期末无残值。预计投产后每年可获得利润 4 000 元,假定贴现率为 12%。要求:计算该项目的净现值。

解：

$$NCF_0 = -30\,000(元)$$

$$NCF_{1\sim6} = 4\,000 + \frac{30\,000}{6} = 9\,000(元)$$

$$\begin{aligned} NPV &= 9\,000 \times (P/A, 12\%, 6) - 30\,000 \\ &= 9\,000 \times 4.111\,4 - 30\,000 \\ &= 7\,002.6(元) \end{aligned}$$

2. 生产经营期内各年现金净流量不相等

净现值的计算公式为

$$净现值 = \sum(生产经营期各年的现金净流量 \times 各年的现值系数) - 投资现值 \quad (7-15)$$

【例 7-7】 某公司购入设备一台,价值为 30 000 元,按直线法计提折旧,使用寿命 6 年,期末无残值。预计投产后每年可获得利润分别为 3 000 元、3 000 元、4 000 元、4 000 元、5 000 元、6 000 元,假定贴现率为 12%。要求:计算该项目的净现值。

解：$NCF_0 = -30\,000(元)$

$$年折旧额 = \frac{30\,000}{6} = 5\,000(元)$$

$NCF_1 = 3\,000 + 5\,000 = 8\,000(元)$

$NCF_2 = 3\,000 + 5\,000 = 8\,000(元)$

$NCF_3 = 4\,000 + 5\,000 = 9\,000(元)$

$NCF_4 = 4\,000 + 5\,000 = 9\,000(元)$

$NCF_5 = 5\,000 + 5\,000 = 10\,000(元)$

$NCF_6 = 6\,000 + 5\,000 = 11\,000(元)$

$$\begin{aligned} NPV &= 8\,000 \times (P/F,12\%,1) + 8\,000 \times (P/F,12\%,2) + 9\,000 \times (P/F,12\%,3) + \\ &\quad 9\,000 \times (P/F,12\%,4) + 10\,000 \times (P/F,12\%,5) + 11\,000 \times (P/F,12\%,6) - \\ &\quad 30\,000 \\ &= 8\,000 \times 0.892\,9 + 8\,000 \times 0.797\,2 + 9\,000 \times 0.711\,8 + 9\,000 \times 0.635\,5 + \\ &\quad 10\,000 \times 0.567\,4 + 11\,000 \times 0.506\,6 - 30\,000 \\ &= 6\,893.1(元) \end{aligned}$$

【例 7-8】 某公司拟建一项固定资产,需投资 55 万元,按直线法计提折旧,使用寿命 10 年,期末有 5 万元净残值。该项工程建设期为 1 年,投资额分别于年初投入 30 万元,年末投入 25 万元。预计项目投产后每年可增加营业收入 15 万元,总成本 10 万元,假定贴现率为 10%。要求:计算该投资项目的净现值。

解: ① 建设期现金净流量

$$NCF_0 = -30(万元)$$
$$NCF_1 = -25(万元)$$

② 经营营业期现金净流量

$$NCF_{2-10} = (15-10) + \frac{55-5}{10} = 10(万元)$$

③ 经营终结期现金净流量

$$NCF_{11} = 10 + 5 = 15(万元)$$

④ $NPV = 10 \times [(P/A,10\%,10) - (P/A,10\%,1)] + 15 \times (P/F,10\%,11) - [30 + 25 \times (P/F,10\%,1)]$
$= 10 \times (6.1446 - 0.9091) + 15 \times 0.3505 - (30 + 25 \times 0.9091)$
$= 4.885(万元)$

净现值是一个贴现的绝对值正指标,其优点在于:一是综合考虑了资金时间价值,能较合理地反映投资项目的真正经济价值;二是考虑了项目计算期的全部现金净流量,体现了流动性与收益性的统一;三是考虑了投资风险性,因为贴现率的大小与风险大小有关,风险越大,贴现率就越高。但是该指标的缺点也是明显的,即无法直接反映投资项目的实际投资报酬率水平;当各项目投资额不同时,难以确定最优的投资项目。

(二) 年金净流量(ANCF)

项目期间内全部现金净流量总额的总现值折算为等额年金的平均现金净流量,称为年金净流量(ANCF),通常用于多个寿命期不同的互斥方案比较。在此法下,年金净流量最大的方案为优。

年金净流量具体计算步骤如下。

(1) 计算各方案的净现值(NPV)。
(2) 计算各方案的年金净流量,若贴现率为 i,项目计算期为 n,则

年金净流量=净现值/年金现值系数

$$ANCF = \frac{NPV}{(P/A,i,n)} \tag{7-16}$$

(3) 比较方案,做出决策。

【例 7-9】 某公司有两项投资方案,其现金净流量如表 7-3 所示。要求:如果该公司期望达到最低报酬率为 12%,请做出决策。

表 7-3 现金净流量表　　　　　　　　　　　　　　　单位:元

项目计算期	甲方案		乙方案	
	净收益	现金净流量	净收益	现金净流量
0		-200 000		-120 000
1	20 000	120 000	16 000	56 000
2	32 000	132 000	16 000	56 000
3			16 000	56 000

解:① 计算甲、乙方案的 NPV。

$$NPV_甲 = 120\ 000 \times (P/F,12\%,1) + 132\ 000 \times (P/F,12\%,2) - 200\ 000$$
$$= 120\ 000 \times 0.892\ 9 + 132\ 000 \times 0.797\ 2 - 200\ 000$$
$$= 12\ 378.4(元)$$

$$NPV_乙 = 56\ 000 \times (P/A,12\%,3) - 120\ 000$$
$$= 56\ 000 \times 2.401\ 8 - 120\ 000$$
$$= 14\ 500.8(元)$$

② 计算甲、乙方案的年金净流量。

$$甲方案年金净流量 = \frac{12\ 378.4}{(P/A,12\%,2)} = \frac{12\ 378.4}{1.690\ 1} = 7\ 324.06(元)$$

$$乙方案年金净流量 = \frac{14\ 500.8}{(P/A,12\%,3)} = \frac{14\ 500.8}{2.401\ 8} = 6\ 037.47(元)$$

③ 做出决策。甲方案年金净流量>乙方案年金净流量,7 324.06(元)>6 037.47(元),故应选择甲方案。

根据上述计算结果可知,乙方案的净现值大于甲方案的净现值,但乙方案的项目计算期为 3 年,而甲方案仅为 2 年,所以,乙方案的净现值高并不能说明该方案优,还需通过计算年金净流量得出结论,甲方案的年金净流量高于乙方案,即甲方案为最优方案。

(三) 现值指数(PI)

净现值是一个绝对数指标,与其相对应的相对数指标是现值指数,也称获利指数、利润指数。现值指数是指项目投产后按一定贴现率计算的在生产经营期内各年现金净流量的现值合计与投资现值合计的比值,其计算公式为

$$现值指数 = \frac{\sum 生产经营期各年现金净流量现值}{投资现值} \tag{7-17}$$

现值指数大于 1,表明项目的报酬率高于贴现率,存在额外收益;现值指数等于 1,表明项目的报酬率等于贴现率,收益只能抵补资本成本;现值指数小于 1,表明项目的报酬率小于贴现率,收益不能抵补资本成本。所以,对于单一方案的项目来说,现值指数大于或等于 1 是项目可行的必要条件。当有多个投资项目可供选择时,由于现值指数越大,公司的投资报酬水平就越高,所以应采用现值指数大于 1 中的最大者。

【例 7-10】 根据例 7-6 资料,计算现值指数。

解:$$现值指数 = \frac{9\ 000 \times (P/A,12\%,6)}{30\ 000} = \frac{9\ 000 \times 4.111\ 4}{30\ 000} = 1.233\ 4$$

【例 7-11】 根据例 7-8 资料,计算现值指数。

解:$$现值指数 = \frac{10 \times [(P/A,10\%,10) - (P/A,10\%,1)] + 15 \times (P/F,10\%,11)}{30 + 25 \times (P/F,10\%,1)}$$

$$= \frac{10 \times (6.144\ 6 - 0.909\ 1) + 15 \times 0.350\ 5}{30 + 25 \times 0.909\ 1}$$

$$= \frac{52.355 + 5.257\ 5}{30 + 22.727\ 5} = \frac{57.612\ 5}{52.727\ 5}$$

$$= 1.092\ 65$$

(四)内含报酬率(IRR)

内含报酬率,又称内部收益率,是指投资项目在项目计算期内各年现金净流量现值合计数等于零时的贴现率,亦可将其定义为能使投资项目的净现值等于零时的贴现率。显然,内含报酬率 IRR 满足下列等式:

$$\sum_{t=0}^{n} \text{NCF}_t \times (P/F, \text{IRR}, t) = 0 \qquad (7\text{-}18)$$

从式(7-18)可知,净现值的计算是根据给定的贴现率求净现值,而内含报酬率的计算是先令净现值等于零,然后求能使净现值等于零的贴现率。所以,净现值不能揭示各个方案本身可以达到的实际报酬率,而内含报酬率实际上反映了项目本身的真实报酬率。用内含报酬率评价项目可行的必要条件:内含报酬率大于或等于贴现率。

1. 生产经营期内各年现金净流量相等,且全部投资均于建设起点一次投入,建设期为零

生产经营期每年相等的现金净流量(NCF)×年金现值系数(P/A,IRR,t)—投资总额=0

内含报酬率具体计算步骤如下。

(1)计算年金现值系数(P/A,IRR,t)。

$$\text{年金现值系数} = \frac{\text{投资总额}}{\text{生产经营期每年相等的现金净流量}}$$

(2)根据计算出来的年金现值系数与已知的年限 t,查年金现值系数表,确定内含报酬率的范围。

(3)用插入法求出内含报酬率。

【例 7-12】 根据例 7-6 资料,计算内含报酬率。

解: $(P/A, \text{IRR}, 6) = 30\,000 / 9\,000 = 3.333\,3$

查 1 元年金现值表(附表 4)可知,该公司的内含报酬率为 18%~20%,如图 7-3 所示。

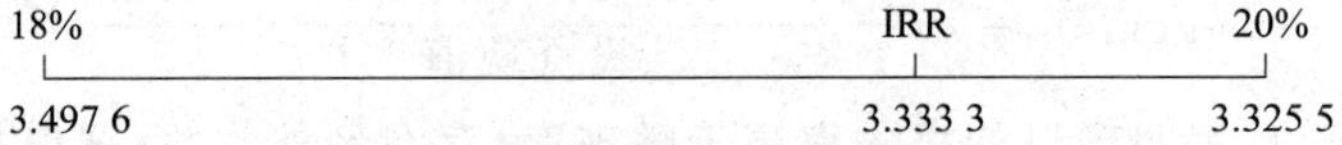

```
18%              IRR            20%
├────────────────┼──────────────┤
3.497 6         3.333 3        3.325 5
```

图 7-3 内含报酬率与年金现值系数对应图

用插入法计算:

$$\text{IRR} = 18\% + \frac{3.497\,6 - 3.333\,3}{3.497\,6 - 3.325\,5} \times (20\% - 18\%) = 19.91\%$$

2. 生产经营期内各年现金净流量不相等

若投资项目在生产经营期内各年现金净流量不相等,或建设期不为零,投资额在建设期内分次投入的情况下,无法应用上述的简便方法,必须按定义采用逐次测试的方法,计算能使净现值等于零的贴现率,即内含报酬率。其计算步骤如下。

(1)估计一个贴现率,用它来计算净现值。如果净现值为正数,说明方案的实际内含报酬率大于预计的贴现率,应提高贴现率再进一步测试;如果净现值为负数,说明方案本身的报酬率小于估计的贴现率,应降低贴现率再进行测算。如此反复测试,寻找出使净现值由正到负或由负到正且接近零的两个贴现率。

(2)根据上述相邻的两个贴现率用插入法求出该方案的内含报酬率。由于逐步测试法是一种近似方法,因此相邻的两个贴现率不能相差太大,否则内含报酬率的误差会很大。

【例7-13】 根据例7-7资料,计算内含报酬率。

解: 先按16%估计的贴现率进行测试,其结果净现值为2 855.8元,是正数。于是把贴现率提高到18%进行测试,净现值为1 090.6元,仍为正数,再把贴现率提高到20%进行测试,净现值为526.5元,是负数。有关测试计算如表7-4所示。

表7-4 测试表　　　　　　　　　　　　　　　　　单位:元

年份	现金净流量 (NCF)	贴现率=16%		贴现率=18%		贴现率=20%	
		现值系数	现值	现值系数	现值	现值系数	现值
0	−30 000	1	−30 000	1	−30 000	1	−30 000
1	8 000	0.862 1	6 896.8	0.847 5	6 780	0.833 3	6 666.4
2	8 000	0.743 2	5 945.6	0.718 2	5745.6	0.694 4	5 555.2
3	9 000	0.640 7	5 766.3	0.608 6	5 477.4	0.578 7	5 208.3
4	9 000	0.552 3	4 970.7	0.515 8	4 642.2	0.482 3	4 340.7
5	10 000	0.476 2	4 762.0	0.437 1	4 371.0	0.401 9	4 019.0
6	11 000	0.410 4	4 514.4	0.370 4	4 074.4	0.334 9	3 683.9
净现值			2 855.8		1 090.6		−526.5

从表7-4可得出,该项目的内含报酬率为18%~20%,如图7-4所示。

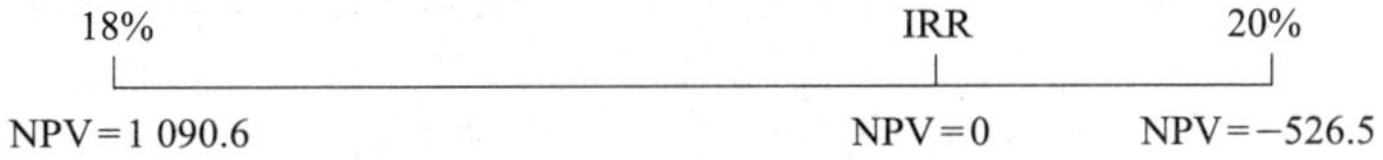

```
         18%                    IRR              20%
          |———————————————————————|————————————————|
     NPV=1 090.6                 NPV=0         NPV=−526.5
```

图7-4 内含报酬率与净现值对应图

用插入法计算:

$$IRR = 18\% + \frac{1090.6 - 0}{1090.6 - (-526.5)} \times (20\% - 18\%) = 19.35\%$$

内含报酬率是一个动态相对量正指标,它既考虑了资金时间价值,又能从动态的角度直接反映投资项目的实际报酬率,且不受贴现率高低的影响,比较客观,但该指标的计算过程比较复杂。

(五)评价指标之间的关系

净现值(NPV)、年金净流量(ANCF)、现值指数(PI)和内含报酬率(IRR)指标之间存在以下数量关系。

当NPV>0时,ANCF>0,PI>1,IRR>i;

当NPV=0时,ANCF=0,PI=1,IRR=i;

当NPV<0时,ANCF<0,PI<1,IRR<i。

这些指标的计算结果都受到建设期和生产经营期的期限、投资金额、投资方式以及各年现金净流量的影响。

净现值(NPV)是一个绝对数指标,其余均为相对数指标;计算净现值、年金净流量和现值指数所依据的贴现率(i)都是事先已知的,而内含报酬率(IRR)的计算本身与贴现率(i)的高低无关,只是将所测算的内含报酬率与其贴现率进行对比,当IRR≥i时,该方案是可行的。

思政元素融入

实体经济投资来势向好

中华人民共和国成立70周年经济社会发展成就报告显示：1949年以来，全国固定资产投资保持了持续快速增长，年均增长15.6%。投资结构逐步优化，投资质量持续提高，投资的快速增长拉动了经济持续快速增长，对经济社会持续健康发展和人民生活水平提高发挥了关键作用。

70年来，投资一直是经济发展的重要驱动力量之一，1978年全国资本形成率为38.9%，2011年升至48%，达到改革开放以来的峰值。党的十八大以来，经济增长向消费、投资、出口三大动力协调驱动转变。2018年，全国资本形成率为44.9%，资本形成总额对经济增长的贡献率为32.4%，有效投资与消费升级良性互动的局面正在逐渐形成。固定资产投资补短板、强弱项、增动能作用更加明显，结构更加优化，质量更加提高。2013—2018年，高技术产业投资年均增长16.9%，增速比全社会投资高6.2%。其中，高技术制造业投资年均增长15%，增速比全部制造业投资高5.4%；高技术服务业投资年均增长20.3%，增速比全部服务业投资高8.2%。

坚持把发展经济的着力点放在实体经济上，实体经济投资来势向好。

扫描右侧二维码阅读：中华人民共和国成立70年来固定资产投资年均增长15.6%。

链接：中华人民共和国成立70年来固定资产投资年均增长15.6%

任务三 项目投资决策指标应用

任务导入

中联公司是一家生产小家电的企业，小家电的单价为350元，现有闲置资金40万元。经过市场调研，未来25年内市场总需求为6 000 000台。而国内现有的年生产能力仅为200 000台，为此中联公司决定利用40万元闲置资金新建一间车间和购置一条生产线。

新建车间预计投资155 000元，可使用15年，15年后残值约为5 000元。构建生产线有两个方案可供选择。

(1) 从国内市场购置，投资额为310 000元，预计工期2年，2年后正式投产，年生产能力6 000台，可使用10年，残值为6 000元。

(2) 从国外购置，售价折合人民币为150 000元，另外还需支付进口关税、运杂费和安装费等共计96 000元。预计工期1年，年生产能力5 000台，该生产线可使用6年，残值6 000元。

这两种方案均需预先支付投资费用。财务处根据以上资料进行了成本预测：如果从国内购置生产线，年固定成本为120 000元(包括厂房、生产线折旧费等，均采用直线折旧法)；如果从国外购置生产线，年固定成本增加4 000元。小家电的单价为350元，单位变动成本均为252元，所得税税率为25%，贴现率为10%。新建车间使用6年后，若不再使用，可转让其他企业，预计收回95 000元；如使用10年后转让，可取得55 000元。

具体任务：请分析并决策从哪里购入生产线最划算。

评价指标是为了进行项目投资方案的对比与选优，为项目投资方案提供决策的定量依据。但投资方案对比与选优的方法会因项目投资方案的不同而有区别。

微课：我该投资哪个项目

一、独立投资方案的决策

独立投资方案是指方案之间存在着相互依赖的关系，但又不能相互取代的方案。在只有一个投资项目可供选择的条件下，只需评价其财务上是否可行。投资方案是否具备财务可行性，可参照表7-5进行评价。

表7-5　投资方案财务可行性评价表

评价指标	具备	不具备
净现值（NPV）	NPV≥0	NPV<0
现值指数（PI）	PI≥1	PI<1
内含报酬率（IRR）	IRR≥i	IRR<i
包括建设期的静态投资回收期（PP）	PP≤$n/2$	PP>$n/2$
不包括建设期的静态投资回收期（PP'）	PP'≤$n/2$	PP'>$n/2$

对比指标：基准折现率（i），事先给定。
说明：PP≤$n/2$，表示小于或等于项目计算期一半；PP'≤$n/2$，表示小于或等于生产经营期一半。当静态的投资回收期作为辅助指标评价投资项目与主要指标（净现值等指标）的评价结论发生矛盾时，应当以主要指标的结论为准。

【例7-14】 根据例7-8、例7-10、例7-13的计算结果可知：

$$NPV=4.885（万元）>0$$
$$PI=1.2334>1$$
$$IRR=19.35\%>10\%（贴现率）$$

以上计算结果表明，该方案各项主要指标均达到或超过相应标准，所以它具有财务可行性，方案是可行的。

【例7-15】 某企业拟引进一条流水线，投资额110万元，分两年投入。第一年年初投入70万元，第二年年初投入40万元，建设期为2年，净残值10万元，折旧采用直线法。在投产初期投入流动资金20万元，项目使用期满仍可全部回收。该项目可使用10年，每年销售收入为60万元，总成本45万元。假定企业期望的投资报酬率为10%。要求：判断该项目是否可行。

解：① 计算该项目的净现值。

$NCF_0 = -70$（万元）

$NCF_1 = -40$（万元）

$NCF_2 = -20$（万元）

年折旧额$=\dfrac{110-10}{10}=10$（万元）

$NCF_{3\sim 11}=60-45+10=25$（万元）

$$NCF_{12} = 25 + (10 + 20) = 55(万元)$$
$$NPV = 25 \times [(P/A, 10\%, 11) - (P/A, 10\%, 2)] + 55 \times (P/F, 10\%, 12) -$$
$$[70 + 40 \times (P/F, 10\%, 1) + 20 \times (P/F, 10\%, 2)]$$
$$= 25 \times (6.4951 - 1.7355) + 55 \times 0.3186 - (70 + 40 \times 0.9091 + 20 \times 0.8264)$$
$$= 13.621(万元)$$

② 根据计算结果,进行决策。

由以上计算可知:净现值为13.621万元,大于零,所以该项目在财务上是可行的。

二、互斥投资方案的决策

项目投资决策中的互斥方案(相互排斥方案)是指在决策时涉及的多个相互排斥、不能同时实施的投资方案。互斥方案决策过程就是在每一个备选方案已具备项目可行性的前提下,利用具体决策方法比较各个方案的优劣,利用评价指标从各个备选方案中最终选出一个最优方案的过程。

由于各个备选方案的投资额、项目计算期不相一致,因而要根据各个方案的使用期、投资额相等与否,采用不同的方法进行选择。

1. 互斥方案的投资额、项目计算期均相等

此时,可采用净现值法或内含报酬率法。净现值或内含报酬率最大的方案为优。

【例7-16】 某企业现有资金100万元可用于固定资产项目投资,有A、B、C、D四个互相排斥的备选方案可供选择,这四个方案投资总额均为100万元,项目计算期都为6年,贴现率为10%,经计算:

$$NPV_A = 8.1253(万元), \quad IRR_A = 13.3\%;$$
$$NPV_B = 12.25(万元), \quad IRR_B = 16.87\%;$$
$$NPV_C = -2.12(万元), \quad IRR_C = 8.96\%;$$
$$NPV_D = 10.36(万元), \quad IRR_D = 15.02\%。$$

要求:决策哪一个投资方案为最优。

解: 由于$NPV_C = -2.12(万元) < 0$,$IRR_C = 8.96\% <$ 贴现率10%,所以不符合财务可行的必要条件,应舍去C方案。

又由于A、B、D三个备选方案的净现值均大于零,且内含报酬平均大于贴现率,所以A、B、D三个方案均符合财务可行的必要条件。

且$NPV_B > NPV_D > NPV_A$,$IRR_B > IRR_D > IRR_A$,12.25万元 > 10.36万元 > 8.1253万元,16.87% > 15.02% > 13.3%。

所以B方案最优,D方案为其次,最差为A方案。

由此可知,结论是应采用B方案。

2. 互斥方案的投资额不相等,但项目计算期相同

此时,可采用差额法。差额法是指在两个投资总额不同方案的差量现金净流量(记作ΔNCF)的基础上,计算出差额净现值(记作ΔNPV)或差额内含报酬率(记作ΔIRR),并据以判断方案孰优孰劣的方法。

在此方法下,一般以投资额大的方案减投资额小的方案,当$\Delta NPV \geq 0$或$\Delta IRR \geq i$时,投资额大的方案较优;反之,则投资额小的方案为优。

差额净现值 ΔNPV 或差额内含报酬率 ΔIRR 的计算过程和计算技巧同净现值 NPV 或内含报酬率 IRR 完全一样,只是所依据的是差量现金净流量 ΔNCF。

【例 7-17】 某企业有甲、乙两个投资方案可供选择,甲方案的投资额为 100 000 元,每年现金净流量均为 30 000 元,可使用 5 年;乙方案的投资额为 70 000 元,每年现金净流量分别为 10 000 元、15 000 元、20 000 元、25 000 元、30 000 元,使用年限也为 5 年。甲、乙两方案建设期均为零年,如果贴现率为 10%。要求:对甲、乙方案作出选择。

解:因为两方案的项目计算期相同,但投资额不相等,所以可采用差额法来评判。

解法一:差额净现值法

$\Delta NCF_0 = -100\,000 - (-70\,000) = -30\,000$(元)

$\Delta NCF_1 = 30\,000 - 10\,000 = 20\,000$(元)

$\Delta NCF_2 = 30\,000 - 15\,000 = 15\,000$(元)

$\Delta NCF_3 = 30\,000 - 20\,000 = 10\,000$(元)

$\Delta NCF_4 = 30\,000 - 25\,000 = 5\,000$(元)

$\Delta NCF_5 = 30\,000 - 30\,000 = 0$(元)

$\Delta NPV_{甲-乙} = 20\,000 \times (P/F, 10\%, 1) + 15\,000 \times (P/F, 10\%, 2) + 10\,000 \times (P/F, 10\%, 3) + 5\,000 \times (P/F, 10\%, 4) - 30\,000$

$= 20\,000 \times 0.909\,1 + 15\,000 \times 0.826\,4 + 10\,000 \times 0.751\,3 + 5\,000 \times 0.683 - 30\,000$

$= 11\,506$(元) > 0

解法二:差额内含报酬率法

用 $i = 28\%$ 测算 ΔNPV:

$\Delta NPV = 20\,000 \times (P/F, 28\%, 1) + 15\,000 \times (P/F, 28\%, 2) + 10\,000 \times (P/F, 28\%, 3) + 5\,000 \times (P/F, 28\%, 4) - 30\,000$

$= 20\,000 \times 0.781\,3 + 15\,000 \times 0.610\,4 + 10\,000 \times 0.476\,8 + 5\,000 \times 0.372\,5 - 30\,000$

$= 1\,412.5$(元) > 0

再用 $i = 32\%$ 测算 ΔNPV:

$\Delta NPV = 20\,000 \times (P/F, 32\%, 1) + 15\,000 \times (P/F, 32\%, 2) + 10\,000 \times (P/F, 32\%, 3) + 5\,000 \times (P/F, 32\%, 4) - 30\,000$

$= 20\,000 \times 0.757\,6 + 15\,000 \times 0.573\,9 + 10\,000 \times 0.434\,8 + 5\,000 \times 0.329\,4 - 30\,000$

$= -244.5$(元) < 0

由以上计算可知,该项目的内含报酬率为 28%~32%,如图 7-5 所示。

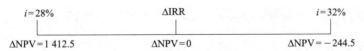

图 7-5 差额内含报酬率与差额净现值对应图

用插入法计算:

$$\Delta IRR = 28\% + \frac{1\,412.5 - 0}{1\,412.5 - (-244.5)} \times (32\% - 28\%)$$
$$= 31.41\% > 贴现率10\%$$

由以上计算可知：差额净现值为11 506元，大于零，差额内含报酬率为31.41%，大于贴现率10%，应选择甲方案。

3. 互斥方案的投资额不相等，项目计算期也不相同

多个寿命期不同的互斥方案通常采用年金净流量法进行比较。但在实际工作中，有些投资方案不能单独计算盈亏，或者投资方案的收入相同或基本相同且难以具体计量，一般可考虑采用年均成本现值比较法来进行比较和评价，即比较年平均成本现值。年平均成本现值最小的方案为优。年均成本现值法的计算步骤如下。

（1）计算各方案的成本现值。

（2）计算各方案的年均成本现值，则

$$年均成本现值 = \frac{成本现值}{年金现值系数} \tag{7-19}$$

（3）比较方案，做出决策。

【例7-18】 某企业有甲、乙两个投资方案可供选择，两个方案的设备生产能力相同，设备的寿命期甲投资方案为4年、乙投资方案为5年，无建设期。甲方案的投资额为64 000元，每年的经营成本分别为4 000元、4 400元、4 600元、4 800元，寿命终期有6 400元的净残值；乙方案投资额为60 000元，每年的经营成本均为6 000元，寿命终期有6 000元净残值。假定企业的贴现率为8%。要求：比较两个方案的优劣。

解：因为甲、乙两方案的收入不知道，无法计算净现值，只能计算出成本现值，且项目计算期不同，所以应采用年均成本现值比较法。

① 计算甲、乙两个方案的投资成本现值。

甲方案的投资成本现值 = 64 000 + 4 000×(P/F,8%,1) + 4 400×(P/F,8%,2) + 4 600×(P/F,8%,3) + 4 800×(P/F,8%,4) − 6 400×(P/F,8%,4)
= 64 000 + 4 000×0.925 9 + 4 400×0.857 3 + 4 600×0.793 8 + 4 800×0.735 − 6 400×0.735
= 73 951.20（元）

乙方案的投资成本现值 = 60 000 + 6 000×(P/A,8%,5) − 6 000×(P/F,8%,5)
= 60 000 + 6 000×3.992 7 − 6 000×0.680 6
= 79 872.60（元）

② 计算甲、乙两个方案的年均成本现值。

$$甲方案的年均成本现值 = \frac{73\,951.20}{(P/A,8\%,4)} = \frac{73\,951.20}{3.312\,1} = 22\,327.59(元)$$

$$乙方案的年均成本现值 = \frac{79\,872.60}{(P/A,8\%,5)} = \frac{79\,872.60}{3.992\,7} = 20\,004.66(元)$$

由以上计算可知，乙方案的年均成本现值低于甲方案的年均成本现值，因此采用乙方案。

三、项目投资案例分析

（一）固定资产更新决策

随着科学技术进步的不断发展，固定资产的更新周期不断加快，陈旧设备尽管还能使

用,但消耗原材料、燃料、动力多,维护费用大,经济上并不合算。所以,企业应实时对固定资产进行更新,用技术先进、消耗小的高效能设备替代旧设备。固定资产的更新改造决策就属于互斥投资方案的决策类型,是项目投资决策的重要组成部分,它的新旧程度直接反映了公司的生产经营能力。

【例 7-19】 某企业有一台设备,购于 4 年前,现在考虑是否需要更新。假定新、旧设备生产能力相同,其他有关资料如表 7-6 所示。假若企业所得税税率为 25%,贴现率为 10%。要求:计算新、旧设备的现金流量并作出是否更新的决策。

表 7-6　新旧设备现金流量表　　　　　　　　　　　　　　　单位:元

项　目	旧设备	新设备
原价	800 000	800 000
税法规定残值(10%)	80 000	80 000
税法规定使用年限(年)	10	8
已使用年限	4	0
尚可使用年限	6	8
建设期	0	0
每年付现成本	90 000	70 000
3 年后大修费用	100 000	0
最终报废残值	70 000	90 000
旧设备目前变现价值	150 000	0

解: 由于新、旧设备生产能力相同,所以取得的营业收入也相同。又因为新、旧设备的项目计算期不相同,所以

$$旧设备的项目计算期 = 6(年)$$

$$新设备项目计算期 = 0 + 8 = 8(年)$$

故采用"年均成本现值比较法"。

(1) 分别计算新、旧设备生产经营期的现金净流量,如表 7-7 所示。

表 7-7　现金净流量表　　　　　　　　　　　　　　　　　单位:元

经营期	$NCF_{新}$	$NCF_{旧}$
年折旧额	$\dfrac{800\,000 \times (1-10\%)}{8} = 90\,000$	$\dfrac{800\,000 \times (1-10\%)}{10} = 72\,000$
1	$-70\,000 \times (1-25\%) + 90\,000 \times 25\%$ $= -30\,000$	$-90\,000 \times (1-25\%) + 72\,000 \times 25\%$ $= -49\,500$
2	$-30\,000$	$-49\,500$
3	$-30\,000$	$-49\,500 - 100\,000 \times (1-25\%) = -124\,500$
4	$-30\,000$	$-49\,500$
5	$-30\,000$	$-49\,500$
6	$-30\,000$	$-49\,500 + 70\,000 + (80\,000 - 70\,000) \times 25\% = 23\,000$
7	$-30\,000$	
8	$-30\,000 + 90\,000 - (90\,000 - 80\,000) \times 25\% = 57\,500$	

① 生产经营期现金净流量是按照下列公式计算：

NCF＝税后收入－税后成本＋折旧×所得税率

② 第三年旧设备大修理费用 10 万元属现金流出，$100\,000×(1-25\%)=75\,000$（元）为税后大修理费用。

③ 第六年旧设备有残值收入 70 000 元，第八年新设备有残值收入 90 000 元，属现金流入。

因为新、旧设备的最终实际残值与税法规定残值均不相同，这样就会存在多缴与少缴所得税的问题，新设备的实际残值大于税法规定残值，从而增加了企业利润需多缴所得税 $(90\,000-80\,000)×25\%=2\,500$（元），属现金流出；旧设备的实际残值小于税法规定残值，从而减少了企业利润可少缴所得税 $(80\,000-70\,000)×25\%=2\,500$（元），属现金流入。

（2）分别计算新、旧设备建设期现金净流量。

$NCF_{旧0}=-150\,000$（元）（机会成本）

旧设备账面净值$=800\,000-4×72\,000=512\,000$（元）

旧设备出售净损失$=512\,000-150\,000=362\,000$（元）（计入营业外支出）

少缴所得税$=362\,000×25\%=90\,500$（元）（属现金流入）

$NCF_{新0}=-800\,000+90\,500=-709\,500$（元）

（3）分别计算新、旧设备的投资成本现值。

新设备投资成本现值$=30\,000×(P/A,10\%,7)-57\,500×(P/F,10\%,8)+709\,500$

$\qquad=30\,000×4.868\,4-57\,500×0.466\,5+709\,500$

$\qquad=828\,728.25$（元）

旧设备投资成本现值$=49\,500×(P/A,10\%,2)+124\,500×(P/F,10\%,3)+$

$\qquad 49\,500×(P/F,10\%,4)+49\,500×(P/F,10\%,5)-$

$\qquad 23\,000×(P/F,10\%,6)+150\,000$

$\qquad=49\,500×1.735\,5+124\,500×0.751\,3+49\,500×0.683+$

$\qquad 49\,500×0.620\,9-23\,000×0.564\,5+150\,000$

$\qquad=381\,003.65$（元）

（4）分别计算新、旧设备的年均成本现值。

新设备的年均成本现值$=\dfrac{828\,728.25}{(P/A,10\%,8)}=\dfrac{828\,728.25}{5.334\,9}=155\,340.92$（元）

旧设备的年均成本现值$=\dfrac{381\,003.65}{(P/A,10\%,6)}=\dfrac{381\,003.65}{4.355\,3}=87\,480.46$（元）

以上计算结果表明，新设备的年均成本现值高于旧设备的年均成本现值，所以企业不应考虑更新，而应继续使用旧设备。

（二）资本限量决策

资本限量是指企业资金是有限的，无法投资于所有可以获利的项目，在资金有限的情况下，投资哪些项目，既能满足对资金的要求，又能使企业获得最大的利益呢？这时需要对所有可供选择的项目采用一定的方法进行有效组合，以使选择的一组投资项目的净现值最大。常用的方法有两种：净现值法和获利指数（现值指数）法。

1. 净现值法的操作步骤

第一步,计算所有项目的净现值,并列出项目的初始投资。

第二步,根据计算结果,接受所有净现值大于或等于零的项目,若所有可接受的项目都有足够的资金,则说明资本没有限量,这一过程即告完成。

第三步,若资金不能满足所有的净现值大于或等于零的投资项目,则需对第二步进行修正,即对所有的项目都在资本限量内进行各种可能的组合,再计算出各种组合的净现值总额。

第四步,接受净现值的合计数最大的组合。

2. 获利指数(现值指数)法的操作步骤

第一步,计算所有项目的获利指数(现值指数),不能省略掉任何项目,并列出每一个项目的初始投资额。

第二步,根据计算结果,接受所有获利指数(现值指数)大于或等于1的项目,若所有可接受的项目都有足够的资金,则说明资本没有限量,这一过程完成。

第三步,若资金不能满足所有的净现值大于或等于零的投资项目,则需对第二步进行修正,即对所有的项目都在资本限量内进行各种可能的组合,再计算出各种组合的加权平均获利指数(现值指数)。

第四步,接受加权平均获利指数(现值指数)最大的组合。

【例7-20】 假设洪辰公司有5个可供选择的项目:A、B、C、D和E。其中B和C,B和E是不能同时选择的项目,已知该公司的资本的最大限量为400 000元。资料如表7-8所示。

表7-8 洪辰公司投资项目资料表　　　　　　　　　　　　　单位:元

投资项目	初始投资	净现值	获利指数(现值指数)
A	120 000	67 000	1.56
B	150 000	79 500	1.53
C	300 000	111 000	1.37
D	125 000	21 000	1.17
E	100 000	18 000	1.18

为了选出最优项目组合,需列出在资本限量内的所有可能项目组合,因此,需计算所有可能的项目组合的净现值合计数和加权平均获利指数(现值指数),如表7-9所示。

表7-9 投资组合计算表　　　　　　　　　　　　　单位:元

项目组合	初始投资	净现值合计	加权平均获利指数(现值指数)
ABD	395 000	167 500	1.420
ABE	370 000	164 500	1.412
AB	270 000	146 500	1.367
AD	245 000	88 000	1.221
AE	220 000	85 000	1.213
BD	275 000	100 500	1.252
CE	400 000	129 000	1.323

表7-9中,ABD组合还有5 000元(400 000-395 000)未用完,一般假设这5 000元可投

资于有价证券,获利指数(现值指数)为 1(以下其他组合也是如此),则 ABD 组合的加权平均获利指数(现值指数)可按下式来计算。

$$\frac{120\,000}{400\,000}\times 1.56+\frac{150\,000}{400\,000}\times 1.53+\frac{125\,000}{400\,000}\times 1.17+\frac{5\,000}{400\,000}\times 1.00\approx 1.420$$

从表 7-9 可以看出:在净现值法下,净现值合计最高为 167 500 元,是 ABD 投资组合;在获利指数(现值指数)法下,加权平均获利指数(现值指数)最高为 1.420 元,也是 ABD 投资组合,所以该公司在资本限量情况下,应选用 ABD 投资组合。

思政元素融入

国内购入生产线最合算

围绕任务导入,通过分析测算,得出结论:选择国内生产线最合算。

分析测算:

$$\text{新建车间折旧额}=(155\,000-5\,000)\div 15=10\,000(\text{元})$$

(1) 国内生产线

投资总额 $=155\,000+310\,000=465\,000$(元)

国内生产线折旧额 $=(310\,000-6\,000)\div 10=30\,400$(元)

两年后投产每年现金净流量 $=[(350-252)\times 6\,000-120\,000]\times(1-25\%)+(10\,000+30\,400)=391\,400$(元)

该方案各年现金净流量现值 $=391\,400\times[(P/A,10\%,12)-(P/A,10\%,2)]+(55\,000+6\,000)\times(P/F,10\%,12)-465\,000$
$=391\,400\times(6.813\,7-1.735\,5)+61\,000\times 0.318\,6-465\,000$
$=1\,542\,042.08$(元)

(2) 国外生产线

投资总额 $=155\,000+150\,000+96\,000=401\,000$(元)

国外生产线折旧额 $=(150\,000+96\,000-6\,000)\div 6=40\,000$(元)

一年后每年现金净流量 $=[(350-252)\times 5\,000-(120\,000+4\,000)]\times(1-25\%)+(10\,000+40\,000)=324\,500$(元)

该方案各年现金流量现值 $=324\,500\times[(P/A,10\%,7)-(P/A,10\%,1)]+(95\,000+6\,000)\times(P/F,10\%,7)-401\,000$
$=324\,500\times(4.868\,4-0.909\,1)+101\,000\times 0.513\,2-401\,000$
$=935\,626.05$(元)

因为两个方案的投资额不同,不能简单地用净现值大小进行比较,可以采用净现值率进行比较。

净现值率 = 净现值 ÷ 投资总额

国内生产线方案净现值率 $=1\,542\,042.08\div 465\,000=3.32$

国外生产线方案净现值率 $=935\,626.05\div 401\,000=2.33$

结论:国内生产线要优于国外生产线,因此应选择购置国内生产线。

扫描右侧二维码阅读:科技筑梦|国内首条非木质连续压机生产线顺利下线。

链接:科技筑梦|国内首条非木质连续压机生产线顺利下线

职业能力训练

一、单项选择题

1. 投资项目的建设起点与终结点之间的时间间隔称为（　　）。
   A. 项目计算期　　　B. 生产经营期　　　C. 建设期　　　D. 试产期
2. 企业投资 20 万元购入一台设备，预计投产后每年获利 4 万元，固定资产年折旧额 2 万元，则投资回收期为（　　）年。
   A. 6.7　　　B. 10　　　C. 3.33　　　D. 5
3. 净现值与现值指数相比，其缺点是（　　）。
   A. 考虑了资金时间价值　　　B. 考虑了投资风险价值
   C. 不便于投资额相同的方案的比较　　　D. 不便于投资额不同的方案的比较
4. 下列属于静态指标的是（　　）。
   A. 净现值　　　B. 投资回收期　　　C. 内含报酬率　　　D. 现值指数
5. 折旧具有减税作用，由于计提折旧而减少的所得税额可用（　　）计算。
   A. 折旧额×所得税税率　　　B.（付现成本＋折旧额）×所得税税率
   C. 折旧额×（1－所得税税率）　　　D.（付现成本＋折旧额）×（1－所得税税率）
6. 内含报酬率能使投资方案的净现值（　　）。
   A. 大于零　　　B. 等于零　　　C. 小于零　　　D. 大于或等于零
7. 在财务管理中将以特定项目为对象，直接与新建项目或更新改造项目有关的长期投资行为称为（　　）。
   A. 项目投资　　　B. 证券投资　　　C. 固定资产投资　　　D. 融资性投资
8. 在项目投资的现金流量表上，节约的经营成本应当列作（　　）。
   A. 现金流入　　　B. 现金流出　　　C. 回收额　　　D. 建设投资
9. 在进行原始投资额不同，而且项目计算期也不同的多个互斥方案的比较时，应当优先考虑的方法是（　　）。
   A. 现值指数法　　　B. 年金净流量法　　　C. 净现值法　　　D. 内含报酬率法
10. 当某方案的净现值大于零时，其内含报酬率（　　）。
    A. 可能小于零　　　B. 一定等于零
    C. 一定大于设定的折现率　　　D. 可能等于设定的折现率

二、多项选择题

1. 现金流出是指由投资项目所引起的企业现金支出的增加额，包括（　　）。
   A. 建设投资　　　B. 付现成本　　　C. 年折旧额　　　D. 所得税
2. 项目投资决策分析使用的贴现指标主要包括（　　）。
   A. 投资利润率　　　B. 动态回收期　　　C. 净现值　　　D. 内含报酬率
3. 下列因素中影响内含报酬率的有（　　）。
   A. 现金净流量　　　B. 贴现率
   C. 项目投资使用年限　　　D. 投资总额

4. 在考虑了所得税因素之后,经营期的现金净流量可按下列(   )公式计算。
    A. 年现金净流量＝营业收入－付现成本－所得税
    B. 年现金净流量＝税后利润－折旧
    C. 年现金净流量＝税后收入－税后付现成本＋折旧×所得税税率
    D. 年现金净流量＝收入×(1－所得税税率)－付现成本×(1－所得税税率)＋折旧
5. 下列表述中正确的说法有(   )。
    A. 当净现值等于零时,项目的贴现率等于内含报酬率
    B. 当净现值大于零时,现值指数大于 1
    C. 当净现值大于零时,说明投资方案可行
    D. 当净现值大于零时,项目贴现率大于投资项目本身的报酬率
6. 下列项目中,属于现金流入项目的有(   )。
    A. 营业收入　　　B. 建设投资　　　C. 回收流动资金　　　D. 经营成本节约额
7. 下列项目中,既属于原始总投资,又构成项目投资总额内容的有(   )。
    A. 固定资产投资　　B. 无形资产投资　　C. 资本化利息　　D. 垫支流动资金
8. 在完整工业投资项目中,经营期期末发生的回收额可能包括(   )。
    A. 原始投资　　　B. 回收流动资金　　C. 折旧与摊销额　　D. 回收固定资产余值

三、判断题

1. 项目投资就是固定资产投资。　　　　　　　　　　　　　　　　　　　　　(   )
2. 现金净流量是指一定期间现金流入量和现金流出量的差额。　　　　　　　　(   )
3. 投资回收期这个静态指标的优点是计算简单,容易掌握,且考虑了现金流量。(   )
4. 如果投资额和项目使用期都不相同的互斥方案比较决策,可选择净现值或内含报酬率大的方案作为最优方案。　　　　　　　　　　　　　　　　　　　　　　(   )
5. 企业少提折旧,则成本减少,从而可以少交所得税。　　　　　　　　　　　(   )
6. 凡是在建设期发生的投资统称为建设投资。　　　　　　　　　　　　　　　(   )
7. 由于建设期资本化利息并未实际支付,所以它不属于建设投资的范畴。　　　(   )
8. 只有在经营期内,才会发生净现金流量。　　　　　　　　　　　　　　　　(   )

四、计算分析题

1. 某公司引进一条生产流水线,投资 100 万元,使用期限 5 年,期满残值 5 万元,每年可使公司增加营业收入 80 万元,同时也增加付现成本 35 万元,折旧采用直线法计提,公司要求最低报酬率为 10%,所得税税率 25%。要求:计算该项投资各年的现金净流量。

2. 某公司购买机器设备价款 20 万元,可为公司每年增加净利 2 万元,该设备可使用 5 年,无残值,采用直线法计提折旧。该公司的贴现率为 10%。要求:计算该投资方案的投资回收期、净现值、现值指数、内含报酬率,并对此投资方案作出评价。

3. 某公司投资 15 500 元购入一台设备,当年投入使用。该设备预计残值 500 元,可使用 3 年,按直线法计提折旧,设备投产后每年增加现金净流量分别为 6 000 元、8 000 元、10 000 元,公司要求最低投资报酬率为 18%。要求:计算该投资方案的净现值、内含报酬率,并作出评价。

4. 某投资项目在期初一次投入全部的投资额,当年完工并投产,投产后每年的利润相等,按直线法计提折旧,无残值,项目有效期 10 年,已知项目静态投资回收期 4 年。要求:计

算该项目的内含报酬率。

5. 某投资项目有甲、乙两个方案可供选择,两方案各年现金净流量如表 7-10 所示。要求:如果公司以 10％作为贴现率,请判断甲、乙两方案哪一个为最优的方案。

表 7-10　项目方案资料　　　　　　　　　　　　　　　　单位:万元

年份	甲方案		乙方案	
	投资额	年现金净流量	投资额	年现金净流量
0	40		80	
1	40			30
2		40		30
3		45		30
4		50		30
5				30

6. 某企业现有甲、乙两个投资项目可供选择,其中,甲项目投资 20 000 元,5 年内预计每年现金净流量 6 000 元;乙项目投资 50 000 元,5 年内预计每年现金净流量 14 800 元,若这两个项目的贴现率均为 10％。要求:请为企业作出投资哪个项目的决策。

看好中国市场,共享发展红利
——外商投资意愿持续高涨

中央经济工作会议提出,"要更大力度推动外贸稳规模、优结构,更大力度促进外资稳存量、扩增量,培育国际经贸合作新增长点"。

2023 年以来,随着我国疫情防控转入新阶段,国际经贸交流合作渠道不断畅通,外商来华投资更加便利,外资企业投资中国的意愿高涨。从数据来看,1 月中国吸收外资同比增长 14.5％,在全球跨国投资活动整体低迷的大背景下,中国的吸收外资保持了稳定的增长,这也充分说明大部分跨国公司坚定选择投资中国,愿意在华长期发展。

链接:看好中国市场,共享发展红利——外商投资意愿持续高涨

2023 年 1 月 12 日,全球规模领先的汽车技术供应商德国博世集团,在江苏苏州举行博世新能源汽车核心部件及自动驾驶研发制造基地项目签约仪式。据介绍,新基地项目总投资超 10 亿美元,将主要围绕新能源汽车核心部件,以及高阶智能驾驶解决方案在内的多项自动驾驶核心技术进行研发和生产。博世集团董事会主席斯特凡·哈通表示,中国是全球最大的汽车市场,富有韧性和活力,通过持续在中国发展,博世将有效增强在全球的竞争力。同一天,总投资 20 亿元的太古可口可乐昆山项目签约落户江苏昆山,成为其迄今在华最大的单笔投资。该项目致力打造华东地区研发制造基地、分拨销售中心,每年可灌装饮料超 160 万吨。

1 月 28 日,在广东省高质量发展大会上,多家世界 500 强企业代表分享了在广东投资投产计划。宝洁大中华区董事长、首席执行官许敏表示,将把宝洁国际贸易供应链控制中心从欧洲迁至广东,负责《区域全面经济伙伴关系协定》(RCEP)、"一带一路"沿线国家等市场的

进出口业务管理服务,奠定以粤港澳大湾区为核心、进一步辐射欧亚市场的战略布局。外资项目有序推进,体现企业对中国市场的信心,对中国经济发展前景很乐观。

中国的科技创新离不开世界,世界的科技进步和创新发展也越来越需要中国。德国宝马集团将进一步推进在华数字化和电动化的研发和生产布局,包括投资100亿元扩大宝马沈阳生产基地的动力电池生产能力。董事长奥利弗·齐普策表示,我们数字化、电动化和循环永续的集团战略与中国的发展方向相契合,我们愿与中国合作伙伴紧密合作,始终保持与中国经济和社会同频共进、协同发展、共创共赢。中国是推动新兴技术超大规模应用的热土,如果某项技术在中国市场形成规模,就能在全世界规模化应用。

中央经济工作会议提出,"更大力度吸引和利用外资"。在新的一年里,以超强决心、超常举措、超大力度吸引全球投资合作,与外资企业共享新时代新发展,共赢新机遇新未来。商务部将深入实施外商投资法,保障外资企业平等进入市场,公平参与市场竞争。发挥外资企业投诉工作机制的作用,加强知识产权保护,落实好外资企业国民待遇。强化重点外资项目工作专班的作用,及时帮助外资企业解决各类困难问题,坚定外商投资信心。

资料来源:https://www.xuexi.cn/lgpage/detail/index.html?id=10438545227011746868&item_id=10438545227011746868.

案例意义: 1979—1991年,跨国公司投资中国的起步阶段。

1992—2001年,跨国公司投资中国快速增长。

2002—2012年,中国成为跨国公司投资重要目的地。期间,不仅外商投资规模持续增长,跨国公司也开始以并购方式在华投资,外资产业结构也在发生变化。

2013—2018年,在国内经济转型的攻坚阶段、国际市场风险加大的背景下,中国外商投资虽增速放缓,但仍保持稳步增长的势头。2018年中国仍然是吸收外资最多的发展中国家,吸收外商投资1 349.7亿美元,在全球跨国企业最佳投资目的地排名中,中国继续稳居全球第二,发展中国家第一。

跨国公司参与了中国波澜壮阔的改革开放,找到了一片新的投资热土。快速成长的中国市场,给跨国公司提供了难得的发展机遇;中国的改革开放,为跨国公司全球布局、寻求增长提供了"中国机会"。

中国外商投资环境持续优化,中国政府高度重视外商投资工作,作出一系列重大部署,彰显了中国持续对外开放、积极吸收外资的坚定决心。

学习情境八

证券定价知多少——证券投资管理

知识目标

学习证券投资的概念、特征、种类及目的,债券投资、股票投资的特点,了解证券投资风险。

能力目标

- 能计算证券投资收益率。
- 能运用债券的估价模型进行债券投资决策。
- 能运用股票的估价模型进行股票投资决策。
- 能运用证券组合投资的策略与方法。

素养目标

- 树立价值投资理念。
- 树立投资风险意识。
- 培养量力而行的理财观。

情境认知

企业除了直接将资金投入生产经营活动进行投资外,还会通过购买股票、债券、基金等有价证券等方式进行证券投资。相对于项目投资而言,证券投资具有变现能力强、交易成本低等特点。这为企业有效利用资金,充分挖掘资金潜力提供了有效途径,是企业投资的重要组成部分。

任务一 证券投资概述

据中央广播电视总台经济之声《视听大会》报道,不少上市公司很喜欢把"闲钱"做投资,

在这些投资性资产中,金融资产的变化将直接影响上市公司的业绩与净资产。金融资产主要包括股票、基金、债券等。金融资产主要分为三大类别:交易性金融资产、持有至到期投资和可供出售金融资产。

具体任务:证券投资的主要目的有哪些?按照不同的标准,证券投资可分为不同的种类?证券投资主要有哪些风险呢?

一、证券投资的含义及目的

证券是各类财产所有权或债权凭证的通称,是用来证明证券持有人或第三者有权取得该证券拥有的特定权益的凭证。如股票、债券、大额存单、认股权证等。不同于实物资产投资,证券投资是购买股票、债券等金融资产的投资行为,属于间接投资。

证券投资是指投资者(法人或自然人)买卖股票、债券、基金券等有价证券以及这些有价证券的衍生品,以获取差价、利息及资本利得的投资行为和投资过程。证券投资具有流动性强、价值不稳定、交易成本低等特点。

不同企业进行证券投资的目的不同,但总的来说,主要包括以下几种。

1. 有效利用闲置资金

企业在生产经营过程中,会出现资金短缺或资金闲置的情况。当出现资金闲置的时候,可以选择流动性强、收益稳定的证券投资;当出现资金短缺的时候,可以将证券出售换回企业所需的资金。这样既可以获得投资收益,又能在企业需要现金时将其迅速变现,满足企业的资金需求。

2. 获取相关企业控制权

持股比例达到国家法律所规定的可以取得被投资企业控制权的股份,投资方就可以达到控制被投资方企业的目的。企业因战略发展的需求,可以通过股票投资的方式取得相关产业链企业的控制权。

3. 与筹集长期资金相配合

企业对于发行证券筹集的长期资金,需要配合企业投资项目进度分次投入,不能在短期内全部使用完毕,这样就可以将企业暂时不用的资金投资于证券,选择合理的证券投资,获取较高的收益。

4. 提高资产流动性

资产流动性强弱是衡量企业财务安全的主要指标。除银行存款等货币资金外,有价证券投资也是企业流动性最强的资产。在企业需要支付大量现金,而现有现金储备不足时,可以通过变卖有价证券迅速获取大量现金,保证企业的及时支付,增强企业的偿债能力。

二、证券投资的种类

证券是多种多样的,与此相对应,证券投资的对象也是多种多样。按照不同的标准,证券投资可分为不同的种类。

(1)按照发行主体不同,可分为政府证券、金融证券、企业证券。政府证券是指中央政府或地方政府为筹集资金而发行的债券。政府证券较之其他证券而言,具有交易费用小,收益稳定,利息免缴所得税等特点。金融证券是银行或其他金融机构为筹集资金而发行的证券。发行金融证券的目的是筹措中长期贷款的资金。企业证券是企业为筹集资金发行的证券。一般来说,政府证券风险小,金融证券次之,公司证券的风险则视企业规模、财务状况和其他情况而定。

(2) 按照证券投资对象不同,可分为股票投资、债券投资、基金投资和组合投资。股票投资是指通过股票的买卖和收取股利来获得收益,如企业购买普通股、优先股;债券投资是指企业将资金投向各种债权证券的投资,如购买国债、企业债券等;基金投资是指企业将资金投向各种基金股份或收益凭证的投资,如购买封闭式基金、开放式基金;组合投资是企业将资金同时投资于债券、股票等多种证券,是企业证券投资常用的投资方式。

三、证券投资的风险

证券投资风险是指投资者在证券投资过程中遭受损失或达不到预期收益率的可能性。证券投资风险主要有以下几个方面。

微课:证券投资的风险

1. 违约风险

违约风险是指证券的发行人不能履行合约规定的义务,无法按期支付利息或偿还本金的风险。一般而言,财政部发行的国库券,由于有政府作担保,所以没有违约风险。除此之外,其他债券则不同程度地具有违约风险。信用评估机构要对国库券以外的债券进行评级,以反映其违约风险,必要时投资人亦可对发债企业的偿债能力直接进行分析。避免违约风险的方法是不买质量差的债券。

2. 利率风险

利率风险是指由于利率的变动引起证券价格的波动而使投资者遭受损失的风险。利率变化对证券投资收益的影响主要表现在以下几个方面:一方面,市场利率上升会导致企业资金流动不畅,利息成本升高,财务费用加大,影响企业经营业绩,造成证券市场价格下跌;另一方面,在其他因素不变的情况下,利率上升会引起金融市场资金流向的变化。通常情况下,银行储蓄存款的安全性要远高于股票投资,因此一旦利率上升,资金就会从证券市场流出,从而使证券投资需求下降,股票价格下跌,投资收益减少。

3. 购买力风险

购买力是指由于通货膨胀而使债券到期或出售时所获得的货币资金的购买力降低的风险。由于通货膨胀会引起企业制造成本、管理成本、融资成本的提高,当企业无法通过涨价或内部消化来加以弥补时,就会导致企业的财务状况和经营业绩下滑,从而使证券市场价格下跌,一旦投资者对通货膨胀产生持久的不良预期时,股价暴跌风潮也就无法阻止。此外,通货膨胀还会引起投资本金和收益的贬值。由于货币购买力下降,投资者的实际收益不仅没有增加,反而会有所减少。

4. 流动性风险

流动性风险是指在投资者想出售有价证券获取现金时,证券不能立即出售的风险。一种股票在不做出大的价格让步的情况下卖出的困难越大,则拥有该种股票的流动性风险程度越大。在流通市场上交易的各种股票当中,流动性风险差异很大。一般国库券变现力较强,流动性风险较小。

5. 期限性风险

期限性风险是指由于证券期限长而给投资者带来的风险。一项投资到期日越长,投资人遭受的不确定性因素就越多,风险就越大。所以一般来说,长期债券的利率要高于短期债券的利率。

此外,还有政治风险、外汇风险等。证券投资风险一般与投资收益呈正相关,收益高的证券,投资风险也大;反之,收益低的债券,投资风险也小。

四、证券投资收益率

企业进行证券投资的主要目的是获得投资收益。证券投资的收益包括两个部分:一部分是购买债券按期获得的利息收入,或购买股票按期获得的股息、红利收入,称为经常收益;另一部分是证券交易现价与原价的价差收入,称为当前收益。证券投资收益的高低是影响证券投资的主要因素。既可以用绝对数,也可以用相对数来表示证券的投资收益,财务管理中通常用相对数,即用投资收益率(投资收益额与投资额的比率)来表示。

微课:证券投资收益率

(一) 短期证券投资收益率

由于投资期限短,所以短期证券投资通常不需考虑资金时间价值,因而其收益率的计算较为简单,具体的计算公式为

$$K=\frac{S_1-S_0+P}{S_0} \tag{8-1}$$

式中,K 为证券投资收益率;S_1 为证券出售价格;S_0 为证券购买价格;P 为证券投资报酬(股利或利息)。

【例 8-1】 建华公司于 2023 年 2 月 1 日以每股 20 元的价格购买飞海公司的股票,2024 年 1 月 1 日,建华公司每 10 股获现金股利 5 元。2024 年 1 月 31 日,建华公司以每股 24 元的价格出售该股票。要求:计算建华公司该项对外投资的收益率。

解: 建华公司该项对外投资的收益率为

$$K=\frac{24-20+5/10}{20}=22.5\%$$

(二) 长期证券投资收益率

由于投资期限长,所以长期证券投资通常应考虑资金时间价值,因而其计算较为复杂,这里只介绍两种典型情况的收益率的计算。

1. 债券投资收益率的计算

债券投资收益率是一定时期内债券投资收益与投资额的比率。债券的投资收益不同于债券利息,债券利息仅指债券票面利率与债券面值的乘积,它只是债券投资收益的一个组成部分。除债券利息以外,债券的投资收益还包括价差和利息再投资所得的利息收入。决定债券收益率的主要因素有债券的票面利率、期限、面值和购买价格。

计算到期收益率的方法是求解含有折现率的方程,即

购进价格=每年利息×年金现值系数+面值×复利现值系数

$$P=I\times(P/A,i,n)+M\times(P/F,i,n) \tag{8-2}$$

式中,P 为债券价格;I 为每年利息;M 为面值;n 为到期年数;i 为折现率。

由于无法直接计算出折现率,必须采用逐步测试法及内插法来计算。

【例 8-2】 甲公司 2023 年 1 月 1 日平价购买面额为 1 000 元的债券,其票面利率为 10%,每年年末计息并支付一次利息,发行期限为 5 年,该公司持有该债券至到期日。要求:计算到期收益率。

解： $1\,000 = 100 \times (P/A, i, 5) + 1\,000 \times (P/F, i, 5)$

设收益率 $i = 10\%$,则

$$100 \times (P/A, i, 5) + 1\,000 \times (P/F, i, 5)$$
$$= 100 \times 3.790\,8 + 1\,000 \times 0.620\,9$$
$$= 1\,000(元)$$

可见,平价发行的每年复利计息一次的债券的到期收益率等于票面利率。

【例 8-3】 甲公司于 2023 年 1 月 1 日买入面值为 1 000 元的债券,其票面利率为 8%,买入价格为 1 100 元,每年年末付息一次,5 年后到期。企业持有债券至到期日。要求:计算该债券的到期收益率。

解： $1\,100 = 1\,000 \times 8\% \times (P/A, i, 5) + 1\,000 \times (P/F, i, 5)$

采用逐步测试法来求解该方程,用 $i = 8\%$ 试算：

$$80 \times (P/A, 8\%, 5) + 1\,000 \times (P/F, 8\%, 5)$$
$$= 80 \times 3.992\,7 + 1\,000 \times 0.680\,6 = 1\,000.02(元)$$

贴现结果小于 1 100 元,可以判断该债券的到期收益率低于 8%,应减少贴现率进一步计算。用 $i = 6\%$ 试算：

$$80 \times (P/A, 6\%, 5) + 1\,000 \times (P/F, 6\%, 5)$$
$$= 80 \times 4.212\,4 + 1\,000 \times 0.747\,3 = 1\,084.29(元)$$

贴现结果仍然小于 1 100 元,应再减少贴现率进一步计算。用 $i = 4\%$ 试算：

$$80 \times (P/A, 4\%, 5) + 1\,000 \times (P/F, 4\%, 5)$$
$$= 80 \times 4.451\,8 + 1\,000 \times 0.821\,9 = 1\,178.04(元)$$

贴现结果高于 1 100 元,可以判断该债券的到期收益率介于 4%~6%。用插值法计算近似值：

$$i = 4\% + \frac{1\,178.04 - 1\,100}{1\,178.04 - 1\,084.29} \times (6\% - 4\%) = 5.7\%$$

债券的购买价格为 1 100 元时,债券的收益率为 5.7%。

为方便计算,债券的到期收益率也可以用简便算法求得近似结果：

$$R = \frac{I + (M - P)/n}{(M + P)/2} \times 100\% \tag{8-3}$$

式中,R 为债券的到期收益率;I 为每年债券利息;M 为债券的面值;P 为债券的购买价格;n 为到期年数。

将上例数据代入简便公式：

$$R = \frac{80 + (1\,000 - 1\,100)/5}{(1\,000 + 1\,100)/2} \times 100\% \approx 5.7\%$$

债券的收益率是债券投资时选择债券的重要因素。它可以反映债券投资的实际收益率,如果债券的收益率高于投资人要求的必要报酬率,则可进行投资;相反,则应放弃。

2. 股票投资收益率的计算

投资者购买股票最关心的是能获得多少收益。股票收益是股票股息和因拥有股票所有权而获得的超出股票实际购买价格的收益。股票收益率是股票投资收益与投资成本的百分比。影响股票收益率的因素主要有企业经营状况、企业分配政策、宏观经济因素、企业所处行业特征、政治因素、投资者心理因素、投机因素。所以投资者需要正确地估算股票的收益率,以选择最有利的投资方式,进行正确的投资决策。

投资者持有时间超过一年,需要按每年复利一次考虑资金的时间价值。持有期年收益率就是股票未来现金流入的现值等于股票购买价的折现率,计算公式为

$$P = \sum_{t=1}^{n} \frac{D_t}{(1+i)^t} + \frac{F}{(1+i)^n} \tag{8-4}$$

式中,i 为所求股票的收益率;P 为股票的购买价;F 为股票的出售价;D_t 为各年份的股利;n 为持有期限。

【例 8-4】 甲公司在 2021 年 1 月 1 日投资 400 万元购买某种股票 100 万股,在 2021—2023 年的 12 月 31 日分得每股现金股利分别为 0.6 元、0.5 元和 0.8 元,并于 2024 年 1 月 10 日以每股 4.5 元的价格将股票全部出售。要求:计算该项投资的收益率。

解:

$$400 = \frac{100 \times 0.6}{(1+K)} + \frac{100 \times 0.5}{(1+K)^2} + \frac{100 \times 0.8}{(1+K)^3} + \frac{100 \times 4.5}{(1+K)^3}$$

假设 $i = 18\%$,则

$$\frac{100 \times 0.6}{(1+18\%)} + \frac{100 \times 0.5}{(1+18\%)^2} + \frac{100 \times 0.8}{(1+18\%)^3} + \frac{100 \times 4.5}{(1+18\%)^3} = 409.32$$

假设 $i = 20\%$,则

$$\frac{100 \times 0.6}{(1+20\%)} + \frac{100 \times 0.5}{(1+20\%)^2} + \frac{100 \times 0.8}{(1+20\%)^3} + \frac{100 \times 4.5}{(1+20\%)^3} = 391.43$$

用插值法计算:

$$i = 18\% + \frac{409.32 - 400}{409.32 - 391.43} \times (20\% - 18\%) = 19.04\%$$

该股票的收益率为 19.04%。求得收益率如果大于投资者要求的报酬率,买入决策可行;反之,卖出决策可行。

思政元素融入

人民币债券为何受热捧

中央国债登记结算有限责任公司发布数据显示,截至 2021 年 7 月末,境外机构持有的人民币债券托管量已达 33 751.87 亿元,创近 5 个月以来新高,到 7 月底,境外机构已连续 32 个月增持人民币债券,境外投资机构对人民币债券的热情有增无减。

继 2020 年境外机构净增持逾 1 万亿元中国债券后,人民币债券依然保持如此高的欢迎度,主要有几方面原因。

从基本面看,主权债券被境外资金持续增持是一个国家综合国力被认可的标志之一。上半年我国国内生产总值同比增长 12.7%,统筹疫情防控和经济社会发展的成果得到持续拓展巩固,经济运行持续稳定恢复,中国经济稳中加固、稳中向好,"十四五"实现稳健开局。人民币债券被境外投资者连续增持,充分说明境外资本对中国经济社会发展保持长期信心。

从资产配置视角看,人民币资产目前的性价比较高,成为外资"避风港",全球资产配置需求高于其他新兴经济体。其中,人民币债券有比较好的投资回报,例如,10 年期国债收

益率稳定,显著高于实施零利率甚至负利率国家的债券。2020年以来,外资购买境内债券约占全口径外债增幅的一半,这主要是因为中国经济在全球经济中的比重和影响力进一步提升,中国金融资产的投资价值和投资机会得到国际资本普遍认可,"增配中国"是外资的共同策略之一。

从债券市场自身因素看,我国债券市场目前的泡沫风险相对较小,债券发行、交易市场稳健。为应对外部不利因素冲击,全球主要经济体实施大规模的财政货币刺激政策,中国则坚持实施正常的经济政策,人民币国债和政策性金融债保持正收益,弥补了全球安全性资产的不足。中国金融体系整体较为健康,估值泡沫相对于海外市场而言较小,这也成为吸引外资增配人民币债券的重要原因。

从投资规律看,在全球低利率环境下,中国债券市场利率水平相对更高,人民币汇率长期内存在升值趋势。相比于部分经济体零利率或负利率的债市收益率水平,中外债市利差相对可观,中国债市投资收益的比较优势明显。从长期看,中国债券市场"高利差+汇率升值"的双重收益令海外投资者怦然心动。

链接:人民币债券,火了

链接:国债

综上所述,无论是从经济基本面、金融开放视角,还是从债市自身和投资规律视角,人民币债券受境外投资机构青睐绝非偶然。随着经济发展和对外开放的大门越开越大,中国债市将吸引更多外部投资者分享红利。在此过程中,对正常的资本跨境流动,应乐见其成,但必须实施金融安全战略,严防热钱大进大出的风险。

扫描右侧两个二维码阅读:人民币债券,火了;国债。

任务二　证券投资决策

任务导入

明尚电器公司计划利用一笔长期资金于2024年1月1日投资购买证券,现有华兴公司股票和金利公司债券可供选择。如果购买时华兴公司的股票市价为每股105元,2023年每股股利为2元,预计以后每年的增长率为10%,必要报酬率为12%;金利公司2024年1月1日发行债券,面值为1 000元,票面利率为10%,5年后到期,每年年末付息,到期还本,同期市场利率为12%,市价为950元。

具体任务:如果你是财务经理,将如何进行投资决策?

证券投资决策是作为投资人的企业根据现有的可支配的资金,在风险与收益均衡原则的指导下,通过对金融市场状况的分析研究,以对投资的具体对象、投资时机、投资期限等做出选择的过程。投资决策所要解决的关键问题是证券价值的估计问题和收益率的计算问题。企业究竟选择何种证券、何时投资,需要财务人员在分析和衡量风险和收益两大基本因素的基础上,参考经济形势、通货膨胀、利率水平、行业特点、企业经营等多种因素,做出科学、合理的证券投资决策。

一、债券投资决策

微课:债券投资

债券是发行者为筹集资金发行的,在约定时间支付一定比例的利息,并在到期时偿还本金的一种有价证券。债券投资是一种相对稳定的投资方式,比较适合那些追求低风险、稳健回报的投资者。按照投资期限长短,债券投资可以分为短期债券投资和长期债券投资。企业进行短期债券投资的目的主要是利用暂时闲置的资金,调节现金余额,获得收益;企业进行长期债券投资的目的主要是获得稳定的收益。

(一) 债券投资的特点

1. 投资收益稳定

债券的收益性主要表现在以下两个方面:一是投资者可以定期或不定期的获得稳定的利息收入,通常债券的利率会高于银行的存款利率;二是投资者可以利用债券价格的变动买卖债券,赚取价差。

2. 流动性较强

债券的流动性是债券具有可以及时转换为货币资金的能力。一般期限短、发行单位信誉高、利率形式好的债券,其流动性较强。企业在资金短缺的情况下,随时可以通过出售此类债券来获取资金。

3. 购买力风险大

债券投资时,利率和本金偿还都是固定的,如果投资期间发生通货膨胀,货币的购买力就会有所下降,债券投资者获得的实际利率就要扣除通货膨胀率,投资者的获利将会减少,实际购买力降低。

4. 无经营管理权

债券投资人与债券发行企业之间产生的是债权债务关系。作为债权人,债券投资者没有参与被投资企业的经营管理权。

(二) 债券的估价

债券的估价就是对债券的价值进行评估,又称债券的内在价值。是进行债券投资时投资者预期可获得的现金流入的现值。债券的现金流入主要包括利息和到期归还的本金或出售时获得的现金。债券价值是进行债券投资决策的主要指标之一。当债券的价值大于其购买价格时,该债券才值得购买。

1. 债券估价的基本模型

典型的债券是固定利率、每年计算并支付利息,到期归还本金。按照这种模式,债券价值计算的基本模型为

$$PV = \frac{I_1}{(1+i)^1} + \frac{I_2}{(1+i)^2} + \cdots\cdots + \frac{I_n}{(1+i)^n} + \frac{M}{(1+i)^n} \qquad (8\text{-}5)$$

式中,PV 为债券价值;I 为每年利息;M 为到期的本金;i 为折现率,一般采用当时的市场利率或投资的必要报酬率;n 为债券到期的年限。

【例 8-5】 某公司购买了 2024 年 1 月 1 日发行的面额为 10 000 元的债券,其票面利率为 8%,每年年末计息并支付一次利息,发行期限为 5 年,同期市场利率为 10%。该债券的

价格为 9 100 元。要求:判断某公司是否应该购买该债券?

解:由于票面利率为 8%,其每年应支付的利息为 10 000×8%=800(元),期限 n 为 5 年,本金为 10 000 元,该债券价值计算如下:

$$PV = \frac{800}{(1+10\%)^1} + \frac{800}{(1+10\%)^2} + \frac{800}{(1+10\%)^3} + \frac{800}{(1+10\%)^4} + \frac{800}{(1+10\%)^5} + \frac{10\ 000}{(1+10\%)^5}$$

$$= 800 \times (P/A, 10\%, 5) + 10\ 000 \times (P/F, 10\%, 5)$$

$$= 800 \times 3.790\ 8 + 10\ 000 \times 0.620\ 9$$

$$= 9\ 241.64(元)$$

可见,该债券的价值大于其价格,是值得购买的。

2. 零息债券的估价模型

零息债券是指以贴现方式发行,不附息票,而于到期日时按面值一次性支付本利的债券。零息债券不支付利息,按票面进行大幅折扣后出售。债券到期时,利息和购买价格相加之和就是债券的面值。其计算模型为

$$PV = \frac{F}{(1+i)^n} \quad (8-6)$$

式中,PV 为债券价值;F 为债券面值;i 为折现率,一般采用当时的市场利率或投资的必要报酬率;n 为债券到期的年限。

【例 8-6】 某债券面值为 1 000 元,发行期限为 4 年,以折价方式发行,期内不计利息,到期按面值偿还,当前的市场利率为 8%。要求:判断该债券的发行价格为多少时,企业才能购买?

解: $PV = \dfrac{1\ 000}{(1+8\%)^4} = 1\ 000 \times (P/F, 8\%, 4) = 1\ 000 \times 0.735 = 735(元)$

该债券的发行价格低于 735 元,企业才能购买。

3. 一次还本付息的单利债券估价模型

一次还本付息债券是指在债务期间不支付利息,只在债券到期后按规定的利率一次性向持有者支付利息并还本的债券。其计算模型为

$$PV = \frac{F \times (1 + r \times n)}{(1+i)^n} \quad (8-7)$$

公式,PV 为债券价值;r 为票面利率;F 为债券面值;i 为折现率,一般采用当时的市场利率或投资的必要报酬率;n 为债券到期的年限。

【例 8-7】 某公司购买了甲公司发行的债券作为投资,该债券面值为 10 000 元,发行期限为 6 年,票面利率为 9%,单利计算到期还本付息,当前市场利率为 7%。要求:判断该债券发行价格为多少时,企业才能购买?

解: $PV = \dfrac{10\ 000 + 10\ 000 \times 9\% \times 6}{(1+7\%)^6} = 15\ 400 \times 0.666\ 3 = 10\ 261.02(元)$

该债券发行价格低于 10 261.02 元,企业才能购买。

(三) 债券投资的优缺点

我国债券发行有较为严格的发行条件,信用等级较高,大部分债券都上市交易,主要有以下几个优点。

(1) 本金安全性高。与股票投资相比,债券投资的风险较小。政府发行的债券有国家财力作保障,其本金的安全性非常高,通常被视为无风险债券;金融债券的信用度较高,一般

也不存在本金不能偿还的问题;企业债券的持有者有优先求偿权,即当发行债券的企业破产时,债券投资者优先于股东分得企业资产,因而其本金损失的可能性也较小。

(2) 利息收入稳定。债券票面一般都标有固定的利息率,债券的发行人有按时支付利息的法定义务,所以,正常情况下,债券投资者都能获得比较稳定的利息收入。

(3) 市场流动性好。发行债券的企业一般都是资产条件较好、信用度较高的企业,其发行的债券一般都能在金融市场上出售或抵押,流动性好。

当然,债券投资也有缺点,主要有以下两点。

(1) 购买力风险较大。债券的面值和利息率在发行时即已确定,若投资期间的通货膨胀率较高,则本金和利息的购买力将不同程度地受到侵蚀,在通货膨胀非常高时,投资者虽然名义上有收益,但实际上却有损失。

(2) 没有经营管理权。投资债券是一种锁权投资行为,难以对债券发行企业施加影响和控制。

二、股票投资决策

(一) 股票投资的目的和特点

1. 股票投资的目的

股票是股份公司发给股东的所有权凭证,是股东借以取得股利的一种有价证券。按照不同的方法和标准,股票有不同的分类:按股东所享有的权利,可分为普通股和优先股;按是否记名,可分为记名股票和不记名股票;按股票有无面额,可分为有面额股票和无面额股票。

微课:股票投资

企业进行股票投资的目的主要有两个:获利和控股。获利,即作为一般证券投资,获取股利收入及股票买卖价差收入;控股,即通过购买某一企业的大量股票达到控制该企业的目的。

2. 股票投资的特点

(1) 投资风险大。股票的价格受政治因素、经济因素、投资人心理因素、企业盈利情况、风险情况等多种因素影响,波动幅度较大。这也使股票投资具有较高的风险。

微课:股票投资如何避免"踩雷";獐子岛扇贝劫

(2) 投资收益高。股票投资的高风险与高报酬相辅相成。股票投资收益的高低取决于公司的盈利水平和整体经济环境的好坏。当公司经营状况好、盈利水平高而社会经济发展稳定时,股东既可以获取高额股利,也可因股票升值获取转让收益。

(3) 流动性很强。上市公司股票的流动性很强,投资者有闲散资金可随时买入,需要资金时又可以随时卖出。这既有利于增强资产的流动性,又有利于提高其收益水平。

(4) 拥有经营控制权。作为企业的股东,有权参与和监督企业的生产经营情况。当投资者的投资额达到公司股本的一定比例时,就能实现控制公司的目的。

(二) 股票的估价

股票的估价是指对股票的内在价值进行评估,是股票预期能够提供的所有未来现金流量的现值。股票带给持有者的现金流入包括两部分:股利收入和出售时的售价。股票的内在价值由一系列的股利和将来出售股票时售价的现值所构成。

1. 股票价值计算的基本模型

由于股票具有无限期的特点,对于永久性持有该公司股票的投资人来说,其现金的流入主要是股利的流入,每年从公司获得的股利的贴现值就是这个股票的价值。

股票价值计算的基本模型为

$$V = \frac{D_1}{(1+k)} + \frac{D_2}{(1+k)^2} + \cdots\cdots + \frac{D_t}{(1+k)^t} = \sum_{t=1}^{\infty} \frac{D_t}{(1+k)^t} \tag{8-8}$$

式中,V 为股票的价值;D_t 为第 t 期的预期股利;k 为股票的必要报酬率;t 为年份。

在一般情况下,投资者投资股票不仅希望得到股利收入,还希望在未来出售股票时获取价差收入。股票价值计算的基本模型如下:

$$V = \sum_{t=1}^{n} \frac{D_t}{(1+K)^t} + \frac{P_n}{(1+K)^n} \tag{8-9}$$

式中,V 为股票内在价值;P_n 为未来出手时预计股票价格;K 为投资人要求的必要报酬率;D_t 为第 t 年的股利;n 为预计持有股票的期数。

2. 股利零增长,长期持有的股票价值模型

零增长模型是股息贴现模型的一种特殊形式,它假定股息是固定不变的。换言之,股息的增长率等于零。其计算模型为

$$V = \frac{d}{K} \tag{8-10}$$

式中,V 为股票内在价值;d 为每年固定股利;K 为投资人要求的必要报酬率。

【例 8-8】 甲公司每年分配股利为 4 元,必要报酬率为 10%。要求:判断(1) 若想长期持有该股票,计算该股票的内在价值是多少?(2) 如果现行市价为 32 元,是否应该购入?

解:(1) 该股票的内在价值

$$V = 4 \div 10\% = 40(元)$$

(2) 由于该股票的内在价值为 40 元,高于现行市价 32 元,可以购入。

零息增长模式在现实中的应用范围是有限的,主要原因在于无限期支付固定股利的假设过于苛刻。此模型多用于对优先股的估值,因为优先股的股息支付是事先确定的,一般不受公司收益变化的影响。

3. 股利固定增长,长期持有的股票价值模型

如果企业经营状况良好,其股利分派一般呈逐年增长的状态。这种股票的股价就比较困难,只能计算近似数。则股票的价值模型为

$$V = \sum \frac{D_0 (1+g)^t}{(1+K)^t} \tag{8-11}$$

当 g 为常数,并且 $K > g$ 时,式(8-11)可以简化为

$$V = \frac{D_0(1+g)}{K-g} = \frac{D_1}{K-g} \tag{8-12}$$

公式,V 为股票内在价值;K 为投资人要求的必要报酬率;D_0 为上年股利;D_1 为本年股利;g 为每年股利的增长率。

【例 8-9】 某公司普通股上年股利为 0.2 元,年增长率为 8%,期望的收益率为 12%。要求:计算该股票的内在价值。

$$V = \frac{0.2 \times (1+8\%)}{12\% - 8\%} = 5.4(元)$$

解：

4. 非固定增长股票的价值

非固定增长又称股利多阶段增长。某些公司股利在一段时间里高速增长，在另一段时间里正常固定增长或固定不变。在这种情况下，就要分段计算，才能确定股票的价值。具体可以按照以下步骤计算：①将股利现金流分为两部分：一开始的非固定增长阶段和后面的永久性固定增长阶段，然后计算高速增长阶段预期股利的现值；②采用固定增长模式，在高速增长期末，即固定增长期开始时，计算股票的价值，并将该数值折算为现值；③将上述两部分求得现值相加，即为股票的价值。

【例8-10】 某投资人持有甲公司的股票，其要求的必要报酬率为14%。预计甲公司未来3年股利将高速增长，增长率为20%。在此之后转为正常，增长率为10%。公司最近支付的股利为2元。要求：计算该公司股票内在价值。

解：首先，计算未来三年非正常增长期的股利现值，如表8-1所示。

表8-1 未来三年非正常增长期的股利现值

年份	股利	现值系数(14%)	现值
1	2×1.2=2.4	0.877 2	2.105
2	2.4×1.2=2.88	0.769 5	2.216
3	2.88×1.2=3.456	0.675	2.333
合计(3年股利的现值)			6.654

其次，计算第三年年底的普通股内在价值：

$$V_3 = \frac{D_4}{K-g} = \frac{D_3 \times (1+g)}{K-g} = \frac{3.456 \times 1.1}{14\% - 10\%} = 95.04$$

计算其现值：

$$95.04 \times (P/F, 14\%, 3) = 95.04 \times 0.675 = 64.152(元)$$

最后，将上述计算结果相加，求出股票的价值：

$$V_0 = 6.654 + 64.152 = 70.806(元)$$

（三）股票投资的优缺点

股票投资是一种最具挑战性的投资，其收益和风险都较高。但股票投资的优点也是显而易见的，主要表现为以下几点。

（1）投资收益高。普通股票的价格虽变动频繁，但从长期来看，优质股票的价格总是上涨的居多，只要选择得当，就能取得优厚的投资回报；同时股票市场也可进行适度的投机活动，操作得当，也能带来较高的收益。

（2）购买力风险低。普通股的股利不固定，在通货膨胀率较高时，由于物价普遍上涨，股份公司盈利增加，股利的支付也随之增加；且普通股股东是企业的所有者，通货膨胀情况下，企业的资产价格会上升，尤其是不动产，这样普通股股东的权益也随之增加。因此，与固定收益证券相比，普通股能有效地降低购买力风险。

（3）拥有经营控制权。普通股股东是公司的所有者，有权监督和控制企业的生产经营情况。若要控制一家企业，最好是收购这家企业的股票，从而控制这家企业的生产经营状况,优化资源,整合资产,获取资本运作的相应收益。

当然,股票投资也有缺点,主要有以下几点。

(1) 资本利得不稳定。普通股的价格受众多因素的影响,很不稳定。政治、经济、心理、投机、战争、自然灾害、企业经营状况等都会影响股价的变动,导致资本利得极不稳定。

(2) 收入不稳定。企业经营受多种因素的影响,盈利状况不够稳定,分红多少受企业盈利状况的影响;股利不仅受发行企业盈利状况的影响,也受制于公司采取什么样的股利政策,其有无股利、分红多少,一般没有法律上的强制规定。所以相对于固定收益证券而言,股利收入不够稳定。

(3) 求偿权居后。企业清算时,普通股的求偿权居于债权人、优先股股东的后面,相应的投资可能得不到全额补偿,甚至一无所有。

(4) 不易操作。投资普通股风险极大,普通投资者难以操作。既要懂宏观经济、行业经济、公司基本知识,如 GDP、CPI、财税政策走势、汇率变化趋势等;又要熟悉技术走势分析指标,熟悉计算机操作,如 K 线指标、趋势指标、超买超卖指标等。既要有稳定的、随机应变的心理素质,还要有收集、鉴别、整合各种信息并做出正确判断的能力。所以相对于实体投资而言,操作难度极大。

三、证券组合投资

(一) 证券组合投资的目的

证券组合投资是指在进行证券投资时,不是将所有的资金都投向单一的某种证券,而是有选择地投向一组证券。

由于证券投资存在着较高的风险,而各种证券的风险大小也不相同,企业在进行证券投资时,不应将所有的资金都集中投资于某一种证券,而应进行证券的组合投资。证券组合投资对分散和降低投资风险具有重要的作用,

微课:证券组合投资

正因为如此,许多国家的法律和制度规定银行、保险公司、各类共同基金、信托公司等其他金融机构都必须将其投资分散,形成高度多元化的投资组合,以起到避免风险的作用。从投资者的角度来看,某一特定股票价格的涨跌并不重要,重要的是对它们所组成的证券组合的风险和收益的影响。可见,企业进行证券组合投资的主要目的是帮助投资者捕捉投资机会,降低投资风险。

(二) 证券组合投资的风险及收益

学习情境三中,已对证券组合投资的风险及收益作了详细介绍,这里不再赘述。下面就证券组合投资的策略与方法作探讨。

(三) 证券组合投资的策略与方法

1. 证券组合投资的策略

证券组合投资策略是投资者根据市场上各种证券的具体情况以及投资者对风险的偏好与承受能力,选择相应证券进行组合时所采用的方针。由于证券投资的目的或最终期望有所不同,所以可以采用不同的策略。

(1) 冒险型策略。冒险型策略认为,只要投资组合科学有效,就能取得远远高于证券市场上所有证券平均水平的收益。在这种组合中,一些高风险高收益成长型的股票比较多,这

种组合在获得高于证券市场平均收益的同时,也面临着较高的风险。另外,这种组合的变动相对频繁,对应的风险也比较大,所以称其为冒险型策略。

(2) 保守型策略。保守型策略认为,购买尽可能多的证券,以便分散掉全部可分散的风险,得到市场所有证券的平均收益。1976年,美国先锋基金公司创造的指数信托基金,便是这一策略的最典型代表。这种基金投资于标准普尔股票价格指数中所包含的全部500种股票,其投资比例与500家企业价值比重相同。保守型策略的优点在于:能分散全部可分散风险;不需要高深的证券投资专业知识;证券投资管理费较低。这种策略收益不高,风险也不大,所以称其为保守型策略。

(3) 适中型策略。适中型策略认为,市场上股票价格的一时变化并不重要,只要企业经营业绩好,股票价格一定会有所回升,采用这种策略的投资者,一般都善于对证券进行分析。但是运用这种组合策略的人必须具备丰富的投资经验和较全面的专业知识,通过分析,选择高质量的股票和债券,组成投资组合。适中型策略如果做得好,投资者可获得较高的收益,且不会承担太大的风险。相对而言,适中型策略的管理费用较高。由于其风险性不太大,而收益性却比较强的特点,各种金融机构、投资基金和企事业单位在进行证券投资时一般都采用此种策略。

2. 证券组合投资的方法

进行证券组合投资的方法有很多,最常见的方法有以下几种。

(1) 选择足够数量的证券进行组合。根据投资专家的估计,在美国纽约证券市场上,随机地购买40种股票,其大多数可分散风险都能分散掉。当选择的证券数量足够多时,大部分可分散的风险都能被分散掉。利用这种方法能够将大部分非系统性风险予以分散,但获得的收益相对较少。

(2) 将风险大、风险中等、风险小的证券放在一起进行组合。这种组合方法又称1/3法,是指把全部资金的1/3投资于风险大的证券,1/3投资于风险中等的证券,1/3投资于风险小的证券。一般而言,风险大的证券对经济形势的变化比较敏感,当经济处于繁荣时期,风险大的证券会获得高额收益;但当经济衰退时,风险大的证券却会遭受巨额损失。相反,风险小的证券对经济形势的变化不十分敏感,一般都能获得稳定收益,而不致遭受损失。因此,这种1/3的组合方法,是一种收益相对稳定,同时也不会承担巨大风险的方法。

(3) 将投资收益呈负相关的证券放在一起进行组合。一种股票的收益上升而另一种股票的收益下降的两种证券称为负相关证券。将收益呈负相关的股票组合在一起,能有效地分散风险。例如:交通运输行业的景气度与油价呈现显著的负相关关系。当油价大幅上涨的时候,石油公司的收益会增加,但油价上升,会对该行业(例如航空、航运、公路运输、物流等)的绝大多数股票的股价构成严重的压力,特别是航空业,燃油成本已经占到航空公司成本的30%左右,会影响该行业企业的收益。

  思政元素融入

华为公司价值创造

2019年10月22日,华为首只境内债券发行成功,发行利率堪比超AAA级央企。30亿元债券遭近百亿资金疯狂认购,其3年期债券发行利率最终仅为3.48%,可与超AAA级中石油、中石化等企业相媲美。华为债券受投资者疯抢的背后是市场对于华为以研发为核心,以创新驱动公司可持续发展战略的高度认可。透过华为历年年报,揭开其创新的神秘面纱。通过公司财务数据分析,过去十年华为的平均研发投入占销售收入强度高达14.18%,研发费用占税后利润的平均比例高达173.85%。这一方面说明华为的账面利润并未完全反映其价值创造能力,另一方面说明华为不存在片面追求利润而透支未来的短视行为。华为基于长远发展考虑,过去十年投入了6 003亿元的研发费用,在全球形成了8.5万多件的技术专利,为可持续发展奠定了坚实的技术基础。

扫描右侧二维码阅读:近百亿资金抢筹华为债。

链接:近百亿资金抢筹华为债

职业能力训练

一、单项选择题

1. 按证券的发行主体不同,证券可分为(　　)。
   A. 短期证券和长期证券　　　　B. 固定收益证券和变动收益证券
   C. 所有权证券和债权证券　　　D. 政府证券、金融证券和公司证券

2. 在证券投资中,因通货膨胀带来的风险是(　　)。
   A. 违约风险　　B. 利率风险　　C. 购买力风险　　D. 流动性风险

3. 以折现方式发行的债券的估价模型中,不涉及的参数是(　　)。
   A. 债券面值　　　　　　　　B. 票面利率
   C. 市场利率或必要收益率　　D. 付息总期数

4. 启东公司股票的β系数为1.5,无风险收益率为8%,市场上所有股票的平均收益率为15%,则启东公司股票的必要收益率应为(　　)。
   A. 15%　　B. 18.5%　　C. 19.5%　　D. 17.5%

5. 某债券面值为500元,期限为5年,以折现方式发行,期内不计利息,到期按面值偿还,当时市场利率为8%,其价格为(　　)元时,企业才能购买。
   A. 高于340　　B. 低于340　　C. 高于500　　D. 低于500

6. 已知某证券的β系数等于0.5,则表明该证券(　　)。
   A. 无风险
   B. 有非常低的风险
   C. 其风险等于整个市场风险
   D. 其风险只有整个市场证券风险的一半

7. 某公司发行固定股利的股票,每年分派股利为2元,最低报酬率为10%,该股票的价值为(　　)元。
   A. 20　　B. 15　　C. 25　　D. 10

8. 当两种股票完全正相关时,这两种股票组成的投资组合(　　)。
   A. 能适当分散风险　　B. 能分散全部风险
   C. 能分散部分风险　　D. 不能分散风险

9. 某公司发行的股票,预期报酬率为20%,上年支付的股利为每股2元,估计股利年增长率为10%,则该种股票的价值为(　　)元。
   A. 20　　　　　B. 24　　　　　C. 22　　　　　D. 18
10. 下列不属于非系统性风险的是(　　)。
    A. 购买力风险　　B. 经营风险　　C. 流动性风险　　D. 财务风险
11. 当必要报酬率等于债券票面利率时,一般应采用的发行方式为(　　)。
    A. 溢价发行　　B. 市价发行　　C. 折价发行　　D. 面值发行
12. 相对于股票投资而言,下列项目中能够揭示债券投资特点的是(　　)。
    A. 无法事先预知投资收益水平　　　B. 投资收益率的稳定性较强
    C. 投资收益率比较高　　　　　　D. 投资风险大
13. 某公司发行5年期债券,债券的面值为1 000元,票面利率5%,每年付息一次,到期还本,投资者要求的必要报酬率为6%。则该债券的价值为(　　)元。
    A. 784.67　　B. 769　　C. 1 000　　D. 957.92
14. 甲公司以10元的价格购入某股票,假设持有半年之后以10.5元的价格售出,在持有期间共获得1.5元的现金股利,则该股票的持有期收益率是(　　)。
    A. 12%　　　B. 9%　　　C. 20%　　　D. 35%

二、多项选择题

1. 下列哪些因素会影响债券的投资收益率(　　)。
   A. 票面价值与票面利率　　　　B. 市场利率
   C. 持有期限　　　　　　　　　D. 购买价格
2. 企业进行证券投资的主要目的有(　　)。
   A. 利用暂时闲置的资金　　　　B. 与筹集的长期资金相配合
   C. 满足未来的财务需求　　　　D. 获得对相关企业的控制权
3. 下列哪种风险可以通过组合投资来分散(　　)。
   A. 经营风险　　B. 利息率风险　　C. 购买力风险　　D. 信用风险
4. 证券的β系数是衡量风险大小的重要指标,下列表述正确的有(　　)。
   A. β越大,说明该股票的风险越大
   B. β越小,说明该股票的风险越大
   C. 某股票的β=1,说明该股票的市场风险等于股票市场的平均风险
   D. 某股票的β大于1,说明该股票的市场风险大于股票市场的平均风险
5. 证券投资的收益包括(　　)。
   A. 资本利得　　B. 股利　　C. 出售售价　　D. 债券利息
6. 按照资本资产定价模型,确定特定股票必要收益率所考虑的因素有(　　)。
   A. 无风险收益率　　　　　　B. 公司股票的特有风险
   C. 特定股票的β系数　　　　D. 所有股票的平均收益率
7. 下列哪种情况引起的风险属于不可分散的风险(　　)。
   A. 银行利率上调　　　　　　B. 公司借款形成的财务风险
   C. 公司经营不善导致亏损　　D. 市场呈现疲软现象

三、判断题

1. 证券投资的流动性与风险性成正比。(　　)

2. 当股票种类足够多时,几乎可以把所有的系统风险分散掉。　　　　(　)
3. 通货膨胀情况下,债券比股票能更好地避免购买力风险。　　　　(　)
4. 在票面利率小于市场利率的情况下,债券发行时的价格大于债券面值。　(　)
5. 相对于实物资产来说,证券投资具有价格不稳定、投资风险较大的特点。(　)
6. 企业进行短期债券投资的目的主要是合理利用暂时闲置资金,调节现金余额,获得稳定收益。　　　　　　　　　　　　　　　　　　　　　　　　(　)
7. 无论债券或股票持有时间多长,都必须考虑其资金的时间价值。　　(　)
8. 一般情况下,股票市场价格会随着市场利率的上升而下降,随着市场利率的下降而上升。　　　　　　　　　　　　　　　　　　　　　　　　　(　)

四、计算题

1. 某企业2024年计划投资购买股票,现有甲、乙两家公司可供选择,从甲、乙公司2023年12月31日的有关会计报表及补充资料中获知,2023年甲公司发放的每股股利为5元,股票每股市价为40元;2023年乙公司发放的每股股利为2元,股票每股市价为20元。预期甲公司未来5年内股利恒定,在此以后转为正常增长,增长率为6%;预期乙公司股利将持续增长,年增长率为4%,假定目前无风险收益率为8%,市场上所有股票的平均收益率为12%,甲公司股票的β系数为2,乙公司股票的β系数为1.5。要求:

(1) 通过计算股票价值并与股票市价相比较,判断两公司股票是否应该购买。
(2) 若投资购买两种股票各100股,该投资组合的综合β系数是多少?
(3) 该投资组合的预期收益率为多少?

2. 某企业于2023年1月5日以每张1 020元的价格购买B企业发行的利随本清的企业债券。该债券的面值为1 000元,期限为3年,票面年利率为10%,不计复利。购买时市场年利率为8%。不考虑所得税。要求:

(1) 利用债券估价模型评价A企业购买此债券是否合算?
(2) 如果A企业于2024年1月5日将该债券以1 130元的市价出售,计算该债券的投资收益率。

3. 新海公司持有A、B、C三种股票构成的证券组合,其β系数分别是1.5、1.7和1.8,在证券投资组合中所占比重分别为30%、30%、40%,股票的市场收益率为9%,无风险收益率为7%。要求:

(1) 计算该证券组合的β系数。
(2) 计算该证券组合的必要投资收益率。

4. 甲公司2023年1月1日发行债券,每张面值为1 000元,票面利率为10%,5年期,每年年末付息,到期偿还本金。要求:假定该年同期市场利率为12%,计算债券的发行价格低于多少时公司可能取消债券发行计划?

中国自信　一路前行
——比亚迪股份有限公司创新发展之路

比亚迪是一家致力于"用技术创新,满足人们对美好生活的向往"的高新技术企业。比亚迪成立于1995年2月,经过20多年的高速发展,已在全球设立30多个工业园,实现全球六大洲的战略布局。比亚迪业务布局涵盖电子、汽车、新能源和轨道交通等领域,并在这些领域发挥着举足轻重的作用,从能源的获取、存储,再到应用,全方位构建零排放的新能源整体解决方案,比亚迪是香港和深圳上市公司,营业额和总市值均超过千亿元。

链接:王传福大手笔,220亿元!比亚迪这次要干啥

比亚迪在新能源汽车市场上的表现备受瞩目,2022年销量突破186万辆,成为全球新能源汽车销量总冠军,累计售出超过430万辆。此外,比亚迪已进入日本、德国、澳大利亚、巴西等53个国家和地区。

比亚迪业绩表现亮眼。2022年前三季度公司实现营业收入2 676.88亿元,同比增长84.37%,实现归母净利润93.11亿元,同比增长281.13%;其中第三季度营业收入1 170.81亿元,同比增长115.59%,归母净利润57.16亿元,同比增长350.26%,提升幅度较大,彰显公司当下优秀的盈利能力和良好的发展势头。

链接:比亚迪"抢矿"!豪掷20亿战略投资锂矿龙头成第三大股东,锂资源价格还能坚挺多久

2022年12月6日晚,盛新锂能(002240)披露定增结果,共募集资金20亿元,发行对象为新能源汽车龙头企业比亚迪。本次发行后,比亚迪将成为盛新锂能第三大股东,持股5.11%。比亚迪加码锂矿龙头一方面是加强供应链安全,以便保证战略资源在紧缺时的供应;另一方面也是生态升级扩大,提升在动力电池领域的话语权。

本次定增完成后,比亚迪将成为盛新锂能第三大股东,持股比例达5.11%,进一步增强它在上游锂矿领域的话语权。从行业发展角度来看,向上游布局是新能源材料产业发展的必然阶段。

2023年6月15日,比亚迪全球研发中心和储能产业园项目,在深圳市龙岗区开工建设。其中,比亚迪全球研发中心拟投资200亿元,储能产业园项目拟投资20亿元。比亚迪储能产业园项目达产后将新增储能系统产能20GW·h,研发人员超过1万人,项目拟投资20亿元,预计全面建成投产后年产值约200亿元。2022年,比亚迪研发投入超过200亿元,同比增长90.31%。

从生产技术来看,项目充分运用电池、电机、电控等新能源产品全产业链核心技术,发挥研发功能,将开发刀片电池、DM-i超级混动、e平台3.0、"易四方"等颠覆性技术予以融合,对新能源产品进行开发升级。

展望未来,比亚迪作为全球唯一掌握电池、电机、电控及车规级半导体等新能源车全产业链核心技术的企业,在新能源汽车行业高增态势下,公司龙头地位稳固,成长空间有望进一步打开。

资料来源:https://finance.sina.com.cn/jjxw/2023-06-16/doc-imyxmyzi5840547.shtml?nm=$(name),https://baijiahao.baidu.com/s?id=1751580034602542503&wfr=spider&for=pc。

案例意义: 比亚迪汽车作为中国新能源汽车行业的领军企业之一,它在碳中和、碳达峰国家战略指导下挺起民族崛起之脊梁,彰显大国制造之荣光。一直坚持"技术为王、创新为本"的理念,其在研发领域不计成本的持续性高额投入,比亚迪以9 426项专利数量位居新能源汽车品牌专利榜榜首。通过多元化投资,不断推进技术创新和产品升级,赢得了国内外消费者的信任和认可,并成功走向世界舞台。

学习情境九

有了利润怎么分——利润分配管理

知识目标

学习利润分配的原则、程序和股利政策。

能力目标

- 了解利润分配的原则和影响利润分配的因素。
- 掌握利润分配的程序,股票股利、股票分割和回购。

素养目标

- 培养遵纪守法和科学理财的思想。
- 树立远大理想,培养大局意识。

情境认知

利润分配是财务管理的重要内容,有广义和狭义两种。广义的利润分配是指对企业的收入和利润进行分配的过程;狭义的利润分配则是指对企业净利润的分配。利润分配的实质是确定给投资者的分红与企业留用利润的比例。本书所讨论的利润分配是指对净利润的分配,即狭义的利润分配。

任务一 利润分配概述

2022年7月5日,随着中国太保发布2021年年度分红派息实施公告,五大A股上市险

企 2021 年利润分配已全部通过股东大会议案,2021 年全年,五大上市险企合计拟派发现金红利 826.88 亿元。

其中,中国平安已于 6 月 20 日实施完 2021 年度现金股利分配,中国太保的分红派息也将于 7 月 8 日开启股权登记;而中国人保、中国人寿和新华保险的年度利润分配方案则均已通过股东大会审议。

从利润分配规模来看,中国平安凭借 431 亿元的分红规模高居 2021 年险企分红榜首位。公告显示,2021 年,中国平安共计实施两轮分红。

其中,2021 半年度分红每股派发现金红利人民币 0.88 元(含税),2021 年度分红每股派发现金红利人民币 1.50 元(含税),合计 2021 年全年中国平安每股派发现金红利人民币 2.38 元(含税),较 2020 年同期增长 8.2%,合计分红规模高达 431 亿元,占 2021 年度归母净利润之比为 42.42%。除中国平安外,2021 年度分红规模破百亿元的还有中国人寿。

根据股东大会通过的中国人寿 2021 年度利润分配方案显示,2021 年,中国人寿拟每股派发现金红利人民币 0.65 元(含税)。

截至 2021 年年末,中国人寿已发行股份 282.65 亿股,以此计算拟派发现金股利共计人民币 183.72 亿元(含税)。2021 年度现金分红总额占合并财务报表归属于母公司股东的净利润的比例为 36%。

中国太保方面,据其发布的 2021 年年度分红派息实施公告显示,2021 年,中国太保 A 股利润分配以方案实施前的公司总股本 96.2 亿股为基数,每股派发现金红利人民币 1.0 元(含税),共计派发现金红利人民币 96.2 亿元,总分红规模占归母净利润之比同样为 36%,2021 年分红规模位居上市险企第三。

中国人保方面,2021 年,中国人保同样实施两轮分配。

其中,2021 半年度分配期间,中国人保以方案实施前的公司总股本 442.24 亿股为基数,每股派发现金红利 0.017 元(含税),共计派发现金红利 7.52 亿元。其中,A 股普通股派发金红利共计 6.03 亿元。

2021 年度利润分配方案显示,中国人保建议每 10 股派发现金红利 1.47 元人民币(含税),拟派发现金红利 65.01 亿元(含税)。加上已派发的 2021 年半年度股息,2021 年全年股息为每 10 股现金股利 1.64 元,合计派发现金 71.04 亿元,年度现金分红比例为 33.5%。

新华保险方面,2021 年拟向全体股东派发现金股利每股 1.44 元(含税),按公司已发行股份 31.2 亿股计算,共计约 44.92 亿元,占归母净利润 30%。

具体任务:请比较五大 A 股上市险企 2021 年利润分配方案的异同,并指出派发现金股利对公司的影响。

一、利润分配的内容

一个企业的利润分配不仅会影响企业的筹资和投资决策,而且还涉及国家、投资者、企业、职工等各方面的利益关系,涉及企业的长远利益与当前利益、整体利益与局部利益等关系。

微课:利润分配概述

具体来说,利润分配的项目包括盈余公积金和股利。

盈余公积金包括法定盈余公积金和任意盈余公积金。法定盈余公积金是国家统一规定必须提取的公积金,它的提取顺序在弥补亏损之后,按当年税后利润的10%提取。法定盈余公积金已达到注册资本50%时可不再提取。法定盈余公积金可用于弥补亏损、扩大公司生产经营或转增资本,但企业用盈余公积金转增资本后,法定盈余公积金的余额不得低于转增前公司注册资本的25%。非公司制企业法定盈余公积金的提取比例可超过净利润的10%。《中华人民共和国公司法》第166条第三款规定:"公司从税后利润中提取法定公积金后,经股东会或者股东大会决议,还可以从税后利润中提取任意公积金。"任意公积金的提取与否及提取比例由股东会根据公司发展的需要和盈余情况决定,法律不作强制规定。企业提取的盈余公积可用于弥补亏损、扩大生产经营、转增资本或派送新股等。

股利包括优选股股利和普通股股利。公司发行的股票多种多样,其中最主要的是将其按股东权利分为普通股和优先股。相应地,公司分派的股利也就有普通股股利和优先股股利两种。它们的相同点在于都是股东应得的报酬,所不同的是:优先股股利的分派总是先于普通股股利;优先股股利是公司按定额或定率分派给优先股股东的股息,不含红利,而普通股股利会随公司利润的大小相应地增减,只含红利,不计股息;当公司利润多时,普通股股利会大于优先股股利,反之,普通股股利会小于优先股股利。

二、利润分配的顺序

利润分配顺序是指企业根据法律、法规或有关规定,对企业一定期间实现的净利润进行分配所必须经过的步骤。

1. 弥补企业以前年度亏损

我国财务和税务制度规定,企业的年度亏损,可以用下一年度的税前利润弥补,但不得超过5年。超过法定弥补年限5年的未弥补亏损,用以后年度的税后利润弥补。

具体来说,亏损的弥补方法有以下三种。

(1)税前利润。发生亏损,可以用次年度的税前利润弥补,次年度利润不足弥补的,可以在5年内延续弥补。

(2)税后利润。5年内的税前利润不足弥补时,用税后利润弥补。

(3)盈余公积。发生的亏损,可以用盈余公积弥补。借记"盈余公积",贷记"利润分配——盈余公积补亏"。

【例9-1】 表9-1为经税务机关审定的某企业8年应纳税所得额情况。要求:假设该企业一直执行5年亏损弥补规定,计算该企业8年间需缴纳的企业所得税是多少?

表9-1 某公司应纳税所得额情况　　　　　　　　　　单位:万元

年　度	2016	2017	2018	2019	2020	2021	2022	2023
应纳税所得额	-100	20	-40	20	20	30	-20	95

解: 2017—2021年所得弥补2016年亏损,未弥补完但已到5年抵亏期满;2022年亏损,不纳税;2023年所得弥补2018年和2022年亏损后还有余额35万元,要计算纳税,应纳额=$35 \times 25\% = 8.75$(万元)。

2. 提取法定盈余公积金

计算方法:

$$法定盈余公积金计提数额 = (本年净利润 - 以前年度亏损) \times 10\%$$

当法定盈余公积金达到注册资本的50%时,可不再提取。法定盈余公积金可以用来弥补亏损,扩大公司生产经营,转增资本金。

3. 提取任意盈余公积金

公司从税后利润中提取法定盈余公积金后,经股东会决议,可以提取任意公积金。任意公积金的提取与否及提取比例由股东会根据公司发展的需要和盈余情况决定,法律不作强制规定。

4. 向投资者分配利润

企业本年可供投资者分配的利润＝企业本年净利润－弥补以前年度亏损－
提取法定盈余公积金－任意盈余公积金＋
年初未分配利润贷方余额

三、利润分配的影响因素

企业的利润分配政策虽说是由企业管理者制定,但实际上它的决定范围是有一定限度的,即企业的利润分配政策在客观、主观上受许多因素的制约,决策人只能遵循当时的经济环境和法律环境做出有限的选择。一般认为,企业在制定具体的利润分配政策时,应考虑以下主要相关因素。

1. 法律约束因素

法律约束是指为保护债权人和股东的利益,国家法律对企业的投资分红进行的硬性限制。这些限制主要体现在以下几个方面。

(1) 资本保全的约束,即公司不能用资本(包括股本和资本公积)发放股利,其目的是防止企业任意减少资本结构中所有者权益的比例,以保护债权人的利益。

(2) 资本积累的约束,即公司在分配股利之前,应按法定的程序先提取各种公积金,其目的是增强企业抵御风险的能力,维护投资者的利益。

(3) 企业利润的约束,即只有在企业以前年度的亏损全部弥补完之后,若还有剩余利润,才能用于分配股利,否则不能分配股利。

(4) 偿债能力的约束,即企业在分配股利时,必须保持充分的偿债能力,其目的是维护公司的信誉和借贷能力,以保证公司的正常资金周转。

2. 公司自身因素

公司自身因素是指股份公司内部的各种因素及其面临的各种环境、机会而对其股利政策产生的影响。主要包括现金流量、投资需求、筹资能力、资产的流动性、盈利的稳定性、筹资成本、股利政策惯性、其他因素等。公司出于长期发展与短期经营考虑,需要综合考虑上述因素,并最终制定出切实可行的分配政策。

(1) 现金流量。公司资金的正常周转,是公司生产经营得以有序进行的必要条件,所以,保证企业正常的经营活动对现金的需求是确定利润分配政策最重要的限制因素。企业在进行利润分配时,应充分考虑企业的现金流量,而不仅是企业的净收益。由于会计规范的要求和核算方法的选择,有一部分项目增加了企业的净收益,但并未增加企业可供支配的现金流量,在确定利润分配政策时,企业应充分考虑这方面的影响。

(2) 投资需求。一般认为,有着良好投资机会的公司,需要有强大的资金支持,因而往往少发放股利,而将大部分盈余用于投资;缺乏良好投资机会的公司,保留大量现金会造成资金的闲置,于是倾向于支付较高的股利。所以,处于成长中的公司多采取低股利政策;陷于经营收缩的公司多采取高股利政策。

(3) 筹资能力。若公司具有较强的筹资能力,随时能筹集到所需资金,则通常认为该公司具有较强的股利支付能力。

(4) 资产的流动性。企业现金股利的支付能力,在很大程度上受其资产变现能力的限制。较多地支付现金股利,会减少公司的现金持有量,使资产的流动性降低。而保持一定的资产流动性,则是企业正常运转的基础和必备条件。一般认为,若一个公司的资产有较强的变现能力,现金的来源较充裕,则它的股利支付能力也较强。

(5) 盈利的稳定性。这是股利政策的重要基础。一般认为,盈利相对稳定有利于公司较好地把握自己,并有可能支付比盈利不稳定的公司较高的股利;而盈利不稳定的公司则一般采取低股利政策。

(6) 筹资成本。一般而言,与发行新股相比,用保留盈余再投资,不需花费筹资费用,有利于降低筹资的外在资本。所以,从筹资成本考虑,若公司有扩大资金的需要,也应当采取低股利政策。

(7) 股利政策惯性。一般认为,企业不宜经常改变其股利分配政策,企业在确定股利分配政策时,应充分考虑股利政策调整可能带来的负面影响。若企业历年采取的股利政策具有一定的连续性和稳定性,则重大的股利政策调整有可能对企业的声誉、股票价格、负债能力、信用等多方面产生影响。而且靠股利来生活和消费的股东通常也不愿意投资于股利波动频繁的股票。

(8) 其他因素。其他因素即企业的利润分配政策的确定还会受到其他公司因素的影响。例如,上市公司所处行业会影响公司的股利政策,一般认为,朝阳行业处于调整成长期,甚至能以数倍于经济发展速度的水平发展,所以就可能进行较高比例的股利支付;夕阳行业则因处于发展的衰退期,会随着经济的高增长而萎缩,就难以进行高比例的分红;对公用事业来说,则往往有及时、充裕的现金来源,且可选择的投资机会有限,所以发放现金股利的可能性较大。又如,企业可能有意地多发股利使股价上升,使已发行的可转换债券尽快地实现转换,从而达到调整资本结构的目的或达到兼并、反收购的目的等。

3. 投资者因素

投资者因素,又称股东因素,即股东在收入、控制权、税赋、风险及投资目的等方面的考虑对企业的利润分配政策产生的影响。

(1) 稳定的收入。有些股东依赖公司发放的现金股利维持生活,如一些退休者,他们往往要求公司能够定期地支付稳定的现金股利,反对公司留利太多。还有些股东是"一鸟在手"的支持者,他们认为留用利润而使股票价格上升所带来的收益具有较大的不确定性,还是取得现实的股利较为稳妥,可以规避风险,所以这些股东也倾向于多分配股利。

(2) 控制权。所有者权益由资本金、资本公积金和留存收益等组成。如果公司支付较高的股利,就会导致留存收益的减少,这又意味着将来发行新股(主要指普通股)的可能性加大,而发行新股可能使公司的控制权旁落其他公司,所以,投资者宁愿不分配利润,也要反对追加投资、募集新股。

(3) 税赋。一般而言,股利收入税率要高于资本利得的税率,很多股东会由于对税赋因素的考虑而偏好于低股利支付水平,所以,低股利政策会使他们获得更多纳税上的好处。

（4）投资目的。企业投资者的投资目的通常有两种：收益和稳定购销关系。作为接受投资的企业，在进行投资分红时，必须事先了解投资者的投资目的，结合投资动机，选择其分配方案。若属于收益性目的，在分配时应考虑投资者的收益预期；若属于通过投资稳定购销关系加强分工协作，则投资分红就处于次要地位，从而分配政策就侧重于留存而不是分红。

4. 其他因素

（1）债务契约。一般而言，股利支付水平越高，留存收益越少，公司的破产风险加大，就越有可能损害债权人的利益。所以，为了保证自己的利益不受损害，债权人通常会在公司的借款合同、债务契约以及租赁合约中加入关于借款公司股利政策的条款，以限制公司股利的发放。这些限制条款通常包括以下几个方面：①未来的股利只能以签订合同之后的收益来发放，即不能以过去的留存收益来发放股利；②营运资金低于某一特定金额时不得发放股利；③将利润的一部分以偿债基金的形式留存下来；④利息保障倍数低于一定水平时，不得发放股利等。

（2）通货膨胀。在通货膨胀的情况下，公司折旧基金的购买力水平下降，会导致没有足够的资金来源重置固定资产。这时盈余会被当作弥补折旧基金购买力水平下降的资金来源，因此，在通货膨胀时期，公司股利政策往往偏紧。

由于存在上述种种影响股利分配政策的因素，股利政策与股票价格就不是无关的，公司的价值或者说股票价格不仅由其投资的获利能力所决定，而且还受到股利分配政策的影响。

 思政元素融入

加强和完善现代金融监管

党的二十大报告提出，加强和完善现代金融监管，强化金融稳定保障体系，依法将各类金融活动全部纳入监管，守住不发生系统性风险底线。必须按照党中央决策部署，深化金融体制改革，推进金融安全网建设，持续强化金融风险防控能力。

（1）强化党对金融工作的集中统一领导。
（2）深化金融供给侧结构性改革。
（3）健全"风险为本"的审慎监管框架。
（4）加强金融机构公司治理和内部控制。
（5）营造严厉打击金融犯罪的法治环境。
（6）切实维护好金融消费者的合法权益。
（7）完善金融安全网和风险处置长效机制。
（8）加快金融监管数字化智能化转型。
扫描右侧二维码阅读：加强和完善现代金融监管。

链接：加强和完善现代金融监管

任务二　股利政策

吉比特公司成立于2004年，挂牌上市于2017年，主要从事网络游戏创意策划、研发制

作及商业化运营。自从吉比特上市以来,2016—2019年连续四年实施高派现股利政策,其中2018年现金股利发放率为99%,近乎将净利润全部发放。虽然近几年吉比特公司的盈利能力处于行业领先水平,但是更值得一提的是,吉比特前十大股东持股约59.26%,股权集中度高,且2018年、2019年不断有大股东减持股份。

截至2019年12月31日,吉比特公司的股权结构如表9-2所示。

表9-2 吉比特公司十大股东持股情况　　　　　　　　　　　　单位:股

股东名称	报告期内增减	持股数	占总股本比/%	股东性质
卢竑岩		21 629 475	30.09	境内自然人
陈拓琳		8 240 025	11.46	境内自然人
香港中央结算有限公司	3 168 976	3 464 586	4.82	境外法人
湖南文化旅游创业投资基金企业(有限合伙)	-2 937 000	2 456 115	3.42	其他
黄志辉	-73 000	1 645 027	2.29	境内自然人
全国社保基金四零六组合	1 355 875	1 355 875	1.89	其他
李培英		1 350 000	1.88	境内自然人
中国工商银行股份有限公司—富国创新科技混合型证券投资基金	781 629	861 772	1.20	其他
中国工商银行股份有限公司—银华中小盘精选混合型证券投资基金	469 671	818 156	1.14	其他
北京和谐成长投资中心(有限合伙)	-3 593 931	766 904	1.07	其他

由表9-2可知,吉比特公司第一大股东为卢竑岩,持有21 629 475股,以持股30.09%处于公司相对控股地位,前十大股东持股约为59.26%,由此可见,吉比特股权集中度较高,意味着十大股东对公司的股利分配利益关系极为密切,同时股利分配也会受到控股股东意志的影响。股权集中度高的企业倾向于高派现的股利政策。

2018年每10股派现100元,几乎派发完当期利润,占2018年7.23亿元股东净利润的99%。第一大股东卢竑岩持有30.09%股权,在"10派100"分配预案中获得现金2.16亿元。其次,获得较多现金分红的还有陈拓琳、湖南文化旅游创业投资基金企业、北京和谐成长投资中心(有限合伙),他们当年分别持有股权11.46%、7.03%和4.07%,分别可获得现金0.82亿元、0.51亿元和0.30亿元。2019年每10股派现50元,股利支付率达44.33%,前十大股东共可获得2.13亿元。

参照公开信息,湖南文化旅游创业投资基金企业曾是吉比特的第二大股东,持股比例一度达到12.22%,但该公司通过减持,已将自己降为第四大股东,在2018年、2019年期间,湖南文化旅游创业投资基金企业先后进行了减持,减持股权比例达到3.42%。减持累计套现超过2.85亿元。北京和谐成长投资中心减持后股权比例达到1.07%,套现超过2.18亿元。

吉比特股权结构较为集中,因此吉比特制定并实施哪种股利分配政策主要受大股东的意愿所左右,高派现股利政策实施的结果就是使大量现金流向大股东,加上大股东不断减持股份套现,显然高派现已经成为他们利益输送的途径。

因此,监管部门要对大股东圈钱现象加强监管,中小投资者要提高专业素养、理性投资。

资料来源:https://stock.qianzhan.com/hs/gubenjiegou_603444.SH.html。

具体任务:请结合案例分析股权结构集中的优缺点?高派现股利政策对公司的影响?

一、股利政策的分类

股利政策是指企业管理部门对股利分配有关事项做出的方针与决策。股利分配在公司制企业经营理财决策中,始终占有重要地位。一方面可使股东获取可观的投资收益;另一方面还会引起公司股票市价上涨,从而使股东除股利收入外,还获得了资本利得。但是,过高的股利必将使公司留存收益大量减少,或影响公司未来发展,或大量举债,增加公司资本成本负担,最终影响公司未来收益,因而对公司管理部门而言,如何均衡股利发放与企业的未来发展,并使公司股票价格稳中有升,便成为企业经营管理层孜孜以求的目标。

微课:股利政策

(一)剩余股利政策

1. 概念

剩余股利政策是将股利的分配与公司的资本结构有机地联系起来,即根据公司的最佳资本结构测算出公司投资所需要的权益资本数额,先从盈余中留用,然后将剩余的盈余作为股利给所有者进行分配。

微课:万科17年股利政策发展路

在确定投资项目对权益资本的需求时,必须保证公司最佳资本结构,所以这种股利政策也是一种有利于保持公司最优资本结构的股利政策。剩余股利政策比较适合于新成立的或处于高速成长的企业。

2. 依据

剩余股利政策以股利无关论为依据,该理论认为股利是否发放以及发放的多少对公司价值以及股价不会产生影响,而且投资人也不关心公司股利的分配。因此企业可以始终把保持最优资本结构放在决策的首位,在这种结构下,企业的加权平均资本成本最低,同时企业价值最大。

3. 步骤

(1)确定最优资本结构。确定最优资本结构即确定企业权益资本和债务资本的比例关系。企业可采用比较资本成本法、每股收益无差别点分析法来确定企业最优资本结构,在这种结构下,企业的加权平均资本成本最低,同时企业价值最大。

(2)确定最优资本结构下投资项目所需要的权益资本数额。即根据投资总额和权益资本与债务资本的最优比例关系,来确定投资项目所需要的权益资本的数额。

(3)最大限度地使用公司留存收益来满足投资项目对权益资本的需要数额。

(4)投资项目所需要的权益性资本得到满足后,如果公司的未分配利润还有剩余,就将其作为股利发放给股东。

【例9-2】 假定某公司2022年提取了公积金后的税后净利润为600万元,第二年的投资计划所需资金 800 万元,公司的目标资本结构为权益资本 60%,债务 40%,当年流通在外普通股 1 000 万股。要求:计算分配给投资者的剩余利润是多少?

解: ① 确定最优资本结构(权益资本 60%,债务资本 40%)投资计划资金 800 万元。

② 确定达到目标资金结构需要增加留存收益的数额 800×60%=480(万元)。

③ 最大限度满足股东权益数的需要,将剩余的利润分配给投资者。

$$税后净利润 600-增加留存收益=600-480=120(万元)$$

4. 优缺点

优点:最大限度满足企业再投资的权益资金需求;保持理想的资本结构;使企业综合资本成本最低。

缺点:股利发放额随盈利水平波动而波动;忽视了不同股东对资本利得与股利的偏好;损害偏好现金股利的股东利益。

(二) 固定或稳定增长股利政策

(1) 概念。每年股利额固定在某一特定水平或在此基础上维持某一固定比率逐年稳定增长。只有确信公司未来的盈利增长时,才会实施固定或稳定增长的股利政策。

(2) 优点。稳定的股利政策可消除投资者心中的不确定感。

(3) 缺点。股利的支付与盈利相脱节,当盈利较低时仍要支付固定股利,这可能会出现资金短缺、财务状况恶化,影响企业的长远发展。

(4) 适用范围。盈利稳定或处于成长期的企业。

(三) 固定股利支付率政策

(1) 概念。固定股利支付率政策是指企业先确定一个股利占净利润(公司盈余)的比例,然后每年都按此比率从净利润中向股东发放股利,每年发放的股利额都等于净利润乘以固定的股利支付率。也就是说,采用此政策发放股利时,股东每年领取的股利额是变动的,其多少主要取决于企业每年实现的净利润的多少,以及股利支付率的高低。我国的部分上市公司采用固定股利支付率政策,将员工个人的利益与公司的利益捆在一起,从而充分调动广大员工的积极性。

(2) 优点。使股利与公司盈利紧密结合,体现多盈多分、少盈少分、不盈不分的原则,真正做到公平地对待每一个股东。

(3) 缺点。由于股利随盈利而波动,会影响股东对企业未来经营的信心,不利于企业股票市场价格的稳定与上涨。

(4) 适用范围。由于公司每年面临的投资机会、筹资渠道都不同,而这些都可以影响公司的股利分派,因此,一成不变地奉行一种按固定比率发放股利的公司在实际中并不多见,固定股利支付率政策通常只是适用于那些处于稳定发展且财务状况稳定的公司。

(四) 正常股利加额外股利政策

(1) 内容。正常股利加额外股利政策介于稳定股利政策与变动股利政策之间,属于折中的股利政策。该政策是指企业在一般情况下,每年只向股东支付某一固定的、金额较低的股利,只有在盈余较多的年份,企业才根据实际情况决定向股东额外发放较多的股利。但额外支付的股利并不固定,并不意味着企业永久地提高了原来规定好的较低的股利。如果额外支付股利后,企业盈余发生不好的变动,企业就可以仍然只支付原来确定的较低的股利。正常股利加额外股利的政策尤其适合于盈利经常波动的企业。

(2)优点。保证股利的稳定性,使依靠股利度日的股东有比较稳定的收入;做到股利和盈利有较好的配合,使企业具有较大的灵活性。

(3)缺点。盈利下降减少额外股利时,会招致股东不满;额外股利随公司盈利波动,给投资者公司收益不稳定的感觉。

(五)股利政策的选择

股利政策的选择见表9-3。

表9-3 股利政策的选择

公司发展阶段	特　点	适用的股利政策
公司创始阶段	经营风险高,有投资需求;但融资能力差	剩余股利政策
公司快速发展阶段	公司快速发展,需要持续追加投资	低正常股利加额外股利政策
公司稳定增长阶段	业务稳定增长;盈利水平稳中有升	固定或稳定增长股利政策
公司成熟阶段	产品市场趋于饱和,公司盈利水平稳定	固定股利支付率政策
公司衰退阶段	公司获利能力下降,股利支付能力下降	剩余股利政策

二、股利分配程序

对股份制企业而言,在弥补以前年度亏损、提取法定盈余公积之后,还需要向投资者分配股利。

微课:股利支付的程序和方式

股份有限公司分配股利必须遵循法定程序,先由董事会提出分配预案,然后提交股东大会决议通过之后,向股东宣布发放股利的方案,并确定预案公布日、股利宣布日、股权登记日、除息日和股利发放日。

(1)预案公布日。一般而言,分配股利首先要由公司董事会提出股利分配预案,然后向公众发布分红预案。

(2)股利宣布日。董事会宣布发放股利的日期。在股利宣布日,公司应将决定支付的股利总额作为负债加以确认。

(3)股权登记日。股权登记日,即有权领取本期股利的股东资格登记截止的日期。凡是在此指定日期收盘之前取得公司股票,成为公司在册股东的投资者都可以作为股东享受公司分派的股利。

(4)除息日。除息日,也称除权日,即令获取股利的权益与持有股票的状态分离的日期。在除息日之前购买的股票才能领取本次股利,而在除息日当天及其之后购买的股票,则不能领取本次股利。

(5)股利发放日。股利发放日,即公司按照公布的分红方案向股权登记日登记在册的股东实际支付股利的日期,也即股东实际领取到现金股利的日期。

【例9-3】某上市公司于2023年4月28日公布2022年最后的分红方案,其公告如下:"2023年4月27日在上海召开临时股东大会,通过了董事会4月10日关于每10股分红2.3元(含税)的股利分配方案。股权登记日为5月17日,除息日为5月18日,股东可在6月2日通过深圳交易所按交易方式领取股息。特此公告。"

此例中,2023年4月10日即为该公司的预案公布日;2023年4月28日为股利宣布日;5月17日为股权登记日;5月18日为除息日;6月2日为股利发放日。

三、股利支付方式

股利,又称股息、红利。股份公司通常在年终结算后,将盈利的一部分作为股息按持股数额分配给股东。

(一)现金股利

现金股利是股份公司以货币形式向股东支付的股息红利,也是最常见的股利形式,其通常用每股派息多少,或每10股派息多少表示。

发放现金股利必须具备这样一些条件:①有足够的留存收益,以保证再投资资本的需要;②有足够的现金,以保证生产经营需要和股利支付需要。

(二)股票股利

股票股利是企业以发放的股票作为股利的支付方式。股票股利并不直接增加股东的财富,不导致企业资产的流出或负债的增加,因而不使用企业资金,同时也并不因此而增加企业的财产,但会引起所有者权益各项目的结构发生变化。发放股票股利后,如果盈利总额不变,会由于普通股股数增加而引起每股收益和每股市价的下降。但又由于股东所持股份的比例不变,每位股东所持股票的市场价值总额仍保持不变。

(1)股票股利是公司以发放的股票作为股利的支付方式,是在不改变现有股东权利的情况下采用的化整为零的方针。

(2)发放股票股利既不影响公司的资产和负债,也不影响公司的股东权益总额,只不过是在股本和未分配利润之间进行重新分配而已,发放股票股利后,增加了股本,减少了未分配利润。

【例9-4】 某公司在发放股票股利前,股东权益情况见表9-4。

表9-4 某公司发放股票股利前的股东权益 单位:元

普通股(面值1元,已发行200 000股)	200 000
资本公积	400 000
未分配利润	2 000 000
股东权益合计	2 600 000

该公司本年宣布发放10%的股票股利,即发20 000股普通股股票,该股票当时市价20元。发放股票股利后,公司股东权益各项目见表9-5。

表9-5 某公司发放股票股利后的股东权益 单位:元

普通股(面值1元,已发行220 000股)	200 000+20 000
资本公积	400 000+380 000
未分配利润	2 000 000−400 000
股东权益合计	2 600 000

可见,发放股票股利,不会对公司股东权益总额产生影响,但会发生资金在各股东权益项目间的再分配。

(3) 发放股票股利会使普通股股数增加,如果盈利总额不变,那么会引起每股收益和每股市价下降。但由于原有股东持股比例不变,每位股东所持股票的市场总价值也不变。

【例 9-5】 假定上述公司本年盈余为 440 000 元,某股东持有 2 万股普通股,发放股票股利对该股东的影响如表 9-6 所示。

表 9-6 发放股票股利对某股东的影响   单位:元

项 目	发 放 前	发 放 后
每股收益	440 000/200 000＝2.2	440 000/220 000＝2
每股市价	20	20/(1＋10%)＝18.18
持股比例	20 000/200 000＝10%	22 000/220 000＝10%
所持股总价值	20×20 000＝400 000	18.18×22 000＝400 000

(4) 尽管股票股利不直接增加股东的财富,也不增加公司的价值,但对股东和公司都有特殊的意义,对股东的意义在于以下几方面。

① 如果企业在发放股票股利后同时发放现金股利,股东会因所持股数的增加而得到更多的现金。

② 事实上,有时企业发放股票股利后,其股价并不按比例下降;一般在发放少量股票股利后,大体不会引起股价的迅速变化。这可使股东得到股票价值相对上升的好处。

③ 发放股票股利通常由成长中的企业所为,因此投资者往往认为发放股票股利预示着企业将会有较大发展,足以抵消增发股票带来的消极影响。这种心理会稳定住股价甚至略有上升。

④ 股票变现能力强,在股东需要现金时,还可以将分得的股票股利出售。出售股票所缴纳的资本利得(价值增值部分)税率比收到现金股利所需缴纳的所得税率低,这使股东可以从中获得纳税上的好处。

股票股利对企业的意义在于以下几方面。

① 发放股票股利可使股东分享企业的盈余而无须分配现金。这使企业留存了大量现金,便于进行再投资,有利于企业长期发展。

② 在盈余和现金股利不变的情况下,发放股票股利可以降低每股价值,从而吸引更多的投资者。

③ 发放股票股利往往会向社会传递企业将会继续发展的信息,从而提高投资者对企业的信心,在一定程度上稳定股票价格。但在某些情况下,发放股票股利也会被认为是企业资金周转不灵的征兆,从而降低投资者对企业的信心,加剧股价的下跌。

④ 发放股票股利的费用比发放现金股利的费用大,会增加企业的负担。

(三) 股票分割

股票分割是将面额较高的股票分割成面额较低股票的一种行为。分割后,面额按一定比例减少,同时股票数量按同一比例增多。

股票分割是在股票市价急剧上升,而企业又试图大幅度降低价格时使用的一种手段,其产生效果与发放股票股利近似。按国际惯例,发放 25% 以下股票股利界定为股票股利,而发放 25% 以上股票股利则界定为股票分割。

【例 9-6】 某公司原发行面额 2 元的普通股 100 000 股,若按 1 股换成 2 股(1∶2)的比例进行股票分割,分割前后的股东权益见表 9-7 和表 9-8。

表 9-7 股票分割前的股东权益 单位:元

普通股(面值 1 元,已发行 100 000 股)	200 000
资本公积	300 000
未分配利润	2 500 000
股东权益合计	3 000 000

表 9-8 股票分割后的股东权益 单位:元

普通股(面值 1 元,已发行 200 000 股)	200 000
资本公积	300 000
未分配利润	2 500 000
股东权益合计	3 000 000

所以,股票分割会使普通股股数增加,如果盈利总额不变,那么会引起每股收益和每股市价下降,但由于原有股东持股比例不变,每位股东所持股票的市场总价值也不变。

实行股票分割,不能增加企业的价值,也不能增加股东财富,但采用股票分割有重要的作用。

(1) 有利于促进股票流通和交易。

(2) 有助于公司并购政策的实施,增加对被并购方的吸引力。

(3) 可能增加股东的现金股利,使股东感到满意。

(4) 有利于增强投资者对公司的信心。

股票分割可向股票市场和广大投资者传递公司业绩好、利润高、增长潜力大的信息,从而能提高投资者对公司的信心。

(四) 股票回购

1. 股票回购的概念

股票回购是指股份公司出资将其发行流通在外的股票以一定价格购回予以注销或库存的一种资本运作方式。

如果企业由净收益所产生的现金净流量很多,但缺少有利可图的投资机会的话,企业可采用股票回购或增加现金股利的方式分配给股东。企业回购的股票作为库藏股份,市场上流通的股票将因此而减少,每股收益将增加,从而导致股价上涨。来自股票回购的资本收益,在理论上应该等于企业多支付给股东的股利。

【例 9-7】 林龙公司有盈利 5 000 000 元,流通在外的普通股 1 000 000 股。公司管理部门计划将其中的 2 000 000 元盈利分配给股东,拟以每股 32 元的价格购回 62 500 股流通在外的股票。目前股票市价为每股 30 元预期每股股利 2 元。如果股票购回前后市盈率保持不变、公司盈利保持不变,那么股票购回将对剩余的股东产生什么影响?股票购回对剩余股东的影响分析见表 9-9。

表 9-9　股票购回对剩余股东的影响分析　　　　　　　　　　　　单位：元

项　目	购 回 前	购 回 后
①盈余总额	5 000 000	5 000 000
②流通在外股数	1 000 000 股	937 500 股
③每股盈余（①/②）	5	5.33
④市盈率	6	6
⑤每股市价（③×④）	30	32
⑥预期每股股利	2	0

从表 9-9 可以看出，若公司选择发放现金股利，则股票每股可得 32 元（30 元市价＋2 元股利），而在股票购回的情况下，股东每股市价也是 32 元。所不同的是，前者所得的 2 元股利在后者是资本利得。若资本利得税率低于股利收入所得税率，则股票购回可使股东得到更多的实惠。当然，市盈率有可能随股票购回而发生变动，剩余的股东是盈是亏，将取决于市盈率的高低走向。另外，股东对于现金股利和资本利得的偏好也不一致，公司在做股利决策时也应考虑。

2. 股票回购的动机

公司回购自己的股票，可能出于以下几个方面的原因：①替代现金股利；②改善公司的资本结构；③满足选择权的需要；④用于并购或抵制被兼并。

3. 股票回购的方式

（1）公开市场购买是指上市公司通过经纪人在公开市场上购回自身的股票，这种购买方式往往受到证券监管部门的种种限制，当公司准备回购数量较多的股票时，不宜采用这种回购方式。

（2）投标出价购买是指公司向股东发出正式的报价以购买部分股票，通常是以一个固定的价格来回购股票。回购价格通常要高于当时股票的市价，以吸引股东出售其持有的股票。

（3）议价购买方式是指公司以议价为基础，直接与一个或几个大股东共同协商确定回购价格并购回股票。

4. 股票回购的意义

股票回购对股东的意义如下。

（1）多获取资本利得。股票回购的决策往往是在企业管理部门认为企业股票价格过低的情况下做出的，回购企业部分股票会导致股价的上涨，从而使股东多获取资本利得收益。

（2）推迟纳税或避税。股票回购后股东得到的是资本利得，需缴纳资本利得所得税，而发放现金股利后股东则需缴纳一般所得税。在前者税率低于后者的情况下，股票回购将使股东获得纳税上的好处。

（3）股东利益不稳定。企业股票回购后，股票的价格、市盈率等因素可能会发生变化，对股东利益造成的影响难以预料。

股票回购对企业的意义如下。

(1) 改善企业资本结构,提高负债比例,发挥财务杠杆的作用。

(2) 将过剩的现金流量以股票回购的方式分配给股东。

(3) 可避免企业被收购。

(4) 可将库藏股票用来满足可转换债券持有人转换企业普通股的需要,也可以用来兼并其他企业。

(5) 企业如果需要额外的现金,可将库存股票出售。

(6) 如果企业意欲处置其拍卖资产所得的现金,回购股票是其良好的选择。

(7) 股票回购会使企业有帮助股东逃避应纳所得税和操纵股价之嫌,在法律上有可能给企业带来一定程度的风险。

 思政元素融入

发挥好初次分配的基础性作用

习近平总书记在党的二十大报告中指出,扎实推进共同富裕,完善分配制度,构建初次分配、再分配、第三次分配协调配套的制度体系。这为我们指明了在全面建设社会主义现代化国家新征程中迈向共同富裕的目标任务、改革举措和政策取向。

(1) 提高发展的平衡性、协调性、包容性。

(2) 提高居民收入和劳动报酬比重。

(3) 扩大中等收入群体。

(4) 完善按要素分配政策制度。

扫描右侧二维码阅读:发挥好初次分配的基础性作用。

链接:构建初次分配、再分配、第三次分配协调配套的制度体系

职业能力训练

一、单项选择题

1. 在下列股利分配政策中,能保持股利与利润之间一定的比例关系,并体现了风险投资与风险收益对等原则的是(　　)。

    A. 剩余股利政策　　　　　　　　B. 固定股利政策

    C. 固定股利支付率政策　　　　　D. 正常股利加额外股利政策

2. 下列各项中,不属于股票回购方式的是(　　)。

    A. 用本公司普通股股票换回优先股

    B. 与少数大股东协商购买本公司普通股股票

    C. 在市场上直接购买本公司普通股股票

    D. 向股东标购本公司普通股股票

3. 相对于其他股利政策而言,既可以维持股利的稳定性,又有利于优化资本结构的股

利政策是( )。
    A. 剩余股利政策   B. 固定股利政策
    C. 固定股利支付率政策   D. 低正常股利加额外股利政策
4. 在下列公司中,通常适合采用固定股利政策的是( )。
    A. 收益显著增长的公司   B. 收益相对稳定的公司
    C. 财务风险较高的公司   D. 投资机会较多的公司
5. 企业发放股票股利,引起的变化是( )。
    A. 资产流出或负债增加   B. 股东财富增加
    C. 股东权益总额增加   D. 股东权益内部结构变化

二、多项选择题
1. 利润分配的原则包括( )。
    A. 依法分配原则   B. 合理积累、适当分配原则
    C. 投资与收益对等原则   D. 各方利益兼顾原则
    E. 有利必分原则
2. 企业选择股利政策通常需要考虑的因素有( )。
    A. 企业所处的成长与发展阶段   B. 企业支付能力的稳定情况
    C. 企业获利能力的稳定情况   D. 目前的投资机会
3. 上市公司发放现金股利的主要原因有( )。
    A. 投资者偏好   B. 减少代理成本
    C. 传递公司的未来信息   D. 公司现金充裕
4. 公司发放股票股利的优点主要有( )。
    A. 可将现金留存公司用于追加投资,同时减少筹资费用
    B. 股票变现能力强,易流通,股东乐于接受
    C. 可传递公司未来经营绩效的信号,增强经营者对公司未来的信心
    D. 便于今后配股融通更多资金和刺激股价
5. 股票分制的主要作用有( )。
    A. 有利于促进股票流通和交易
    B. 有助于公司并购政策的实施,增加对被并购方的吸引力
    C. 可能增加股东的现金股利,使股东感到满意
    D. 有利于增强投资者对公司的信心
6. 股票股利和股票分割的共同之处是( )。
    A. 股东权益总额都不变
    B. 股票面值都发生变化
    C. 都没有增加股东财富和企业价值
    D. 都会导致每股市价的下降
    E. 股东权益内部结构都变化

三、简答题
1. 简述公司制企业的税后利润分配顺序。
2. 选择股利政策时应考虑的因素有哪些?

3. 简述剩余股利政策的含义及步骤。
4. 简述股票股利和股票分割的异同。

四、计算分析题

1. 明科股份公司今年的税后利润为 800 万元，目前的负债比例为 50%，企业想继续保持这一比例，预计企业明年将有一项良好的投资机会，需要资金 700 万元，如果采取剩余股利政策。要求：

（1）计算明年的对外筹资额。

（2）计算可发放多少股利额及股利发放率。

2. 林达公司成立于 2020 年 1 月 1 日，2020 年度实现的净利润为 1 000 万元，分配现金股利 550 万元，提取盈余公积 450 万元（所提盈余公积均已指定用途）。2021 年实现的净利润为 900 万元（不考虑计提法定盈余公积的因素）。2022 年计划增加投资，所需资金为 700 万元。假定公司目标资本结构为自有资金占 60%，借入资金占 40%。要求：

（1）在保持目标资本结构的前提下，计算 2022 年投资方案所需的自有资金额和需要从外部借入的资金额。

（2）在保持目标资本结构的前提下，如果公司执行剩余股利政策。计算 2021 年度应分配的现金股利。

（3）在不考虑目标资本结构的前提下，如果公司执行固定股利政策，计算 2021 年度应分配的现金股利、可用于 2022 年投资的留存收益和需要额外筹集的资金额。

（4）在不考虑目标资本结构的前提下，如果公司执行固定股利支付率政策，计算该公司的股利支付率和 2021 年度应分配的现金股利。

（5）假定公司 2021 年面临着从外部筹资的困难，只能从内部筹资，不考虑目标资本结构，计算在此情况下 2022 年度应分配的现金股利。

3. 利民公司的权益账户如下：普通股（每股面值 1 元）5 000 万股；资本公积 45 000 万元；盈余公积 20 000 万元；未分配利润 50 000 万元；股东权益总额 120 000 万元；该公司股票的现行市价为 20 元/股。要求：

（1）帮助利民公司确定发放 20% 的股票股利后该公司的权益账户。

（2）帮助利民公司确定股票按 1 股换成 2 股的比例分割后该公司的权益账户。

思政德育课堂

小米公司的股权分配及股权激励案例解析

一、小米公司员工持股情况

小米公司正式成立于 2010 年 4 月，是一家以手机、智能硬件和 IoT 平台为核心的互联网公司。创业仅 7 年时间，小米的年收入就突破了千亿元人民币。截至 2018 年，小米的业务遍及全球 80 多个国家和地区。作为国内互联网公司的杰出代表，其股权分配和激励是如何做的呢？

1. 持股员工人数

2018 年 5 月 3 日小米公司向香港联交所披露了招股说明书，截止到

链接：小米公司的股权分配及股权激励案例解析

2018年3月31日,小米共计拥有14 513名全职员工,其中13 935名位于中国大陆,其他主要分布在中国香港地区、中国台湾地区和印度、印度尼西亚。其中,超过5 500名员工(占员工总数的37.89%)拿到公司股份,这个比例是相当高的。

2. 员工持股比例

根据招股说明书,上市前小米公司已经授出但尚未行使的购股权共计224 500 097股B类普通股份,其中11名董事高管获授2 212万股,超过5 500名小米员工获授222 380 097股。这部分占小米公司股份数的10.85%。如果加上已经通过股权奖励授予的股份、已经由高管和员工行权的股份,那么这一比例会更大。

二、小米公司股权分配经验

1. 客户导向,从员工入职时就开始

小米早期的股权激励,允许员工在股票和现金之间弹性调配比例作为自己的薪酬。其中,最终有15%的员工选择全部拿现金工资,70%的员工选择70%~80%现金和部分股票,有15%的员工拿一点生活费和较多股票。小米在做股权激励时,充分考虑员工和高管的需求不同而给合适的激励股权。

2. 融资时允许员工跟投

小米在B轮融资时,允许员工投钱投资公司,每人限额30万元。当时70人的公司有60人左右选择投钱给公司。

3. 采用多种激励模式相结合

根据招股说明书,自2011年起,小米公司采用购股权、受限制股份奖励(受限制股份)及受限制股份单位等多种激励模式。

(1)购股权。港股中规定的购股权类似于A股中的股票期权,也就是授予激励对象一定数量股份,待到约定的时间和条件成就时,由激励对象按照约定的价格无偿或者有偿的方式一次性或分期购买公司股票的激励模式。

通俗地说,就是给激励对象一个权利,在未来的一定的时间内,以约定的价格购买公司一定数量股票,当然这个权利的行使是以激励对象在公司持续服务或达成公司约定的业绩条件为前提。

(2)受限制股份奖励。港股中规定的股份奖励类似于A股的限制性股票激励。就是授予时就无偿或按照约定的价格将一定数量的股份,出售给激励对象。但是,激励对象取得的股份的权利会受到一定的限制,如不能转让,不能抵押、质押、偿还借款等。并且可能在约定的情形出现时由公司对奖励的股份进行回购。

(3)受限制股份单位。受限制股份单位有点类似于国内的虚拟股,但它也不完全是"虚"的。公司授予激励对象一定数额的股份单位。在约定的时间或业绩条件完成的情况下,公司可以通过现金的方式对已经归属的受限制股份单位进行回购,当然也可以约定公司将约定数量的股份给到激励对象。

4. 股权资金来源

根据招股说明书公布的信息,5 500名员工获授的购股权是需要按照0~3.44美元每股的价格来进行行权的。每个员工获授的购股权行使的价格是不完全一样的,同样每个员工获授的全部股份行权的价格也是不一样的。有0元行权的,有1.02美元行权的,有3.44美元行权的。

5. 退出机制

小米公司授予员工的股票有权利限制,只有到达一定工作年限或工作目标,才能解锁股票。而针对部分被邀请的员工参与小米发展基金,如果员工在投资后5年内从公司离职,则仅能收回投资本金加利息。若在公司服务满5年,则可成为基金权益持有人,离职后可要求公司按市场公允价值回购股份。

6. 调整机制及系统性安排

根据小米雇员购股权计划,公司对获授购股权的员工以及对激励方案本身也约定了非常全面的限制内容和调整机制。激励方案对授予股份进行了必要的转让限制、因故终止受雇和服务的影响以及身故或其他原因丧失劳动能力以及其他原因导致受雇关系终止对激励股份的安排,当然也有公司控制权发生变化时股份的安排。

资料来源:https://www.news.sohu.com/a/649384135_121607490.

案例意义:从案例可以看出,小米公司的股权分配充分考虑了员工和管理层的利益,同时对投资者负责。股权激励采用多种激励模式相结合,对持股人的各种意外和突发情况考虑周全,保证持股人的利益,能够发挥激励的最大效用。

年底报表怎么看——财务分析

知识目标

学习财务指标的计算和分析,具体包括偿债能力分析、营运能力分析、盈利能力分析和发展能力分析。学习财务综合分析——杜邦分析法。

能力目标

- 了解财务指标的基本概念。
- 掌握财务指标的计算和分析,杜邦分析法的应用。

素养目标

- 培养实事求是、具体问题具体分析的思想。
- 培养诚实守信、遵守职业道德的精神。

情境认知

企业财务分析是以企业财务报表反映的财务指标为主要依据,采用一系列专门的财务分析技术与方法,用以揭示各项财务指标之间的内在联系,从而了解企业的财务状况,发现企业生产经营活动中存在的问题,预测企业未来发展趋势,为未来决策提供依据的一项管理活动。

任务一 财务分析方法

任务导入

卓越公司于 2021 年 3 月 19 日晚发布 2020 年年报,2020 年公司实现营业收入 3.84 亿元,同比增长 8.30%;实现归母净利 3 992 万元,同比下滑 25.62%;实现扣非后归母净利

3 304万元,同比下滑29.06%;实现经营活动现金流量净额7 288万元,同比增长100.54%。加权平均净资产收益率5%,同比下滑4%。

报告期内公司业绩同比下滑,主要原因为2020年基础化工原料价格的大幅上涨使公司盈利空间受到挤压,毛利率下滑;报告期内公司综合毛利率31%,同比下滑4%。公司期间费用率略有上涨,报告期内销售、管理+研发、财务费用率分别为8.32%、11.93%、−0.42%,同比分别变化+1.11%、+0.63%、−0.72%。毛利率的大幅下滑叠加期间费用率的微涨造成公司净利率由15%下滑至10%,这也是公司净资产收益率下滑的主要原因。

现金流方面,报告期内公司现净比、现收比分别为184%、85%,经营性现金流大幅增加主要原因为应付账款的大幅增加:报告期末公司应付账款1.09亿元,同比大幅增加约4 800万元。报告期末公司固定资产增长27%至2.06亿元,应当为1.6万吨技改项目投产所致;在建工程同比大增1 062%至1.42亿元,在建工程/固定资产达到69%,主要由于3.5万吨募投项目和5.8万吨镇江项目开工建设所致。

公司主要原材料为基础化工原料。2021年公司主要原材料氢氟酸、异丙醇、浓硝酸、过氧化氢、浓硫酸,2021年1月均价环比2000年12月分别下跌15%、18%、23%、16%、1%。原材料价格的下跌将有效缓解公司成本端压力,增加公司盈利。

具体任务:请简要说明财务分析能够为相关利益者提供哪些信息?

财务分析可以为企业所有者、企业债权人、企业经营决策者和政府等相关利益者提供信息。财务分析能够为相关利益者提供包括企业财务状况、企业盈利能力、企业资产管理水平、企业成本费用水平和企业未来发展能力等方面的信息。财务分析是企业财务管理的重要内容和基本手段之一,它是人们认识了解财务活动最根本的手段之一。本任务将为你提供相关方面分析问题、解决问题的思路和方法。

一、财务分析的意义

财务分析是根据企业财务报表等信息资料,采用专门的方法,系统分析和评价企业财务状况、经营成果,以及未来发展趋势的过程。

财务分析以企业财务报告及其他相关资料为主要依据,对企业的财务状况和经营成果进行评价和剖析,反映企业在运营过程中的利弊得失和发展趋势,从而为改进企业财务管理工作和优化经济决策提供重要的财务信息。

财务分析对于企业各方面相关利益者都具有重要意义。具体来说,财务分析的意义主要体现在以下几个方面。

1. 评价企业财务状况

财务分析应根据财务报表等综合核算资料,对企业整体和各个方面的财务状况作综合和细致的分析,并对企业的财务状况作出评价。财务分析应全面了解企业资产的流动性状态是否良好,资本结构和负债比例是否恰当,现金流量状况是否正常等,最后说明企业长短期的偿债能力是否充分,从而评价企业长短期的财务风险与经营风险,为企业投资人和管理部门等提供有用的决策信息。

2. 评价企业盈利能力

是否长期具有良好和持续的盈利能力是一个企业综合素质的基本表现。财务分析应从整体部门和不同项目对企业盈利能力作深入分析和全面评价,不但要看绝对数,也应看相对数;不但看目前的盈利水平,还要比较过去和预测未来的盈利水平。

3. 评价企业资产管理水平

资产作为企业生产经营活动的经济资源,其管理效率的高低直接影响企业的盈利能力和偿债能力,也表明了企业综合经营管理水平的好坏。财务分析应对企业资产的占有、配置、利用水平、周转状况和获利能力等作全面和细致的分析。不能只看总体的管理水平,也要看部门和个别的管理水平的高低;不能只看绝对数,也要看相对数的收益能力;不能只看现在的盈利状况,也要看其对企业长远发展的促进作用。

4. 评价企业成本费用水平

从长远来看,企业的盈利能力和偿债能力也与企业的成本费用管理水平密切相关。凡是经营良好的企业,一般都有较高的成本费用控制能力。财务分析应对企业一定时期的成本费用的耗用情况作全面的分析和评价,不但从整个企业和全部产品的角度进行综合分析,还要对企业的具体职能部门和不同产品做深入的分析,对成本和费用耗费的组成结构进行细致分析,这样才能真正说明成本费用增减变动的实际原因。

5. 评价企业未来发展能力

无论是企业的投资人、债权人或管理部门等,都十分关心企业的未来发展能力,因为这不但关系到企业的命运,也直接与他们的切身利益有关。只有通过全面和深入细致的财务分析,才能对企业未来的发展趋势作出正确的评价,对企业中长期的经营前景作合理的预测。这不但能为企业管理部门和投资人等的决策提供重要的依据,也能避免由于决策的失误而给企业造成重大损失。

二、财务分析的内容

财务分析信息的需求者主要包括企业所有者、企业债权人、企业经营决策者和政府等。不同主体出于不同的利益考虑,对财务分析信息有着各自不同的要求。

(1) 企业所有者作为投资人,关心其资本的保值和增值状况,因此较为重视企业获利能力指标,主要进行企业盈利能力分析。

(2) 企业债权人因不能参与企业剩余收益分享,首先关注的是投资的安全性,因此更重视企业偿债能力指标,主要进行企业偿债能力分析,同时关注企业盈利能力分析。

(3) 企业经营决策者必须对企业经营理财的各个方面,包括运营能力、偿债能力、获利能力及发展能力的全部予以详尽的了解和掌握,主要进行各方面综合分析,并关注企业财务风险和经营风险。

(4) 政府兼具多重身份,既是宏观经济管理者,又是国有企业的所有者和重要的市场参与者,因此政府对企业财务分析的关注点因所有者身份不同而异。

为了满足不同需求者,财务分析一般应包括偿债能力分析、运营能力分析、盈利能力分析、发展能力分析和现金流量分析等方面。

三、财务分析的局限性

财务分析对于了解企业的财务状况和经营成绩,评价企业的偿债能力和经营能力,帮助企业制定经济决策,有着显著的作用。但由于种种因素的影响,财务分析也存在一定的局限性。

1. 资料来源的局限性

资料来源的局限性主要表现如下:①报表数据的时效性问题。即财务报表中的数据均是企业过去经济活动的结果和总结。②报表数据的真实性问题。报表信息可能与实际不符,如利润操纵。③报表数据的可靠性问题。报表数据不一定准确反映企业客观实际。④报表数据的可比性问题。如企业会计政策和会计处理方法可能发生变化。⑤报表数据的完整性问题。企业报表提供的数据是有限的。

2. 财务分析方法的局限性

对于趋势分析法来说,在实际操作时,比较的双方只有具备可比性才有意义。对于比率分析法来说,它是针对单个指标进行分析的,综合程度较低,在某些情况下无法得出令人满意的结论;比率指标的计算一般都是建立在以历史数据为基础的财务报表之上的,这使比率指标提供的信息与决策之间的相关性大打折扣。对于因素分析法来说,在计算各因素对综合经济指标的影响额时,主观假定各因素的变化顺序而且规定每次只有一个因素发生变化,这些假定往往与事实不符。无论何种分析法均是对过去经济事项的反映。随着环境的变化,这些比较标准也会发生变化。而在分析时,分析者往往只注重数据的比较,而忽略经营环境的变化,这样得出的分析结论也是不全面的。

四、财务分析的方法

(一)趋势分析法

趋势分析法又称水平分析法,是将两期或连续数期财务报告中相同指标进行对比,确定其增减变动的方向、数额和幅度,以说明企业财务状况和经营成果的变动趋势的一种方法。采用这种方法,可以分析引起变化的主要原因和变动的性质,并预测企业未来的发展前景。

1. 趋势分析法的具体运用方式

趋势分析法的具体运用主要有以下三种方式。

(1) 重要财务指标的比较。它是将不同时期财务报告中的相同指标或比率进行比较,直接观察其增减变动情况及变动幅度,考察其发展趋势,预测其发展前景。对不同时期财务指标的比较,可以采用以下两种方法。

① 定基动态比率。它是以某一时期的数额为固定的基期数额而计算出来的动态比率。其计算公式为

$$\text{定基动态比率} = \frac{\text{分析期数额}}{\text{固定基期数额}} \qquad (10\text{-}1)$$

② 环比动态比率。它是以每一分析期的前期数额为基期数额而计算出来的动态比率。其计算公式为

$$\text{环比动态比率} = \frac{\text{分析期数额}}{\text{前期数额}} \qquad (10\text{-}2)$$

(2) 会计报表的比较。会计报表的比较是将连续数期的会计报表的金额并列起来,比较其相同指标的增减变动金额和幅度,据以判断企业财务状况和经营成果发展、变化的一种方法。会计报表的比较,具体包括资产负债表比较、利润表比较、现金流量表比较等。比较时,既要计算出表中有关项目增减变动的相对额,又要计算出其增减变动的百分比。

(3) 会计报表项目构成的比较。这是在会计报表比较的基础上发展而来的。它是以会

计报表中的某个总体指标作为100%,再计算出其各组成项目占该总体指标的百分比,从而比较各个项目百分比的增减变动,以此来判断有关财务活动的变化趋势。这种方法比前述两种方法更能准确地分析企业财务活动的发展趋势。它既可用于同一企业不同时期财务状况的纵向比较,又可用于不同企业之间的横向比较。同时,这种方法能消除不同时期(不同企业)之间业务规模差异的影响,有利于分析企业的耗费水平和盈利水平。

2. 运用趋势分析法需注意的问题

在采用趋势分析法时,必须注意以下问题:①用于进行对比的各个时期的指标在计算口径上必须一致;②剔除偶发性项目的影响,使用以分析的数据能反映正常的经营状况;③应用例外原则,应对某项有显著变动的指标作重点分析,研究其产生的原因,以便采取对策,趋利避害。

(二) 比率分析法

比率分析法是指利用财务报表中两项相关数值的比率揭示企业财务状况和经营成果的一种分析方法。在财务分析中,比率分析法的应用比较广泛。因为只采用有关数值的绝对值对比不能深入揭示事物的内在矛盾,而比率分析是从财务现象到财务本质的一种深化,它比趋势分析法更具科学性、可比性。

1. 比率指标的类型

根据分析的目的和要求的不同,比率指标的类型主要有构成比率、效率比率和相关比率三类。

(1) 构成比率。构成比率又称结构比率,是某个经济指标的各个组成部分与总体的比率,反映部分与总体的关系。其计算公式为

$$构成比率 = \frac{某个组成部分数额}{总体数额} \tag{10-3}$$

利用构成比率,可以考察总体中某个部分的形成和安排是否合理,以便协调各项财务活动。

(2) 效率比率。效率比率是某项经济活动中所费与所得的比率,反映投入与产出的关系。利用效率比率指标,可以进行得失比较,考察经营成果,评价经济效益。例如,将利润项目与销售成本、销售收入、资本等项目加以对比,可计算出成本利润率、销售利润率及资本利润率指标,从不同角度比较企业获利能力的高低及增减变化情况。

(3) 相关比率。相关比率是根据经济活动客观存在的相互依存、相互联系的关系,以某个项目和与其有关但又不同的项目加以对比所得的比率,反映有关经济活动的相互关系。利用相关比率指标,可以考察有联系的相关业务的安排是否合理,以保障企业营运活动能够顺畅进行。例如,将流动资产与流动负债加以对比,计算出流动比率,就可以判断企业的短期偿债能力。

2. 比率分析法的优点及相关注意事项

比率分析法的优点是计算简便,计算结果容易判断,而且可以使某些指标在不同规模的企业之间进行比较,甚至也能在一定程度上超越行业间的差别进行比较。但使用比率指标时注意以下几点。

(1) 对比项目的相关性。计算比率的子项和母项必须具有相关性,把不相关的项目进行对比是没有意义的。在构成比率指标中,部分指标必须是总体指标这个大系统中的一个小系统;在效率比率指标中,投入与产出必须有因果关系;在相关比率指标中,两个对比指标也要有内在联系,这样才能评价有关经济活动之间是否协调均衡,安排是否合理。

(2) 对比口径的一致性。计算比率的子项和母项必须在计算时间、范围等方面保持口径一致。

(3) 衡量标准的科学性。运用比率分析法时,需要选用一定的对比标准,以便对企业的财务状况作出评价。通常而言,科学合理的对比标准包括:①预定目标。如预算指标、设计指标、定额指标、理论指标等。②历史标准。如上期实际水平、上年同期实际水平、历史先进水平以及有典型意义的时期实际水平等。③行业标准。如主管部门或行业协会颁布的技术标准、国内外同类企业的先进水平、国内外同类企业的平均水平等。④公认标准。

(三) 因素分析法

因素分析法也称因素替换法,它是用来确定几个相互联系的因素对分析对象——综合财务指标或经济指标的影响程度的一种分析方法。采用这种方法的出发点在于当有若干因素对分析对象发生影响作用时,假定其他因素都无变化,顺次确定每一个因素单独变化所产生的影响。

1. 因素分析法的类型

因素分析法具体有连环替代法和差额分析法两种。

(1) 连环替代法。连环替代法是指将分析指标分解为各个可以计量的因素,并根据各个因素之间的依存关系,顺次用各因素的比较值(通常为实际值)替代基准值(通常为标准值或计划值)。据以测定各因素对分析指标的影响。

【例 10-1】 假设万华公司 2024 年 3 月甲材料费用的计划数是 6 000 元,而其实际数是 6 930 元,实际比计划增加 930 元。由于原材料费用是由产品产量、单位产品材料消耗用量和材料单价三个因素的乘积构成的,因此,就可以把材料费用这一总指标分解为三个因素,然后逐个来分析它们对材料费用总额的影响程度。现假定这三个因素的数值如表 10-1 所示。

表 10-1　万华公司材料费用总额情况

项　　目	单位	计划数	实际数
产品产量	件	100	110
单位产品材料消耗量	kg	10	9
材料单价	元	6	7
材料费用总额	元	6 000	6 930

要求:请用因素分析法分析各因素变动对材料费用总额的影响。

解:根据表 10-1 中的资料,甲材料费用总额实际数较计划数增加 930 元。运用连环替代法,计算各因素变动对甲材料费用总额的影响程度如下。

计划指标:　　　　$100 \times 10 \times 6 = 6\,000$(元)　　　　　　　　　　　　　　①
第一次替代:　　　$110 \times 10 \times 6 = 6\,600$(元)　　　　　　　　　　　　　　②
第二次替代:　　　$110 \times 9 \times 6 = 5\,940$(元)　　　　　　　　　　　　　　③
第三次替代:　　　$110 \times 9 \times 7 = 6\,930$(元)　　　　　　　　　　　　　　④(实际指标)
　　　　　　　　　②-①=6 600-6 000=600(元)　　　　　　产量增加的影响
　　　　　　　　　③-②=5 940-6 600=-660(元)　　　　　材料节约的影响
　　　　　　　　　④-③=6 930-5 940=990(元)　　　　　　价格提高的影响
　　　　　　　　　600-660+990=930(元)　　　　　　　　　全部因素的影响

(2)差额分析法。差额分析法是连环替代法的一种简化形式,它是利用各个因素的比较值与基准值之间的差额,来计算各因素对分析指标影响的。

【例 10-2】 根据表 10-1 所列的数据,采用差额分析法计算确定万华公司各因素变动对甲材料费用的影响。

解:① 产量增加对材料费用的影响＝(110－100)×10×6＝600(元)
② 材料节约对材料费用的影响＝(9－10)×110×6＝－660(元)
③ 价格提高对材料费用的影响＝(7－6)×110×9＝990(元)

2. 运用因素分析法需注意的问题

因素分析法既可以全面分析各因素对某一经济指标的影响,又可以单独分析某个因素对某一经济指标的影响,在财务分析中应用颇为广泛。采用因素分析法时,必须注意以下问题。

(1)因素分解的关联性。确定构成经济指标的因素,必须是客观上存在因果关系,要能够反映形成该项指标差异的内在构成原因,否则就失去了其存在价值。

(2)因素替代的顺序性。替代因素时,必须按照各因素的依存关系,排列成一定的顺序并依次替代,不得随意加以颠倒,否则就会得出不同的计算结果。一般而言,替代因素排序遵循的原则是,按分析对象的性质,从诸因素相互依存关系出发,并使分析结果有助于分清责任。

(3)顺次替代的连环性。连环替代法在计算每一个因素变动的影响时,都是在前一次计算的基础上进行,并采用连环比较的方法确定因素变化的影响结果。因为只有保持计算程序上的连环性,才能使各个因素影响之和等于分析指标变动的差异,以全面说明分析指标变动的原因。

(4)计算结果的假定性。连环替代法计算的各因素变动的影响数,会因替代计算顺序不同而有差别,因而计算结果不免带有假定性,即它不可能使每个因素计算的结果都达到绝对准确。它只是在某种假定前提下的影响结果,离开了这种假定前提条件,也就不会是这种影响结果。为此,在财务人员分析时应力求使这种假定是合乎逻辑的假定,是具有实际经济意义的假定。这样,计算结果的假定性,才不至于妨碍分析的有效性。

 思政元素融入

诚信为本,操守为重

"没有规矩,不成方圆"。干财务管理这一行也是如此。

"规矩"是什么?"规矩"就是财务管理、会计人员从事会计工作所遵守的行为规范或具体要求,包括一系列的会计法律、法规和政府规章。遵纪守法是财务、会计职业道德规范中的重中之重。

孔子说:"民无信不立。"

孟子说:"诚者,天之道也;思诚者,人之道也。"

因此,加强财务管理、会计诚信教育势在必行。

首先,关于财务、会计诚信教育定位都具有哪些意义,国家会计学院会计诚信教育课题组对上市公司的财务报告曾经做过调查,结果显示只有2.51%的总会计师对财务报告持可信的态度,由此可以看出,上市公司存在严重的会计诚信的问题,这么严重的诚信问题,如果只靠立法处罚是无法治理的,教育是根本,会计诚信教育起着不可替代的作用,但是,会计诚信教育到底该怎么去实施呢?这个问题值得我们思考,然而,这也是一个值得明确的问题,只有明确了这个问题,才可以对会计诚信教育更好地实施。其次,就是关于在会计诚信问题中会计诚信教育所在的位置,政治制度与道德文化以及经济制度各不相同,并且,经济制度与政治制度在一定时期内都会发生变化,然而,道德文化的改变却需要一个过程,如果道德文化被个体接受,并且融入身心,就会形成一种极强的信念,这种约束力也是长期的,正因为这样,才决定了诚信道德的作用,对于个体行业的约束是具有深远性的,诚信道德包括会计诚信道德,它会随着诚信道德的变化而发生变化,单个是不可能发生突飞猛进的变化的,教育是道德文化传承的主要因素,因此,这也就决定了在会计诚信问题中会计诚信教育的地位,纵向来分析,会计诚信教育虽然不能起到立竿见影的效果,但是它所起的作用却是比较深远的,也是基础的,然而,从横向来分析,诚信道德这个大环境的发展会带动会计诚信教育的发展,所以,诚信教育不会抛开诚信道德大环境。

任务二 财务指标分析

任务导入

瑞幸咖啡曾是中国最大的连锁咖啡品牌。瑞幸咖啡以"从咖啡开始,让瑞幸成为人们日常生活的一部分"为愿景,通过充分利用移动互联网和大数据技术的新零售模式,与各领域顶级供应商深度合作,致力为客户提供高品质、高性价比、高便利性的产品。2019年5月17日,瑞幸咖啡在美国成功上市,一举刷新全球最快IPO纪录。

2020年1月31日,浑水公司在其官方信息发布渠道上公开了一则匿名人士对瑞幸咖啡的做空报告。该报告称对瑞幸咖啡2019年报中虚报营业收入的情况进行了细致的分析,并指出瑞幸咖啡的商业模式存在根本问题。这直接导致当天瑞幸咖啡的股票价格下挫10.7%。2020年4月2日,瑞幸咖啡宣布成立委员会对2019年年报中存在的问题进行调查,自曝22亿元财务造假,4月7日暂停股票交易,5月15日纳斯达克上市资格审查部门书面通知,决定对瑞幸施行摘牌。

从创立到IPO,仅花了17个月,从上市到跌落神坛却不到一年。一个仅靠打折咖啡、卖优惠券吸引价格敏感客户的咖啡企业,如何能够在不断开新店、雇佣新人的高成本模式中获得持久利润?随着投入不断增加,融资也不能够弥补亏损,财务造假也难以维持光鲜亮丽的外表。

企业运营依靠的不仅是模式创新,最重要的是产品水平。瑞幸倡导的商业模式是以技术为驱动、数据为核心,与客户建立密切联系,但主打产品咖啡的研发上却没有实现真正突破。做企业如做人,企业的造假映照出的是做人的问题,老实做人,踏实做事,才可能有成功的未来。

资料来源:http://www.csrc.gov.cn/csrc/c100028/c1000725/content.shtml。

具体任务:瑞幸咖啡为什么财务造假?财务造假行为对公司有哪些影响?

一、偿债能力分析

偿债能力是指企业偿还各种到期债务的能力。偿债能力分析有利于债权人进行借贷决策;有利于股东进行投资决策;有利于经营者进行正确的经营决策;有利于正确评价企业的财务状况。偿债能力分析主要分为短期偿债能力分析和长期偿债能力分析。

（一）短期偿债能力分析

短期偿债能力是指企业流动资产对流动负债及时足额偿还的保证程度，是衡量企业当前财务能力特别是流动资产变现能力的重要标志。流动负债是指在1年内或超过1年的一个营业周期内可变现的资产，因而流动资产就成为偿还流动负债的一个安全保障。评价短期偿债能力的指标主要有流动比率、速动比率和现金比率等。

微课：短期偿债能力

1. 流动比率

流动比率是流动资产与流动负债的比率，用于评价企业流动资产在短期债务到期前，可以变为现金用于偿还流动负债的能力。其计算公式为

$$流动比率=\frac{流动资产}{流动负债} \qquad (10-4)$$

一般来说，企业流动比率越大，偿还流动负债的能力越强，债权人越有保障，但过大的流动比率对企业来说也并非好现象，可能是企业滞留在流动资产上的资金过多（如应收账款、存货），未能有效地加以利用，可能会影响企业的获利能力。根据西方企业的长期经验，一般认为2∶1为好。

2. 速动比率

速动比率是企业的速动资产与流动负债的比率。速动比率较流动比率能更加准确、可靠地评价企业的短期偿债能力。其计算公式为

$$速动比率=\frac{速动资产}{流动负债} \qquad (10-5)$$

速动资产＝货币资金＋交易性金融资产＋应收票据＋应收账款
　　　　＝流动资产－存货－预付账款－一年内到期的非流动资产－其他流动资产

通常情况下，速动比率为1∶1是比较安全的。

3. 现金比率

$$现金比率=\frac{货币资金＋交易性金融资产}{流动负债} \qquad (10-6)$$

【例10-3】 流动比率高，短期偿债能力一定强吗？要求：结合表10-2进行分析。

表10-2　某公司流动比率、存货周转期、应收账款周转期情况

比较项目	A公司	B公司
流动比率	2	2
存货周转期	2～3年	2～3个月
应收账款周转期	1～2年	1～2个月

解：A公司和B公司的流动比率相同，但是B公司的存货周转期和应收账款周转期更短，可见进行流动比率分析要结合存货周转率和应收账款周转率。

影响流动比率可信性因素：存货周转率、应收账款周转率。

（二）长期偿债能力分析

长期偿债能力是指企业偿还长期负债的能力。企业的长期负债主要有长期借款、应付

债券、长期应付款、专项应付款等。反映企业长期偿债能力的指标主要有资产负债率、产权比率和已获利息倍数。

1. 资产负债率

资产负债率又称负债比率,是企业负债总额与资产总额的比率。资产负债率比较保守的经验判断一般为不高于50%,国际上一般认为60%比较好。

微课:长期偿债能力

这一比率越低表明企业债务越少,自有资金越雄厚,财务状况越稳定,其偿债能力越强。

$$资产负债率 = \frac{负债总额}{资产总额} \tag{10-7}$$

2. 产权比率

产权比率也是衡量公司长期偿债能力的指标之一,它是负债总额与所有者权益总额之比,这一比率可用以衡量主权资本对借入资本的保障程度。其计算公式为

$$产权比率 = \frac{负债总额}{所有者权益总额} \times 100\% \tag{10-8}$$

3. 已获利息倍数

已获利息倍数是企业一定时期内息税前利润与利息支出的比值。该指标充分反映了企业收益对偿付债务利息的保障程度和企业的偿债能力。其计算公式为

$$已获利息倍数 = \frac{息税前利润}{利息} \tag{10-9}$$

【例10-4】 表10-3为某公司资产负债表,要求:根据表中所给数据,计算资产负债率和产权比率,并对结果进行分析。

表10-3 某公司资产负债表　　　　　　　　　　　　　　　　　　单位:万元

资　产	金额	负债及所有者权益	金额
现金	20	短期借款	10
应收账款	30	应付账款	20
存货	150	应付费用	20
固定资产	300	长期借款	100
资产合计	500	负债合计	150
		实收资本	300
		资本公积	20
		留存收益	30
		股东权益合计	350
		负债及股东权益合计	500

解:

$$资产负债率 = \frac{负债总额}{资产总额} = \frac{150}{500} = 0.3$$

$$产权比率 = \frac{负债总额}{所有者权益} = \frac{150}{350} = 0.43$$

数据结果分析:资产负债率国际上认为60%较为适当,没有很好地利用财务杠杆。

【例10-5】 表10-4为某公司利润表,要求:根据表10-4中数据,计算已获利息的倍数,并对结果进行分析。

表10-4 某公司利润表　　　　　　　　　　　　　单位:万元

项目	金额
一、营业收入	5 700
减:营业成本	5 006
营业税金及附加	56
销售费用	40
管理费用	80
财务费用	192
资产减值损失	0
加:公允价值变动收益	0
投资收益	0
二、营业利润	326
加:营业外收入	144
减:营业外支出	0
三、利润总额	470
减:所得税	150
四、净利润	320

解:

$$已获利息倍数=\frac{息税前利润总额}{利息支出}=\frac{320+192+150}{192}=3.45$$

数据结果分析:国际上认为已获利息倍数3较为适当,长期偿债能力能够得到保证。

二、营运能力分析

营运能力即企业资金的利用效率,其关键在于资金的周转速度。一般来说,周转速度越快,则资产营运能力越强;反之,则营运能力越弱。衡量资金周转速度可以采用两种形式:周转次数与周转天数。二者可以换算。一定时期内周转次数越多,周转速度越快;周转一次所需的时间越短,周转速度越快。

微课:营运能力

1. 应收账款周转率

应收账款周转率是指企业一定时期营业收入数额同应收账款平均余额的比值。其计算公式为

$$应收账款周转率=\frac{营业收入}{应收账款平均余额} \tag{10-10}$$

$$应收账款平均余额=\frac{应收账款年初数+应收账款年末数}{2} \tag{10-11}$$

该指标反映了企业应收账款的流动速度,即企业本年度内应收账款转为现金的平均次数。一定时期内应收账款的周转次数越多,说明应收账款的周转速度越快,应收账款的利用效果越好。应收账款周转天数又称应收账款占用天数,是反映应收账款周转情况的另一个重要指标。周转天数越少,说明应收账款周转速度越快,利用效果越好。

2. 存货周转率

在流动资产中,存货所占比重较大,存货的流动性将直接影响企业的流动比率。存货周转率是指企业一定时期营业成本同存货平均余额的比值。其计算公式为

$$存货周转率=\frac{营业成本}{存货平均余额} \tag{10-12}$$

$$存货平均余额 = \frac{存货年初数 + 存货年末数}{2} \quad (10\text{-}13)$$

该指标是评价企业从取得存货、投入生产到完工销售等各环节管理状况的综合性指标，用于反映存货的周转速度，即存货的流动性及存货资金占用量的合理与否。一定时期内存货周转次数越多，说明存货周转速度越快，存货利用效果越好。同理，存货周转天数越少，说明存货周转速度越快，存货利用效果越好。

3. 流动资产周转率

流动资产周转率是指企业一定时期的营业收入同流动资产平均余额的比值。其计算公式为

$$流动资产周转率 = \frac{营业收入}{流动资产平均余额} \quad (10\text{-}14)$$

$$流动资产周转天数 = \frac{360}{流动资产周转率} \quad (10\text{-}15)$$

该指标体现了流动资产的周转速度，是从企业全部资产中流动性最强的流动资产角度对资金利用效果进一步分析。要实现该指标的良性循环，应以营业收入的增长幅度高于流动资产的增长幅度做保证。一般情况下，该指标越高，表明企业流动资产的利用效果越好。

4. 固定资产周转率

$$固定资产周转率 = \frac{营业收入}{固定资产平均余额} \quad (10\text{-}16)$$

$$固定资产周转天数 = \frac{360}{固定资产周转率} \quad (10\text{-}17)$$

固定资产周转率用于分析厂房、设备等固定资产的利用效率。比率越高，说明固定资产利用率越高，管理水平越好。

5. 总资产周转率

$$总资产周转率 = \frac{营业收入}{资产平均余额} \quad (10\text{-}18)$$

$$总资产周转天数 = \frac{360}{总资产周转率} \quad (10\text{-}19)$$

该指标体现了企业经营期间全部资产从投入到产出的流转速度，反映了企业全部资产的管理质量和利用效率。一般认为总资产周转率越高，企业全部资产使用效率就越高。

【例 10-6】 表 10-5 为某公司资产情况，要求：根据表 10-5 中数据计算营运能力相关指标，并对结果进行分析。

表 10-5　某公司资产情况　　　　　　　　　　　　　　　单位：万元

项　目	2021 年	2022 年
营业收入		5 700
营业成本		5 066
应收账款年末余额	300	398
存货年末余额	700	652
流动资产年末总额	1 000	1 200
资产总额	3 000	3 200

解：

(1) 应收账款周转率 $= \dfrac{5\ 700}{(300 + 398)/2} = 16.33$

$$应收账款周转天数 = \frac{360}{16.33} = 22.05(天)$$

(2) $$存货周转率 = \frac{5\,066}{(700+652)/2} = 7.49$$

$$存货周转天数 = \frac{360}{7.49} = 48.06(天)$$

(3) $$流动资产周转率 = \frac{5\,700}{(1\,000+1\,200)/2} = 5.18$$

$$流动资产周转天数 = \frac{360}{5.18} = 69.5(天)$$

(4) $$总资产周转率 = \frac{5\,700}{(3\,000+3\,200)/2} = 1.84$$

$$总资产周转天数 = \frac{360}{1.84} = 195.65(天)$$

数据结果分析：周转率越高，周转速度就越快，利用率就越高；和以前年度做比较；和行业数据做比较。

三、盈利能力分析

盈利能力就是企业赚取利润的能力，是企业资金增值的能力。通常体现为企业收益数额的大小与水平的高低。无论是投资者还是债权人都认为盈利能力十分重要，因为健全的财务状况必须有较高的盈利能力来支持。企业财务管理人员当然也十分重视盈利能力，因为要实现财务管理的目标，就必须不断提高利润，降低风险。

微课：盈利能力

(一) 基于企业销售的获利能力指标

1. 营业利润率

$$营业利润率 = \frac{营业利润}{营业收入} \times 100\% \tag{10-20}$$

一般来说营业利润率越高，企业的市场竞争力就越强。

2. 成本费用利润表

$$成本费用利润率 = \frac{利润总额}{成本费用总额} \times 100\% \tag{10-21}$$

成本费用率越高，表明企业为取得利润而付出的成本越小。

(二) 基于企业资本投入的盈利能力指标

1. 总资产报酬率

$$总资产报酬率 = \frac{息税前利润总额}{资产平均总额} \times 100\% \tag{10-22}$$

该指标反映企业资产综合利用取得盈利的水平。一般认为资产报酬率越高，企业资产利用效益越好，获利能力越强。

2. 净资产报酬率

$$净资产报酬率 = \frac{净利润}{平均净资产} \times 100\% \tag{10-23}$$

该指标反映自有资金投资收益水平;获利能力指标的核心;一般认为净资产收益率越高,企业自有资本取得收益的能力越强,对投资人和债权人权益保障程度越高。

【例 10-7】 表 10-6 为某公司资产情况,要求:根据表 10-6 中数据进行盈利能力分析。

表 10-6 某公司资产情况   单位:万元

项　目	2024 年	2023 年
营业收入	5 700	
营业成本	5 006	
营业税金及附加	56	
销售费用	40	
管理费用	80	
财务费用	192	
营业利润	326	
利润总额	470	
净利润	320	
资产年末总额	3 360	3 000
年末净资产总额	1 760	1 500

解:

(1) 营业利润率 $=\dfrac{320}{5\ 700}=5.61\%$

(2) 成本费用利润率 $=\dfrac{470}{5\ 006}=9.4\%$

(3) 总资产报酬率 $=\dfrac{470+192}{(3\ 000+3\ 360)/2}=20.82\%$

(4) 净资产收益率 $=\dfrac{320}{(1\ 760+1\ 500)/2}=19.63\%$

数据结果分析:未亏损;和以前年度做比较;和行业数据做比较。

(三) 基于股票数量或价格的获利能力指标

1. 普通股每股收益

$$\text{普通股每股收益}=\dfrac{\text{净利润}-\text{优先股股利}}{\text{普通股平均股数}} \quad (10\text{-}24)$$

一般认为,普通股每股收益越高,每一普通股可得的利润越多,股东的投资效益就越好,公司的获利能力越强。

2. 每股股利

$$\text{每股股利}=\dfrac{\text{股利总额}}{\text{普通股股数}} \quad (10\text{-}25)$$

每股股利越大,则公司股本获利能力就越强;每股股利越小,则公司股本获利能力就越弱。

3. 市盈率

$$\text{市盈率}=\dfrac{\text{普通股每股市价}}{\text{普通股每股收益}} \quad (10\text{-}26)$$

市盈率通常用来作为比较不同价格的股票是否被高估或低估的指标。一般认为市盈率越高,表明投资者对该公司的发展前景看好,愿意出较高的价格购买该公司股票。

四、发展能力分析

发展能力是指企业在生存的基础之上扩大规模,壮大实力的潜在能力。

(一) 基于企业营业增长的发展能力指标

1. 营业增长率

$$\text{营业增长率} = \frac{\text{本年营业收入增长额}}{\text{上年营业收入总额}} \times 100\% \tag{10-27}$$

营业增长率是衡量企业经营状况和市场占有能力,预测企业经营业务拓展趋势的重要标志。营业增长率大于 0,表明企业本年的营业收入有所增长,指标越高,增长速度越快。

2. 营业利润增长率

$$\text{营业利润增长率} = \frac{\text{本年利润增长额}}{\text{上年营业利润总额}} \times 100\% \tag{10-28}$$

营业利润增长率大于 0 且值较高的,表明企业有较强的发展能力。

(二) 基于企业资本资产保值增值的发展能力指标

1. 资本积累率

$$\text{资本积累率} = \frac{\text{本年所有者权益增长额}}{\text{年初所有者权益}} \times 100\% \tag{10-29}$$

该指标反映企业当年资本的积累能力。一般认为,资本累计率大于 0 且值较高的,表明企业的资本累积越多,持续发展能力越大。

2. 总资产增长率

$$\text{总资产增长率} = \frac{\text{本年总资产增长额}}{\text{年初资产总额}} \times 100\% \tag{10-30}$$

该指标从企业资产总量扩张方面衡量企业的发展能力。一般认为,总资产增长率越高,企业一定时期内资产经营规模扩张的速度越快。

【例 10-8】 表 10-7 为某公司收入、利润和资产情况,要求:根据表 10-7 中数据进行发展能力分析。

表 10-7 某公司收入、利润和资产情况 单位:万元

项 目	2021 年	2022 年
营业收入	5 700	6 000
营业利润	326	312
所有者权益	1 760	1 920
资产年末总额	3 360	4 000

解:

(1) 营业增长率 $= \dfrac{6\,000 - 5\,700}{5\,700} = 5.26\%$

(2) 营业利润增长率 $= \dfrac{312 - 326}{326} = -4.29\%$

(3) 资本积累率 $= \dfrac{1\,920 - 1\,760}{1\,760} = 9.09\%$

(4) 总资产率 $= \dfrac{4\,000 - 3\,360}{3\,360} = 19.05\%$

数据结果分析:营业利润呈现负增长。

思政元素融入
成功走出一条中国特色反腐败之路

党的十八大以来,以习近平同志为核心的党中央深刻把握系统施治、标本兼治基本规律,把严肃惩治腐败与严密制度约束、严格教育引导紧密结合,形成不敢腐、不能腐、不想腐一体推进的方针方略,这是我们党百年奋斗特别是新时代反腐败斗争经验的集中体现。

(1) 牢牢把握政治主动,坚持党中央对反腐败工作的集中统一领导。
(2) 始终保持战略定力,永远吹响正风反腐冲锋号。
(3) 持续释放综合效能,惩治震慑、制度约束、提高觉悟同向发力。
(4) 有效运用政策策略,做到坚定稳妥、精准惩治。
(5) 不断拓展方法路径,深化理念创新实践创制。
(6) 确保依规依纪依法,贯穿法治思维和法治方式。

扫描右侧二维码阅读:成功走出一条中国特色反腐败之路。

链接:成功走出一条中国特色反腐败之路

任务三 财务综合分析

任务导入

某大型超市发布2023年一季度业绩公告:公司2023年一季度营业收入为27 243 284 025.80元,同比增长3.45%;归属于上市公司股东的净利润为502 173 135.17元,同比增长2 053.54%;归属于上市公司股东的扣除非经常性损益的净利润为627 782 820.28元,同比增长263.07%。

业绩变动原因:超市的仓储会员店改造进展顺利,主要凭借着现有门店,全面开展线上零售模式,在App迭代、门店数字化不断升级优化、专业配套基础设施等方面都已做好准备,线上销售占比不断得到提升。

根据2023年一季报,对该超市的主要财务指标表现进行了进一步的总结。

盈利能力:超市盈利能力不断改善,正好处于一年中高位。
成长能力:超市成长能力改善较为明显,进而处于一年中高位。
偿债能力:超市偿债能力明显有所改善,进而位于一年当中高位。
运营能力:超市运营水平持续在一个稳定水平。
现金流:超市现金流能力有待进一步提高。
其中,可持续经营能力加倍增强,现金运营指数低,出现收益质量下降。
具体任务:根据2022年一季报综合分析该超市营业收入和净利润增长的原因。

一、财务综合分析的特点

财务综合分析是指将营运能力、偿债能力和盈利能力等诸方面的分析纳入一个有机的整体之中,全面对企业经营状况、财务状况进行解剖和分析,从而对企业经济效益的优劣作出准确的评价与判断。

财务综合分析的特点体现在其财务指标体系的要求上。一个健全有效的综合财务指标体系必须具备三个基本要素。

微课:四川长虹财务状况分析

(1) 指标要素齐全适当。这是指所设置的评价指标必须能够涵盖企业营运能力、偿债能力及盈利能力等诸方面总体考核的要求。

(2) 主辅指标功能匹配。这里要强调两个方面:①在确立营运能力、偿债能力和盈利能力诸方面评价的主要指标与辅助指标的同时,进一步明确总体结构中各项指标的主辅地位;②不同范畴的主要考核指标所反映的企业经营状况、财务状况的不同侧面与不同层次的信息有机统一,应当能够全面而翔实地揭示出企业经营理财的实绩。

(3) 满足多方信息需要。这要求评价指标体系必须能够提供多层次、多角度的信息资料,既能满足企业内部管理部门实施决策对充分而具体的财务信息的需要,又能满足外部投资者和政府进行决策和实施宏观调控的要求。

二、财务综合分析的方法

财务综合分析的方法很多,其中应用比较广泛的有杜邦财务分析体系和沃尔比重评分法。

(一) 杜邦财务分析体系

杜邦财务分析体系又称杜邦分析法。事实上,单独计算分析任何一项财务指标,都难以全面评价公司的财务状况和经营成果。要想对公司的财务状况和经营成果有一个综合判断,就必须对这些指标进行相互关联的分析,即将公司的营运能力分析、偿债能力分析、盈利能力分析和发展能力分析纳入一个有机整体,只有这样,才能对公司的经营绩效做出科学的评价。

微课:杜邦分析法

杜邦财务分析就是根据某些财务比率之间的内在联系来综合分析公司理财状况的一种方法。其目的就是找出影响公司理财效益的各方面的原因,从而总结经验教训,为编制下期财务计划打好基础。因其最初由美国杜邦公司创立并成功运用而得名。其分解公式如下:

$$净资产收益率 = 总资产净利率 \times 权益乘数$$
$$= 营业净利率 \times 总资产周转率 \times 权益乘数 \qquad (10\text{-}31)$$

(1) 净资产收益率是一个综合性最强的财务比率,是杜邦体系的核心。

(2) 净资产收益率的高低取决于总资产净利率与权益乘数。

总资产净利率也是一个重要的财务比率,综合性较强。它是主营业务净利率与总资产周转率的乘积。

(3) 权益乘数即权益总资产率,是指资产总额与股东权益的比率。反映总资产与所有者权益之间的倍数关系,由股东权益融资的资产比例越大,权益乘数越小。其计算公式如下:

$$权益乘数 = \frac{资产}{所有者权益} = \frac{1}{1 - 资产负债率} \qquad (10\text{-}32)$$

杜邦财务分析体系的基本结构如图 10-1 所示。

运用杜邦财务分析法时需要注意以下几点。

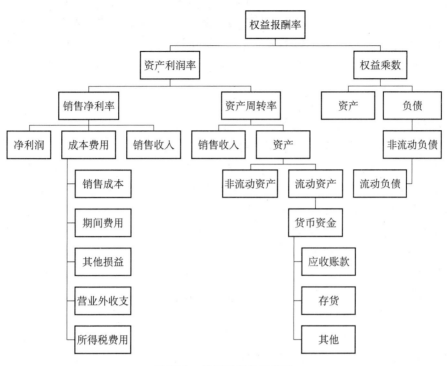

图 10-1　杜邦财务分析体系

(1) 净资产收益率(又称权益报酬率)是一个综合性最强的财务指标,是整个分析系统的起点和核心。通过影响指标因素的层层分解,并研究彼此间的依存关系,从而揭示企业的获利能力及原因。该指标的高低反映了投资者净资产获利能力的大小,其高低变化是由总资产净利率(又称资产利润率)和反映企业所有者权益结构比重的权益乘数两因素决定的,而总资产净利率又受销售净利率和总资产周转率大小的影响。所以,综合起来讲,净资产收益率是由销售净利率、总资产周转率及权益乘数决定的。

(2) 权益乘数表明了企业的负债程度。该指标越大,企业的负债程度越高。

(3) 总资产净利率是销售净利率与总资产周转率的乘积,是企业销售成果和资产运营的综合反映。要提高总资产净利率,必须增加销售收入,降低资金占用额。

(4) 销售净利率反映了企业净利润与销售收入的关系。要提高销售净利率,必须增加销售收入,降低成本费用。这两条途径一方面可以提高销售净利率,另一方面可以提高总资产周转率,最终使净资产收益率得到提高。

(5) 总资产周转率反映企业资产实现销售收入的综合能力。分析时,必须结合销售收入分析企业资产结构合理性,即流动资产和长期资产的结构比率关系。同时要分析流动资产周转率、存货周转率、应收账款周转率等有关资产使用效率的指标,找出总资产周转率高低变化的确切原因。

通过杜邦财务分析体系自上而下的分析,不仅可以揭示出企业各项财务指标之间的结构关系,查明各项主要指标变动的影响因素,而且为决策者优化经营理财状况,提高企业经营效益提供了思路。提高主权资本净利率的根本在于扩大销售、节约成本、优化投资配置、加速资金周转、优化资金结构、确立风险意识等。

【例 10-9】 M 公司净资产收益率指标计算资料如下：2023 年销售净利率为 4.27%，资产净利率为 6.96%，权益乘数为 2.022，资产周转率为 1.63，净资产收益率为 14.07%；2023 年标准值（行业平均水平）：销售净利率为 5.24%，资产净利率为 13.10%，权益乘数为 1.909，资产周转率为 2.5，净资产收益率为 25%。要求：分析影响净资产收益率的各因素。

解：净资产收益率＝资产净利率×权益乘数

行业平均净资产收益率＝13.10%×1.909＝25%

M 公司净资产收益率＝6.96%×2.022＝14.07%

由于资产净利率下降影响净资产收益率＝(6.96%－13.10%)×1.909＝－11.72%

由于权益乘数增加影响净资产收益率＝6.96%×(2.022－1.909)＝0.79%

M 公司净资产收益率远远低于其行业平均水平 10.93%。净资产收益率的下降主要是资产净收益率所致，将资产净利率进一步分解为

资产净利率＝销售净利率×资产周转率

行业平均资产净利率＝5.24%×2.5＝13.10%

M 公司资产净利率＝4.27%×1.63＝6.96%

由于营业净利率下降影响资产净利率＝(4.27%－5.24%)×2.5＝－2.43%

由于资产周转率下降影响资产净利率＝4.27%×(1.63－2.5)＝－3.71%

M 公司与行业平均对比，资产净利率下降了 6.14%，是由于营业利润率下降和资产周转率放慢共同影响所致，说明企业在盈利和资产管理方面存在较为严重的问题，需进一步通过分解利润指标和资产周转率指标来揭示。

（二）沃尔比重评分法

财务状况综合评价的先驱者之一是美国亚历山大·沃尔教授。他在 20 世纪初出版的《信用晴雨表研究》和《财务报表比率分析》中提出了信用能力指数概念，把流动比率、产权比率、固定资产比率、存货周转率、应收账款周转率、固定资产周转率、自有资金周转率七项财务比率指标用线性关系结合起来，并分别给定各自的分数比重，然后通过与标准比率进行比较，确定各项指标的得分及总体指标的累计分数，从而对企业的信用水平作出评价。

原始意义上的沃尔比重评分法存在两个缺陷：一是所选定的七项指标缺乏证明力；二是当某项指标严重异常时，会对总评分产生不合逻辑的重大影响。

现代社会相较沃尔时代已经发生很大的变化。沃尔最初提出的七项指标已难以完全适用当前企业评价的需要。现在通常认为，企业财务评价的内容首选是盈利能力，其次是偿债能力，最后是成长能力，它们之间大致可按 5∶3∶2 的比例来分配。盈利能力的主要指标是总资产报酬率、销售净利率和净资产收益率，这三个指标可按 2∶2∶1 的比例来安排。

 思政元素融入

强化企业科技创新主体地位的关键举措

党的二十大报告对强化企业科技创新主体地位作出全面部署，我们要坚持以习近平新时代中国特色社会主义思想为指导，按照习近平同志为核心的党中央的决策部署，面向世界科技前沿、面向经济主战场、面向国家重大需求、面向人民生命健康，重点围绕以下几个方面抓好贯彻落实。

(1) 推动科技企业融通创新,全面提升创新链产业链水平。
(2) 以企业为主导,打造产学研深度融合的创新体系。
(3) 加大财政金融支持力度,整体提升企业创新投入强度。
(4) 进一步优化政策与环境,促进各类创新人才向企业集聚。
(5) 营造良好企业创新生态,激发科技创新内生动力。
扫描右侧二维码阅读:强化企业科技创新主体地位的关键举措。

链接:强化企业科技创新主体地位的关键举措

职业能力训练

一、单项选择题

1. 应收账款周转率是指(　　)与应收账款平均余额的比值,它反映了应收账款流动程度的大小。
   A. 营业成本　　　B. 营业利润　　　C. 营业收入　　　D. 现销收入
2. 在下列分析指标中,(　　)是属于企业长期偿债能力的分析指标。
   A. 营业利润率　　B. 资产利润率　　C. 产权比率　　　D. 速动比率
3. 产权比率与权益乘数的关系是(　　)。
   A. 产权比率×权益乘数＝1
   B. 权益乘数＝1＋产权比率
   C. 权益乘数＝(1＋产权比率)/产权比率
   D. 权益乘数＝1/(1－产权比率)
4. 下列财务比率反映营运能力的是(　　)。
   A. 资产负债率　　B. 流动比率　　　C. 存货周转率　　D. 资产报酬率
5. 某企业去年的营业净利率为 5.73%,资产周转率为 2.17%;今年营业净利率为 4.88%,资产周转率为 2.88%。若两年的资产负债率相同,则今年的净资产收益率与去年相比的变化趋势是(　　)
   A. 下降　　　　　B. 不变　　　　　C. 上升　　　　　D. 难以确定

二、多项选择题

1. 下列各项中,可能直接影响企业净资产收益率指标的措施是(　　)。
   A. 提高营业净利率　　　　　　　B. 提高资产负债率
   C. 提高资产周转率　　　　　　　D. 提高流动比率
   E. 提高速动比率
2. 下列各项中,(　　)会降低企业的流动比率。
   A. 赊购存货　　　　　　　　　　B. 应收账款发生大额减值
   C. 股利支付　　　　　　　　　　D. 冲销坏账
   E. 将现金存入银行
3. 下列指标中数值越高,表明企业获利能力越强的有(　　)。
   A. 营业利润率　　　　　　　　　B. 资产负债率
   C. 净资产收益率　　　　　　　　D. 速动比率
   E. 流动资产周转率

4. 短期偿债能力的衡量指标主要有（　　）。
   A. 流动比率　　　　　　　　B. 存货与流动资产比率
   C. 速动比率　　　　　　　　D. 现金流动负债比率
   E. 资本保值增值率

5. 某公司当年的经营利润很多,却不能偿还到期债务。为清查其原因,应检查的财务比率包括（　　）。
   A. 资产负债率　　　　　　　B. 流动比率
   C. 存货周转率　　　　　　　D. 应收账款周转率
   E. 已获利息倍数

三、简答题

1. 简述财务分析的目的和内容。
2. 简述流动比率与速动比率的概念、计算公式及运用这两个指标如何来评价企业的短期偿债能力。
3. 短期偿债能力分析的指标有哪些？
4. 应收账款营运能力可通过哪些指标进行分析？
5. 存货运营能力可通过什么指标进行分析？

四、计算分析题

1. 利民公司的有关资料如下：存货期初数 200 万元，期末数 260 万元；流动负债期初数 160 万元，期末数 240 万元；流动比率期初数 0.8；流动比率期末数 18；总资产周转次数本期平均数 1.5 次；总资产本期平均数 1 000 万元。根据上述资料,要求：
   (1) 计算该公司流动资产的期初数和期末数。
   (2) 计算该公司本期营业收入。
   (3) 计算该公司本期流动资产平均余额和流动资产周转率。

2. 达利企业 2023 年 12 月 31 日的资产负债表（简表）如表 10-8 所示。

表 10-8　资产负债表（简表）
2023 年 12 月 31 日　　　　　　　　　　　单位：万元

资　产	期末数	负债及所有者权益	期末数
货币资金	300	应付账款	300
应收账款	900	应付票据	600
存货	1 800	长期借款	2 700
固定资产	2 100	实收资本	1 200
无形资产	300	留存收益	600
资产合计	5 400	负债及所有者权益合计	5 400

该企业 2023 年的营业收入为 6 000 万元,营业净利率为 10%,净利润的 50% 分配给投资者。预计 2024 年营业收入比 2023 年增长 25%,为此需要增加固定资产 200 万元,增加无形资产 100 万元。根据有关情况分析,该企业流动资产项目和流动负债项目将随营业收入同比例增减。假定该企业 2024 年的营业净利率和利润分配政策与 2023 年保持一致,该年度长期借款不发生变化；2024 年年末固定资产和无形资产合计为 2 700 万元。2024 年该企业需要增加的对外筹集的资金由投资者增加投入解决。要求：

(1) 计算 2024 年需要增加的营运资金额。

(2) 预测 2024 年需要增加的对外筹集的资金额（不考虑计提法定盈余公积的因素,以前年度的留存收益均已有指定用途）。

(3) 预测 2024 年年末的流动资产额、流动负债额、资产总额、负债总额和所有者权益总额。

(4) 预测 2024 年的速动比率和产权比率。

(5) 预测 2024 年的流动资产周转次数和总资产周转次数。

(6) 预测 2024 年的净资产收益率。

(7) 预测 2024 年的资本积累率。

证监会通报永煤等三起债券信息披露违法案

2022 年 4 月证监会通报了 3 起债券信披违法违规案,涉及华晨集团、永煤控股、胜通集团三家企业。

其中,永煤债违约事件曾在 2020 年引发市场震动。永煤控股未如实披露资金归集控股股东情况,累计虚增货币资金 861 亿元。2021 年,证监会对永煤控股债券信披违法违规案作出处罚结果,对永煤控股及相关责任人罚款合计 530 万元。

链接:证监会公布 20 起典型违法案例多种财务造假形式被点名

证监会本次通报称,永煤案是一起债券发行人虚假陈述的典型案件。本案提示,债券发行人应当如实披露重要信息,不得掩饰实际偿债能力,损害债券持有人利益。

胜通集团债券信息披露违法违规案也是 2021 年证监会查处的一起债券大案。2013—2017 年,胜通集团通过虚构购销业务、编制虚假财务账套等方式,累计虚增收入 615 亿元,虚增利润 119 亿元。证监会对胜通集团及相关责任人罚款合计 210 万元,审计机构、受托管理人、主承销商等相关中介机构也被处罚,合计罚没超 4 000 万元。

另外,本次通报的华晨集团债券信披违法违规案则是一起债券市场欺诈发行的典型案件。华晨集团通过提前确认股权转让收益等方式虚增归属于母公司所有者的净利润近 26 亿元,并在公开发行公司债券的申报材料中记载了上述虚假财务数据。

据新京报贝壳财经记者统计。2021 年证监会信披违法相关的罚单中,有 4 张罚单涉及的是债券信披违法,包括胜通集团信披违法案、永煤控股债券信披违法案、康得集团银行间债券市场信披违法案、康得新银行间债券市场信披违法案。可见,债券市场监管已经被提到了更加重要的位置。

资料来源:https://www.bjnews.com.cn/detail/164888235014144.html。

案例意义:财务造假事件深深刺痛广大投资者的神经,严重扰乱资本市场的经济秩序。实质上,财务造假就是违背法律原则的有目的性的粉饰财务报表的行为。会计人员的职业道德缺失,企业内部监管不力,行业法制建设不完善等都是根源因素。广大的财务工作者应引以为戒,相关的制度应持续完善,监管部门应加大执法力度。强化会计人员职业道德教育,提高职业道德自律能力;融德治与法治为一体,建立健全的会计法律制度;会计职业道德与社会经济相适应;推动行业自律建设,政府加大监管力度。

附 录

附表1 复利终值系数表

期数	1%	2%	3%	4%	5%	6%	7%	8%	9%	10%
1	1.010 0	1.020 0	1.030 0	1.040 0	1.050 0	1.060 0	1.070 0	1.080 0	1.090 0	1.100 0
2	1.020 1	1.040 4	1.060 9	1.081 6	1.102 5	1.123 6	1.144 9	1.166 4	1.188 1	1.210 0
3	1.030 3	1.061 2	1.092 7	1.124 9	1.157 6	1.191 0	1.225 0	1.259 7	1.295 0	1.331 0
4	1.040 6	1.082 4	1.125 5	1.169 9	1.215 5	1.262 5	1.310 8	1.360 5	1.411 6	1.464 1
5	1.051 0	1.104 1	1.159 3	1.216 7	1.276 3	1.338 2	1.402 6	1.469 3	1.538 6	1.610 5
6	1.061 5	1.126 2	1.194 1	1.265 3	1.340 1	1.418 5	1.500 7	1.586 9	1.677 1	1.771 6
7	1.072 1	1.148 7	1.229 9	1.315 9	1.407 1	1.503 6	1.605 8	1.713 8	1.828 0	1.948 7
8	1.082 9	1.171 7	1.266 8	1.368 6	1.477 5	1.593 8	1.718 2	1.850 9	1.992 6	2.143 6
9	1.093 7	1.195 1	1.304 8	1.423 3	1.551 3	1.689 5	1.838 5	1.999 0	2.171 9	2.357 9
10	1.104 6	1.219 0	1.343 9	1.480 2	1.628 9	1.790 8	1.967 2	2.158 9	2.367 4	2.593 7
11	1.115 7	1.243 4	1.384 2	1.539 5	1.710 3	1.898 3	2.104 9	2.331 6	2.580 4	2.853 1
12	1.126 8	1.268 2	1.425 8	1.601 0	1.795 9	2.012 2	2.252 2	2.518 2	2.812 7	3.138 4
13	1.138 1	1.293 6	1.468 5	1.665 1	1.885 6	2.132 9	2.409 8	2.719 6	3.065 8	3.452 3
14	1.149 5	1.319 5	1.512 6	1.731 7	1.979 9	2.260 9	2.578 5	2.937 2	3.341 7	3.797 5
15	1.161 0	1.345 9	1.558 0	1.800 9	2.078 9	2.396 6	2.759 0	3.172 2	3.642 5	4.177 2
16	1.172 6	1.372 8	1.604 7	1.873 0	2.182 9	2.540 4	2.952 2	3.425 9	3.970 3	4.595 0
17	1.184 3	1.400 2	1.652 8	1.947 9	2.292 0	2.692 8	3.158 8	3.700 0	4.327 6	5.054 5
18	1.196 1	1.428 2	1.702 4	2.025 8	2.406 6	2.854 3	3.379 9	3.996 0	4.717 1	5.559 9
19	1.208 1	1.456 8	1.753 5	2.106 8	2.527 0	3.025 6	3.616 5	4.315 7	5.141 7	6.115 9
20	1.220 2	1.485 9	1.806 1	2.191 1	2.653 3	3.207 1	3.869 7	4.661 0	5.604 4	6.727 5
21	1.232 4	1.515 7	1.860 3	2.278 8	2.786 0	3.399 6	4.140 6	5.033 8	6.108 8	7.400 2
22	1.244 7	1.546 0	1.916 1	2.369 9	2.925 3	3.603 5	4.430 4	5.436 5	6.658 6	8.140 3
23	1.257 2	1.576 9	1.973 6	2.464 7	3.071 5	3.819 7	4.740 5	5.871 5	7.257 9	8.954 3
24	1.269 7	1.608 4	2.032 8	2.563 3	3.225 1	4.048 9	5.072 4	6.341 2	7.911 1	9.849 7
25	1.282 4	1.640 6	2.093 8	2.665 8	3.386 4	4.291 9	5.427 4	6.848 5	8.623 1	10.835
26	1.295 3	1.673 4	2.156 6	2.772 5	3.555 7	4.549 4	5.807 4	7.396 4	9.399 2	11.918
27	1.308 2	1.706 9	2.221 3	2.883 4	3.733 5	4.822 3	6.213 9	7.988 1	10.245	13.110
28	1.321 3	1.741 0	2.287 9	2.998 7	3.920 1	5.111 7	6.648 8	8.627 1	11.167	14.421
29	1.334 5	1.775 8	2.356 6	3.118 7	4.116 1	5.418 4	7.114 3	9.317 3	12.172	15.863
30	1.347 8	1.811 4	2.427 3	3.243 4	4.321 9	5.743 5	7.612 3	10.063	13.268	17.449
40	1.488 9	2.208 0	3.262 0	4.801 0	7.040 0	10.286	14.975	21.725	31.409	45.259
50	1.644 6	2.691 6	4.383 9	7.106 7	11.467	18.420	29.457	46.902	74.358	117.39
60	1.816 7	3.281 0	5.891 6	10.520	18.679	32.988	57.946	101.26	176.03	304.48

续表

期数	12%	14%	15%	16%	18%	20%	24%	28%	32%	36%
1	1.120 0	1.140 0	1.150 0	1.160 0	1.180 0	1.200 0	1.240 0	1.280 0	1.320 0	1.360 0
2	1.254 4	1.299 6	1.322 5	1.345 6	1.392 4	1.440 0	1.537 6	1.638 4	1.742 4	1.849 6
3	1.404 9	1.481 5	1.520 9	1.560 9	1.643 0	1.728 0	1.906 6	2.097 2	2.300 0	2.515 5
4	1.573 5	1.689 0	1.749 0	1.810 6	1.938 8	2.073 6	2.364 2	2.684 4	3.036 0	3.421 0
5	1.762 3	1.925 4	2.011 4	2.100 3	2.287 8	2.488 3	2.931 6	3.436 0	4.007 5	4.652 6
6	1.973 8	2.195 0	2.313 1	2.436 4	2.699 6	2.986 0	3.635 2	4.398 0	5.289 9	6.327 5
7	2.210 7	2.502 3	2.660 0	2.826 2	3.185 5	3.583 2	4.507 7	5.629 5	6.982 6	8.605 4
8	2.476 0	2.852 6	3.059 0	3.278 4	3.758 9	4.299 8	5.589 5	7.205 8	9.217 0	11.703
9	2.773 1	3.251 9	3.517 9	3.803 0	4.435 5	5.159 8	6.931 0	9.223 4	12.167	15.917
10	3.105 8	3.707 2	4.045 6	4.411 4	5.233 8	6.191 7	8.594 4	11.806	16.060	21.647
11	3.478 5	4.226 2	4.652 4	5.117 3	6.175 9	7.430 1	10.657	15.112	21.199	29.439
12	3.896 0	4.817 9	5.350 3	5.936 0	7.287 6	8.916 1	13.215	19.343	27.983	40.038
13	4.363 5	5.492 4	6.152 8	6.885 8	8.599 4	10.699	16.386	24.759	36.937	54.451
14	4.887 1	6.261 3	7.075 7	7.987 5	10.147	12.839	20.319	31.691	48.757	74.053
15	5.473 6	7.137 9	8.137 1	9.265 5	11.974	15.407	25.196	40.565	64.359	100.71
16	6.130 4	8.137 2	9.357 6	10.748	14.129	18.488	31.243	51.923	84.954	136.97
17	6.866 0	9.276 5	10.761	12.468	16.672	22.186	38.741	66.461	112.14	186.28
18	7.690 0	10.575	12.376	14.463	19.673	26.623	48.039	85.071	148.02	253.34
19	8.612 8	12.056	14.232	16.777	23.214	31.948	59.568	108.89	195.39	344.54
20	9.646 3	13.744	16.367	19.461	27.393	38.338	73.864	139.38	257.92	468.57
21	10.804	15.668	18.822	22.575	32.324	46.005	91.592	178.41	340.45	637.26
22	12.100	17.861	21.645	26.186	38.142	55.206	113.57	228.36	449.39	866.67
23	13.552	20.362	24.892	30.376	45.008	66.247	140.83	292.30	593.20	1 178.7
24	15.179	23.212	28.625	35.236	53.109	79.497	174.63	374.14	783.02	1 603.0
25	17.000	26.462	32.919	40.874	62.669	95.396	216.54	478.90	1 033.6	2 180.1
26	19.040	30.167	37.857	47.414	73.949	114.48	268.51	613.00	1 364.3	2 964.9
27	21.325	34.390	43.535	55.000	87.260	137.37	332.96	784.64	1 800.9	4 032.3
28	23.884	39.205	50.066	63.800	102.97	164.84	412.86	1 004.3	2 377.2	5 483.9
29	26.750	44.693	57.576	74.009	121.50	197.81	511.95	1 285.6	3 137.9	7 458.1
30	29.960	50.950	66.212	85.850	143.37	237.38	634.82	1 645.5	4 142.1	10 143
40	93.051	188.88	267.86	378.72	750.38	1 469.8	5 455.9	19 427	66 521	*
50	289.00	700.23	1 083.7	1 670.7	3 927.4	9 100.4	46 890	*	*	*
60	897.60	2 595.9	4 384.0	7 370.2	20 555	56 348	*	*	*	*

注：*＞99 999。

附表 2 复利现值系数表

期数	1%	2%	3%	4%	5%	6%	7%	8%	9%	10%
1	0.990 1	0.980 4	0.970 9	0.961 5	0.952 4	0.943 4	0.934 6	0.925 9	0.917 4	0.909 1
2	0.980 3	0.961 2	0.942 6	0.924 6	0.907 0	0.890 0	0.873 4	0.857 3	0.841 7	0.826 4
3	0.970 6	0.942 3	0.915 1	0.889 0	0.863 8	0.839 6	0.816 3	0.793 8	0.772 2	0.751 3
4	0.961 0	0.923 8	0.888 5	0.854 8	0.822 7	0.792 1	0.762 9	0.735 0	0.708 4	0.683 0
5	0.951 5	0.905 7	0.862 6	0.821 9	0.783 5	0.747 3	0.713 0	0.680 6	0.649 9	0.620 9
6	0.942 0	0.888 0	0.837 5	0.790 3	0.746 2	0.705 0	0.666 3	0.630 2	0.596 3	0.564 5
7	0.932 7	0.870 6	0.813 1	0.759 9	0.710 7	0.665 1	0.622 7	0.583 5	0.547 0	0.513 2
8	0.923 5	0.853 5	0.789 4	0.730 7	0.676 8	0.627 4	0.582 0	0.540 3	0.501 9	0.466 5
9	0.914 3	0.836 8	0.766 4	0.702 6	0.644 6	0.591 9	0.543 9	0.500 2	0.460 4	0.424 1
10	0.905 3	0.820 3	0.744 1	0.675 6	0.613 9	0.558 4	0.508 3	0.463 2	0.422 4	0.385 5
11	0.896 3	0.804 3	0.722 4	0.649 6	0.584 7	0.526 8	0.475 1	0.428 9	0.387 5	0.350 5
12	0.887 4	0.788 5	0.701 4	0.624 6	0.556 8	0.497 0	0.444 0	0.397 1	0.355 5	0.318 6
13	0.878 7	0.773 0	0.681 0	0.600 6	0.530 3	0.468 8	0.415 0	0.367 7	0.326 2	0.289 7
14	0.870 0	0.757 9	0.661 1	0.577 5	0.505 1	0.442 3	0.387 8	0.340 5	0.299 2	0.263 3
15	0.861 3	0.743 0	0.641 9	0.555 3	0.481 0	0.417 3	0.362 4	0.315 2	0.274 5	0.239 4
16	0.852 8	0.728 4	0.623 2	0.533 9	0.458 1	0.393 6	0.338 7	0.291 9	0.251 9	0.217 6
17	0.844 4	0.714 2	0.605 0	0.513 4	0.436 3	0.371 4	0.316 6	0.270 3	0.231 1	0.197 8
18	0.836 0	0.700 2	0.587 4	0.493 6	0.415 5	0.350 3	0.295 9	0.250 2	0.212 0	0.179 9
19	0.827 7	0.686 4	0.570 3	0.474 6	0.395 7	0.330 5	0.276 5	0.231 7	0.194 5	0.163 5
20	0.819 5	0.673 0	0.553 7	0.456 4	0.376 9	0.311 8	0.258 4	0.214 5	0.178 4	0.148 6
21	0.811 4	0.659 8	0.537 5	0.438 8	0.358 9	0.294 2	0.241 5	0.198 7	0.163 7	0.135 1
22	0.803 4	0.646 8	0.521 9	0.422 0	0.341 8	0.277 5	0.225 7	0.183 9	0.150 2	0.122 8
23	0.795 4	0.634 2	0.506 7	0.405 7	0.325 6	0.261 8	0.210 9	0.170 3	0.137 8	0.111 7
24	0.787 6	0.621 7	0.491 9	0.390 1	0.310 1	0.247 0	0.197 1	0.157 7	0.126 4	0.101 5
25	0.779 8	0.609 5	0.477 6	0.375 1	0.295 3	0.233 0	0.184 2	0.146 0	0.116 0	0.092 3
26	0.772 0	0.597 6	0.463 7	0.360 7	0.281 2	0.219 8	0.172 2	0.135 2	0.106 4	0.083 9
27	0.764 4	0.585 9	0.450 2	0.346 8	0.267 8	0.207 4	0.160 9	0.125 2	0.097 6	0.076 3
28	0.756 8	0.574 4	0.437 1	0.333 5	0.255 1	0.195 6	0.150 4	0.115 9	0.089 5	0.069 3
29	0.749 3	0.563 1	0.424 3	0.320 7	0.242 9	0.184 6	0.140 6	0.107 3	0.082 2	0.063 0
30	0.741 9	0.552 1	0.412 0	0.308 3	0.231 4	0.174 1	0.131 4	0.099 4	0.075 4	0.057 3
35	0.705 9	0.500 0	0.355 4	0.253 4	0.181 3	0.130 1	0.093 7	0.067 6	0.049 0	0.035 6
40	0.671 7	0.452 9	0.306 6	0.208 3	0.142 0	0.097 2	0.066 8	0.046 0	0.031 8	0.022 1
45	0.639 1	0.410 2	0.264 4	0.171 2	0.111 3	0.072 7	0.047 6	0.031 3	0.020 7	0.013 7
50	0.608 0	0.371 5	0.228 1	0.140 7	0.087 2	0.054 3	0.033 9	0.021 3	0.013 4	0.008 5
55	0.578 5	0.336 5	0.196 8	0.115 7	0.068 3	0.040 6	0.024 2	0.014 5	0.008 7	0.005 3

续表

期数	12%	14%	15%	16%	18%	20%	24%	28%	32%	36%
1	0.892 9	0.877 2	0.869 6	0.862 1	0.847 5	0.833 3	0.806 5	0.781 3	0.757 6	0.735 3
2	0.797 2	0.769 5	0.756 1	0.743 2	0.718 2	0.694 4	0.650 4	0.610 4	0.573 9	0.540 7
3	0.711 8	0.675 0	0.657 5	0.640 7	0.608 6	0.578 7	0.524 5	0.476 8	0.434 8	0.397 5
4	0.635 5	0.592 1	0.571 8	0.552 3	0.515 8	0.482 3	0.423 0	0.372 5	0.329 4	0.292 3
5	0.567 4	0.519 4	0.497 2	0.476 1	0.437 1	0.401 9	0.341 1	0.291 0	0.249 5	0.214 9
6	0.506 6	0.455 6	0.432 3	0.410 4	0.370 4	0.334 9	0.275 1	0.227 4	0.189 0	0.158 0
7	0.452 3	0.399 6	0.375 9	0.353 8	0.313 9	0.279 1	0.221 8	0.177 6	0.143 2	0.116 2
8	0.403 9	0.350 6	0.326 9	0.305 0	0.266 0	0.232 6	0.178 9	0.138 8	0.108 5	0.085 4
9	0.360 6	0.307 5	0.284 3	0.263 0	0.225 5	0.193 8	0.144 3	0.108 4	0.082 2	0.062 8
10	0.322 0	0.269 7	0.247 2	0.226 7	0.191 1	0.161 5	0.116 4	0.084 7	0.062 3	0.046 2
11	0.287 5	0.236 6	0.214 9	0.195 4	0.161 9	0.134 6	0.093 8	0.066 2	0.047 2	0.034 0
12	0.256 7	0.207 6	0.186 9	0.168 5	0.137 2	0.112 2	0.075 7	0.051 7	0.035 7	0.025 0
13	0.229 2	0.182 1	0.162 5	0.145 2	0.116 3	0.093 5	0.061 0	0.040 4	0.027 1	0.018 4
14	0.204 6	0.159 7	0.141 3	0.125 2	0.098 5	0.077 9	0.049 2	0.031 6	0.020 5	0.013 5
15	0.182 7	0.140 1	0.122 9	0.107 9	0.083 5	0.064 9	0.039 7	0.024 7	0.015 5	0.009 9
16	0.163 1	0.122 9	0.106 9	0.093 0	0.070 8	0.054 1	0.032 0	0.019 3	0.011 8	0.007 3
17	0.145 6	0.107 8	0.092 9	0.080 2	0.060 0	0.045 1	0.025 8	0.015 0	0.008 9	0.005 4
18	0.130 0	0.094 6	0.080 8	0.069 1	0.050 8	0.037 6	0.020 8	0.011 8	0.006 8	0.003 9
19	0.116 1	0.082 9	0.070 3	0.059 6	0.043 1	0.031 3	0.016 8	0.009 2	0.005 1	0.002 9
20	0.103 7	0.072 8	0.061 1	0.051 4	0.036 5	0.026 1	0.013 5	0.007 2	0.003 9	0.002 1
21	0.092 6	0.063 8	0.053 1	0.044 3	0.030 9	0.021 7	0.010 9	0.005 6	0.002 9	0.001 6
22	0.082 6	0.056 0	0.046 2	0.038 2	0.026 2	0.018 1	0.008 8	0.004 4	0.002 2	0.001 2
23	0.073 8	0.049 1	0.040 2	0.032 9	0.022 2	0.015 1	0.007 1	0.003 4	0.001 7	0.000 8
24	0.065 9	0.043 1	0.034 9	0.028 4	0.018 8	0.012 6	0.005 7	0.002 7	0.001 3	0.000 6
25	0.058 8	0.037 8	0.030 4	0.024 5	0.016 0	0.010 5	0.004 6	0.002 1	0.001 0	0.000 5
26	0.052 5	0.033 1	0.026 4	0.021 1	0.013 5	0.008 7	0.003 7	0.001 6	0.000 7	0.000 3
27	0.046 9	0.029 1	0.023 0	0.018 2	0.011 5	0.007 3	0.003 0	0.001 3	0.000 6	0.000 2
28	0.041 9	0.025 5	0.020 0	0.015 7	0.009 7	0.006 1	0.002 4	0.001 0	0.000 4	0.000 2
29	0.037 4	0.022 4	0.017 4	0.013 5	0.008 2	0.005 1	0.002 0	0.000 8	0.000 3	0.000 1
30	0.033 4	0.019 6	0.015 1	0.011 6	0.007 0	0.004 2	0.001 6	0.000 6	0.000 2	0.000 1
35	0.018 9	0.010 2	0.007 5	0.005 5	0.003 0	0.001 7	0.000 5	0.000 2	0.000 1	*
40	0.010 7	0.005 3	0.003 7	0.002 6	0.001 3	0.000 7	0.000 2	0.000 1	*	*
45	0.006 1	0.002 7	0.001 9	0.001 3	0.000 6	0.000 3	0.000 1	*	*	*
50	0.003 5	0.001 4	0.000 9	0.000 6	0.000 3	0.000 1	*	*	*	*
55	0.002 0	0.000 7	0.000 5	0.000 3	0.000 1	*	*	*	*	*

注：* <0.000 1。

附表3　年金终值系数表

期数	1%	2%	3%	4%	5%	6%	7%	8%	9%	10%
1	1.000 0	1.000 0	1.000 0	1.000 0	1.000 0	1.000 0	1.000 0	1.000 0	1.000 0	1.000 0
2	2.010 0	2.020 0	2.030 0	2.040 0	2.050 0	2.060 0	2.070 0	2.080 0	2.090 0	2.100 0
3	3.030 1	3.060 4	3.090 9	3.121 6	3.152 5	3.183 6	3.214 9	3.246 4	3.278 1	3.310 0
4	4.060 4	4.121 6	4.183 6	4.246 5	4.310 1	4.374 6	4.439 9	4.506 1	4.573 1	4.641 0
5	5.101 0	5.204 0	5.309 1	5.416 3	5.525 6	5.637 1	5.750 7	5.866 6	5.984 7	6.105 1
6	6.152 0	6.308 1	6.468 4	6.633 0	6.801 9	6.975 3	7.153 3	7.335 9	7.523 3	7.715 6
7	7.213 5	7.434 3	7.662 5	7.898 3	8.142 0	8.393 8	8.654 0	8.922 8	9.200 4	9.487 2
8	8.285 7	8.583 0	8.892 3	9.214 2	9.549 1	9.897 5	10.260	10.637	11.029	11.436
9	9.368 5	9.754 6	10.159	10.583	11.027	11.491	11.978	12.488	13.021	13.580
10	10.462	10.950	11.464	12.006	12.578	13.181	13.816	14.487	15.193	15.937
11	11.567	12.169	12.808	13.486	14.207	14.972	15.784	16.646	17.560	18.531
12	12.683	13.412	14.192	15.026	15.917	16.870	17.889	18.977	20.141	21.384
13	13.809	14.680	15.618	16.627	17.713	18.882	20.141	21.495	22.953	24.523
14	14.947	15.974	17.086	18.292	19.599	21.015	22.551	24.215	26.019	27.975
15	16.097	17.293	18.599	20.024	21.579	23.276	25.129	27.152	29.361	31.773
16	17.258	18.639	20.157	21.825	23.658	25.673	27.888	30.324	33.003	35.950
17	18.430	20.012	21.762	23.698	25.840	28.213	30.840	33.750	36.974	40.545
18	19.615	21.412	23.414	25.645	28.132	30.906	33.999	37.450	41.301	45.599
19	20.811	22.841	25.117	27.671	30.539	33.760	37.379	41.446	46.019	51.159
20	22.019	24.297	26.870	29.778	33.066	36.786	40.996	45.762	51.160	57.275
21	23.239	25.783	28.677	31.969	35.719	39.993	44.865	50.423	56.765	64.003
22	24.472	27.299	30.537	34.248	38.505	43.392	49.006	55.457	62.873	71.403
23	25.716	28.845	32.453	36.618	41.431	46.996	53.436	60.893	69.532	79.543
24	26.974	30.422	34.427	39.083	44.502	50.816	58.177	66.765	76.790	88.497
25	28.243	32.030	36.459	41.646	47.727	54.865	63.249	73.106	84.701	98.347
26	29.526	33.671	38.553	44.312	51.114	59.156	68.677	79.954	93.324	109.18
27	30.821	35.344	40.710	47.084	54.669	63.706	74.484	87.351	102.72	121.10
28	32.129	37.051	42.931	49.968	58.403	68.528	80.698	95.339	112.97	134.21
29	33.450	38.792	45.219	52.966	62.323	73.640	87.347	103.97	124.14	148.63
30	34.785	40.568	47.575	56.085	66.439	79.058	94.461	113.28	136.31	164.49
40	48.886	60.402	75.401	95.026	120.80	154.76	199.64	259.06	337.88	442.59
50	64.463	84.579	112.80	152.67	209.35	290.34	406.53	573.77	815.08	1 163.9
60	81.670	114.05	163.05	237.99	353.58	533.13	813.52	1 253.2	1 944.8	3 034.8

续表

期数	12%	14%	15%	16%	18%	20%	24%	28%	32%	36%
1	1.000 0	1.000 0	1.000 0	1.000 0	1.000 0	1.000 0	1.000 0	1.000 0	1.000 0	1.000 0
2	2.120 0	2.140 0	2.150 0	2.160 0	2.180 0	2.200 0	2.240 0	2.280 0	2.320 0	2.360 0
3	3.374 4	3.439 6	3.472 5	3.505 6	3.572 4	3.640 0	3.777 6	3.918 4	4.062 4	4.209 6
4	4.779 3	4.921 1	4.993 4	5.066 5	5.215 4	5.368 0	5.684 2	6.015 6	6.362 4	6.725 1
5	6.352 8	6.610 1	6.742 4	6.877 1	7.154 2	7.441 6	8.048 4	8.699 9	9.398 3	10.146
6	8.115 2	8.535 5	8.753 7	8.977 5	9.442 0	9.929 9	10.980	12.136	13.406	14.799
7	10.089	10.731	11.067	11.414	12.142	12.916	14.615	16.534	18.696	21.126
8	12.300	13.233	13.727	14.240	15.327	16.499	19.123	22.163	25.678	29.732
9	14.776	16.085	16.786	17.519	19.086	20.799	24.713	29.369	34.895	41.435
10	17.549	19.337	20.304	21.322	23.521	25.959	31.643	38.593	47.062	57.352
11	20.655	23.045	24.349	25.733	28.755	32.150	40.238	50.399	63.122	78.998
12	24.133	27.271	29.002	30.850	34.931	39.581	50.895	65.510	84.320	108.44
13	28.029	32.089	34.352	36.786	42.219	48.497	64.110	84.853	112.30	148.48
14	32.393	37.581	40.505	43.672	50.818	59.196	80.496	109.61	149.24	202.93
15	37.280	43.842	47.580	51.660	60.965	72.035	100.82	141.30	198.00	276.98
16	42.753	50.980	55.718	60.925	72.939	87.442	126.01	181.87	262.36	377.69
17	48.884	59.118	65.075	71.673	87.068	105.93	157.25	233.79	347.31	514.66
18	55.750	68.394	75.836	84.141	103.74	128.12	195.99	300.25	459.45	700.94
19	63.440	78.969	88.212	98.603	123.41	154.74	244.03	385.32	607.47	954.28
20	72.052	91.025	102.44	115.38	146.63	186.69	303.60	494.21	802.86	1 298.8
21	81.699	104.77	118.81	134.84	174.02	225.03	377.46	633.59	1 060.8	1 767.4
22	92.503	120.44	137.63	157.42	206.34	271.03	469.06	812.00	1 401.2	2 404.7
23	104.60	138.30	159.28	183.60	244.49	326.24	582.63	1 040.4	1 850.6	3 271.3
24	118.16	158.66	184.17	213.98	289.49	392.48	723.46	1 332.7	2 443.8	4 450.0
25	133.33	181.87	212.79	249.21	342.60	471.98	898.09	1 706.8	3 226.8	6 053.0
26	150.33	208.33	245.71	290.09	405.27	567.38	1 114.6	2 185.7	4 260.4	8 233.1
27	169.37	238.50	283.57	337.50	479.22	681.85	1 383.1	2 798.7	5 624.8	11 198
28	190.70	272.89	327.10	392.50	566.48	819.22	1 716.1	3 583.3	7 425.7	15 230
29	214.58	312.09	377.17	456.30	669.45	984.07	2 129.0	4 587.7	9 802.9	20 714
30	241.33	356.79	434.75	530.31	790.95	1 181.9	2 640.9	5 873.2	12 941	28 172
40	767.09	1 342.0	1 779.1	2 360.8	4 163.2	7 343.9	22 729	69 377	207 874	609 890
50	2 400.0	4 994.5	7 217.7	10 436	21 813	45 497	195 373	819 103	*	*
60	7 471.6	18 535	29 220	46 058	114 190	281 733	*	*	*	*

注: *>999 999.99。

附表4　年金现值系数表

期数	1%	2%	3%	4%	5%	6%	7%	8%	9%	10%
1	0.990 1	0.980 4	0.970 9	0.961 5	0.952 4	0.943 4	0.934 6	0.925 9	0.917 4	0.909 1
2	1.970 4	1.941 6	1.913 5	1.886 1	1.859 4	1.833 4	1.808 0	1.783 3	1.759 1	1.735 5
3	2.941 0	2.883 9	2.828 6	2.775 1	2.723 2	2.673 0	2.624 3	2.577 1	2.531 3	2.486 9
4	3.902 0	3.807 7	3.717 1	3.629 9	3.546 0	3.465 1	3.387 2	3.312 1	3.239 7	3.169 9
5	4.853 4	4.713 5	4.579 7	4.451 8	4.329 5	4.212 4	4.100 2	3.992 7	3.889 7	3.790 8
6	5.795 5	5.601 4	5.417 2	5.242 1	5.075 7	4.917 3	4.766 5	4.622 9	4.485 9	4.355 3
7	6.728 2	6.472 0	6.230 3	6.002 1	5.786 4	5.582 4	5.389 3	5.206 4	5.033 0	4.868 4
8	7.651 7	7.325 5	7.019 7	6.732 7	6.463 2	6.209 8	5.971 3	5.746 6	5.534 8	5.334 9
9	8.566 0	8.162 2	7.786 1	7.435 3	7.107 8	6.801 7	6.515 2	6.246 9	5.995 2	5.759 0
10	9.471 3	8.982 6	8.530 2	8.110 9	7.721 7	7.360 1	7.023 6	6.710 1	6.417 7	6.144 6
11	10.367 6	9.786 8	9.252 6	8.760 5	8.306 4	7.886 9	7.498 7	7.139 0	6.805 2	6.495 1
12	11.255 1	10.575 3	9.954 0	9.385 1	8.863 3	8.383 8	7.942 7	7.536 1	7.160 7	6.813 7
13	12.133 7	11.348 4	10.635 0	9.985 6	9.393 6	8.852 7	8.357 7	7.903 8	7.486 9	7.103 4
14	13.003 7	12.106 2	11.296 1	10.563 1	9.898 6	9.295 0	8.745 5	8.244 2	7.786 9	7.366 7
15	13.865 1	12.849 3	11.937 9	11.118 4	10.379 7	9.712 2	9.107 9	8.559 5	8.060 7	7.606 1
16	14.717 9	13.577 7	12.561 1	11.652 3	10.837 8	10.105 9	9.446 6	8.851 4	8.312 6	7.823 7
17	15.562 3	14.291 9	13.166 1	12.165 7	11.274 1	10.477 3	9.763 2	9.121 6	8.543 6	8.021 6
18	16.398 3	14.992 0	13.753 5	12.659 3	11.689 6	10.827 6	10.059 1	9.371 9	8.755 6	8.201 4
19	17.226 0	15.678 5	14.323 8	13.133 9	12.085 3	11.158 1	10.335 6	9.603 6	8.950 1	8.364 9
20	18.045 6	16.351 4	14.877 5	13.590 3	12.462 2	11.469 9	10.594 0	9.818 1	9.128 5	8.513 6
21	18.857 0	17.011 2	15.415 0	14.029 2	12.821 2	11.764 1	10.835 5	10.016 8	9.292 2	8.648 7
22	19.660 4	17.658 0	15.936 9	14.451 1	13.163 0	12.041 6	11.061 2	10.200 7	9.442 4	8.771 5
23	20.455 8	18.292 2	16.443 6	14.856 8	13.488 6	12.303 4	11.272 2	10.371 1	9.580 2	8.883 2
24	21.243 4	18.913 9	16.935 5	15.247 0	13.798 6	12.550 4	11.469 3	10.528 8	9.706 6	8.984 7
25	22.023 2	19.523 5	17.413 1	15.622 1	14.093 9	12.783 4	11.653 6	10.674 8	9.822 6	9.077 0
26	22.795 2	20.121 0	17.876 8	15.982 8	14.375 2	13.003 2	11.825 8	10.810 0	9.929 0	9.160 9
27	23.559 6	20.706 9	18.327 0	16.329 6	14.643 0	13.210 5	11.986 7	10.935 2	10.026 6	9.237 2
28	24.316 4	21.281 3	18.764 1	16.663 1	14.898 1	13.406 2	12.137 1	11.051 1	10.116 1	9.306 6
29	25.065 8	21.844 4	19.188 5	16.983 7	15.141 1	13.590 7	12.277 7	11.158 4	10.198 3	9.369 6
30	25.807 7	22.396 5	19.600 4	17.292 0	15.372 5	13.764 8	12.409 0	11.257 8	10.273 7	9.426 9
35	29.408 6	24.998 6	21.487 2	18.664 6	16.374 2	14.498 2	12.947 7	11.654 6	10.566 8	9.644 2
40	32.834 7	27.355 5	23.114 8	19.792 8	17.159 1	15.046 3	13.331 7	11.924 6	10.757 4	9.779 1
45	36.094 5	29.490 2	24.518 7	20.720 0	17.774 1	15.455 8	13.605 5	12.108 4	10.881 2	9.862 8
50	39.196 1	31.423 6	25.729 8	21.482 2	18.255 9	15.761 9	13.800 7	12.233 5	10.961 7	9.914 8
55	42.147 2	33.174 8	26.774 4	22.108 6	18.633 5	15.990 5	13.939 9	12.318 6	11.014 0	9.947 1

续表

期数	12%	14%	15%	16%	18%	20%	24%	28%	32%	36%
1	0.892 9	0.877 2	0.869 6	0.862 1	0.847 5	0.833 3	0.806 5	0.781 3	0.757 6	0.735 3
2	1.690 1	1.646 7	1.625 7	1.605 2	1.565 6	1.527 8	1.456 8	1.391 6	1.331 5	1.276 0
3	2.401 8	2.321 6	2.283 2	2.245 9	2.174 3	2.106 5	1.981 3	1.868 4	1.766 3	1.673 5
4	3.037 3	2.913 7	2.855 0	2.798 2	2.690 1	2.588 7	2.404 3	2.241 0	2.095 7	1.965 8
5	3.604 8	3.433 1	3.352 2	3.274 3	3.127 2	2.990 6	2.745 4	2.532 0	2.345 2	2.180 7
6	4.111 4	3.888 7	3.784 5	3.684 7	3.497 6	3.325 5	3.020 5	2.759 4	2.534 2	2.338 8
7	4.563 8	4.288 3	4.160 4	4.038 6	3.811 5	3.604 6	3.242 3	2.937 0	2.677 5	2.455 0
8	4.967 6	4.638 9	4.487 3	4.343 6	4.077 6	3.837 2	3.421 2	3.075 8	2.786 0	2.540 4
9	5.328 2	4.946 4	4.771 6	4.606 5	4.303 0	4.031 0	3.565 5	3.184 2	2.868 1	2.603 3
10	5.650 2	5.216 1	5.018 8	4.833 2	4.494 1	4.192 5	3.681 9	3.268 9	2.930 4	2.649 5
11	5.937 7	5.452 7	5.233 7	5.028 6	4.656 0	4.327 1	3.775 7	3.335 1	2.977 6	2.683 4
12	6.194 4	5.660 3	5.420 6	5.197 1	4.793 2	4.439 2	3.851 4	3.386 8	3.013 3	2.708 4
13	6.423 5	5.842 4	5.583 1	5.342 3	4.909 5	4.532 7	3.912 4	3.427 2	3.040 4	2.726 8
14	6.628 2	6.002 1	5.724 5	5.467 5	5.008 1	4.610 6	3.961 6	3.458 7	3.060 9	2.740 3
15	6.810 9	6.142 2	5.847 4	5.575 5	5.091 6	4.675 5	4.001 3	3.483 4	3.076 4	2.750 2
16	6.974 0	6.265 1	5.954 2	5.668 5	5.162 4	4.729 6	4.033 3	3.502 6	3.088 2	2.757 5
17	7.119 6	6.372 9	6.047 2	5.748 7	5.222 3	4.774 6	4.059 1	3.517 7	3.097 1	2.762 9
18	7.249 7	6.467 4	6.128 0	5.817 8	5.273 2	4.812 2	4.079 9	3.529 4	3.103 9	2.766 8
19	7.365 8	6.550 4	6.198 2	5.877 5	5.316 2	4.843 5	4.096 7	3.538 6	3.109 0	2.769 7
20	7.469 4	6.623 1	6.259 3	5.928 8	5.352 7	4.869 6	4.110 3	3.545 8	3.112 9	2.771 8
21	7.562 0	6.687 0	6.312 5	5.973 1	5.383 7	4.891 3	4.121 2	3.551 4	3.115 8	2.773 4
22	7.644 6	6.742 9	6.358 7	6.011 3	5.409 9	4.909 4	4.130 0	3.555 8	3.118 0	2.774 6
23	7.718 4	6.792 1	6.398 8	6.044 2	5.432 1	4.924 5	4.137 1	3.559 2	3.119 7	2.775 4
24	7.784 3	6.835 1	6.433 8	6.072 6	5.450 9	4.937 1	4.142 8	3.561 9	3.121 0	2.776 0
25	7.843 1	6.872 9	6.464 1	6.097 1	5.466 9	4.947 6	4.147 4	3.564 0	3.122 0	2.776 5
26	7.895 7	6.906 1	6.490 6	6.118 2	5.480 4	4.956 3	4.151 1	3.565 6	3.122 7	2.776 8
27	7.942 6	6.935 2	6.513 5	6.136 4	5.491 9	4.963 6	4.154 2	3.566 9	3.123 3	2.777 1
28	7.984 4	6.960 7	6.533 5	6.152 0	5.501 6	4.969 7	4.156 6	3.567 9	3.123 7	2.777 3
29	8.021 8	6.983 0	6.550 9	6.165 6	5.509 8	4.974 7	4.158 5	3.568 7	3.124 0	2.777 4
30	8.055 2	7.002 7	6.566 0	6.177 2	5.516 8	4.978 9	4.160 1	3.569 3	3.124 2	2.777 5
35	8.175 5	7.070 0	6.616 6	6.215 3	5.538 6	4.991 5	4.164 4	3.570 8	3.124 8	2.777 7
40	8.243 8	7.105 0	6.641 8	6.233 5	5.548 2	4.996 6	4.165 9	3.571 2	3.125 0	2.777 8
45	8.282 5	7.123 2	6.654 3	6.242 1	5.552 3	4.998 6	4.166 4	3.571 4	3.125 0	2.777 8
50	8.304 5	7.132 7	6.660 5	6.246 3	5.554 1	4.999 5	4.166 6	3.571 4	3.125 0	2.777 8
55	8.317 0	7.137 6	6.663 6	6.248 2	5.554 9	4.999 8	4.166 6	3.571 4	3.125 0	2.777 8

参考文献

[1] 中国注册会计师协会.财务成本管理[M].北京:中国财政经济出版社,2023.
[2] 财政部会计资格评价中心.中级会计资格财务管理[M].北京:中国经济科学出版社,2023.
[3] 孔德兰.财务管理实务[M].3版.北京:高等教育出版社,2022.
[4] 印永龙,顾娟.财务管理[M].南京:南京大学出版社,2018.
[5] 张玉英.财务管理[M].7版.北京:高等教育出版社,2023.
[6] 陈娟,杨勇.财务管理实务[M].2版.北京:高等教育出版社,2020.
[7] 刘章胜,廖石云.公司理财[M].7版.大连:大连理工大学出版社,2022.
[8] 靳磊.财务管理实务[M].5版.北京:高等教育出版社,2021.
[9] 刘春华,徐欣.财务管理[M].2版.大连:东北财经大学出版社,2022.
[10] 王翠菊.财务管理实务[M].北京:北京邮电大学出版社,2021.
[11] 汤炳亮.企业财务分析[M].北京:首都经济贸易大学出版社,2017.
[12] 谢士杰.读懂财务报表看透企业经营[M].2版.北京:人民邮电出版社,2021.
[13] 王波,许绍定.财务管理[M].北京:北京出版集团公司,北京出版社,2019.
[14] 张远录.财务管理实务[M].3版.北京:高等教育出版社,2020.
[15] 刘金新.财务管理[M].大连:东北财经大学出版社,2016.